"Operation Mauerdurchlöcherung"

Reinhard Hübsch / Friedrich-Martin Balzer (Hg.)

"Operation Mauerdurchlöcherung"

Robert Neumann und der deutsch-deutsche Dialog

S2 KULTUR
SDR/SWF

Pahl-Rugenstein Nachfolger

Breite Str. 47 53111 Bonn
Tel. 0228/63 23 06 Fax 0228/63 49 68

ISBN 3-89144-189-4

Die Deutsche Bibliothek - CIP Einheitsaufnahme

"Operation Mauerdurchlöcherung" - Robert Neumann und der deutsch-deutsche Dialog / Friedrich-Martin Balzer; Reinhard Hübsch (Hg.). - Pahl-Rugenstein, 1994
ISBN 3-89144-189-4
NE: Balzer, Friedrich-Martin [Hrsg.]

Inhalt

I. Einführung

Von Reinhard Hübsch

Als sich am Mittwochabend, den 5. Juli 1961, mehr als 750 Studenten, Hochschullehrer und Bürger der Stadt Marburg im Auditorium Maximum der Philipps-Universität versammeln, ahnen sie nicht, daß sie dem Auftakt einer historisch einmaligen Veranstaltungsreihe zusehen und zuhören werden - niemand wußte das damals: Weder die Initiatoren der Veranstaltung, noch der Referent, noch jene, die sich anschließend zu Wort melden sollten. Denn erst im Nachhinein sollte die Veranstaltung jenen Stellenwert für den deutsch-deutschen Dialog erhalten, den sie heute hat: als Beginn eines einmalig gebliebenen Gesprächs zwischen Studenten und Hochschullehrern im geteilten Deutschland, zwischen der Philipps-Universität Marburg und der Humboldt-Universität Berlin/DDR - über die Mauer hinweg, die die politische und soziale Teilung neununddreißig Tage später manifest machen sollte.

In diesem Dialog fokussieren sich Bruchstücke deutscher Geschichte - der Kalte Krieg mit seinen Verdächtigungen und Vorbehalten gegenüber der jeweils anderen Seite; der Umgang mit dem Grauen des Dritten Reiches; Spezifika deutschen Hochschul-Alltags und - *last not least* - deutscher Alltag schlechthin: In der Sprache, den Ritualen, in und mit denen hier Anfang der 60er Jahre kommuniziert wird, werden Haltungen, wird ein gesamt-gesellschaftliches Klima spürbar.

Dieser deutsch-deutsche Dialog, bislang zu Unrecht vergessen, wird in diesem Band nicht zuletzt deshalb dokumentiert, weil er abseits seiner *historischen* Bedeutung auch Hinweise gibt zum Verständnis der *Gegenwart*: Nachdem die DDR 1990 gezwungenermaßen freiwillig ihre Existenz aufgab und Bestandteil der Bundesrepublik Deutschland wurde, begann ein neues Kapitel "Vergangenheitsbewältigung" - nämlich (und, wie im Fall des Nationalsozialismus, unterschiedlich in Ost und West) die Auseinandersetzung mit dem real-sozialistischen Erbe. So wenig die Strukturen der DDR mit den Strukturen des nationalsozialistischen Deutschlands gemein haben - evident scheint jedoch angesichts des vorliegenden Materials dies: So unterschiedlich man sich in der BRD und der DDR mit der Geschichte des Nationalsozialismus auseinandersetzte, so unterschiedlich wird gegenwärtig die jüngste deutsche Vergangenheit von 1945 bis 1990 in Ost- und Westdeutschland diskutiert. Und hier scheinen sich ähnliche Strukturen abzuzeichnen: Parallelen zwischen der NS-Debatte Anfang der 60er Jahre in der BRD und der DDR einerseits und der Sozialismus-Kapitalismus-Diskussion zwischen West- und Ostdeutschen Anfang der 90er Jahre andererseits scheinen unübersehbar.

*

Anfang 1961 bat eine Marburger Korporation, der Clausthaler Wingolf, den Schriftsteller und Vize-Präsidenten des internationalen PEN-Clubs Robert Neumann zu einem Vortrag mit dem Titel "Was geht uns Eichmann an" nach Marburg; Hintergrund war der damals in Israel laufende Prozeß gegen den einstigen SS-Obersturmbannführer und Leiter des Judenreferates im Amt V (Gestapo) des Reichssicherheitshauptamtes, der als "wahrer Musterbürokrat von eisiger Gefühllosigkeit"[1] die Judenvernichtung zentral organisierte und ausführen ließ. Eichmann war nach dem Krieg in alliierte Gefangenschaft geraten, konnte 1946 jedoch aus einem amerikanischen Lager fliehen und nach Argentinien entkommen, wo ihn am 2. Mai 1960 israelische Geheimagenten aufspürten und nach Israel entführten; vom 2. April bis zum 15. Dezember 1961 wurde ihm in Israel der Prozeß gemacht, der aufgrund der Verbrechen gegen die Menschlichkeit mit einem Todesurteil endete; Eichmann wurde am 1. Juni 1962 hingerichtet.

Der Eichmann-Prozeß - weltweit nicht unumstritten - sollte in Marburg zum Ausgangspunkt einer intensiven Auseinandersetzung mit dem Nationalsozialismus werden. Robert Neumann, selbst Opfer des deutschen Faschismus[2], forderte den Clausthaler Wingolf auf, seinen Vortrag und die Diskussion nicht auf die Mitglieder der Korporation zu beschränken, sondern im Auditorium Maximum der Universität öffentlich durchzuführen. Friedrich-Martin Balzer vom Clausthaler Wingolf erhielt - gemeinsam mit dem Staatsbürgerlichen Referat des Allgemeinen Studentenausschusses - die Zustimmung der Universität für diese Veranstaltung, die bereits im Vorfeld für einiges Aufsehen sorgte: Sowohl im Norddeutschen Rundfunk (NDR) wie auch beim Hessischen Rundfunk gab es Überlegungen, Neumanns Vortrag und die sich anschließende Debatte aufzuzeichnen[3]; der emeritierte Rektor der Universität Hamburg, Prof. Bruno Snell, hatte signalisiert, daß er gern an der Diskussion teilgenommen hätte[4], Neumann selbst hätte gern den Schriftsteller Christian Geißler als Gesprächspartner auf dem Podium gesehen[5].

Snell wie Geißler nahmen zwar nicht an der Diskussion teil, doch der NDR zeichnete die Veranstaltung auf und sendete eine gekürzte Fassung der insgesamt 2 1/2 Stunden dauernden Veranstaltung wenig später unter dem Titel "Können wir unseren Eltern vorwerfen, daß sie nicht zu Märtyrern wurden? - Studenten diskutieren mit Robert Neumann über den Nationalsozialismus" in seinem Abendprogramm[6]. Der insgesamt ruhige Verlauf der in sich kontroversen Veranstaltung war übrigens keineswegs zu erwarten: *"Die Diskussion fand schließlich [...] statt - nach anfänglichen Schwierigkeiten, die sich daraus ergaben, daß kurz vorher die 'kochende Volksseele', sorgfältig angeheizt, eine Aussprache mit dem ostdeutschen Volkskammerpräsidenten Dr. Dieckmann in die Luft gesprengt hatte. [...] Die Professoren, die ihr Erscheinen zugesagt hatten, sagten mannhaft, Mann für Mann, wieder ab -",*[7] was Neumann sich mit seiner kurz zuvor erschienenen Hitler-Dokumentation[8] erklärte, die ihn im Bewußtsein der eingeladenen Professoren wohl als "linken Unterwanderer" auswies[9].

Das publizistische Echo war eher zurückhaltend: So sprach etwa die lokale "Oberhessische Presse" von "Diskussionsbeiträgen, die oft an der Oberfläche blieben", Robert Neumanns Ausführungen selbst wurden als sehr zurückhaltend und theoretisierend charakterisiert; dennoch *"zeigte sich aber, daß eine historische Analyse der antisemitischen Verbrechen von [...] großer Bedeutung ist, denn gerade an Tatsachenwissen fehlt es bei der jüngeren Generation ganz erheblich. [...] Bleibt zum Schluß der Dank an die Veranstalter für einen mutigen Versuch, den man auch dann als gelungen bezeichnen darf, wenn Vortrag und Diskussion keine fundamentalen Neuigkeiten brachten."*[10]

Robert Neumann zeigte sich allerdings sehr zufrieden. In seinem Marburger Schluß-Wort rühmte er das Auditorium und die Diskutanten: "Ich muß Ihnen ein Kompliment machen, das war wirklich ausgezeichnet"[11], und auch in seinem später erschienenen Tagebuch urteilte er[12]: *"Es war ein guter Abend [...]. Der Rundfunk schnitt das mit und sendete eine kastrierte Version, die nirgends anstoßen konnte. Auf Helgas Tonband, denn auch sie nahm das auf, klang alles weniger glatt und viel menschlicher - ein aufregendes Band im ganzen, wie sich erwies, als ich es nach Ostberlin mitnahm".*

Doch bis dahin sollte insgesamt mehr als ein Jahr vergehen. Die Hintergründe und den Verlauf der Ostberliner Diskussion vom 16. November 1962 hat Neumann zum ersten Mal in der ZEIT vom 1. März 1963 beschrieben: *"Als ich nun nach Ostberlin ging, arrangierte die Humboldt-Universität auf meinen Wunsch ganz genau die gleiche Diskussion für mich - "Was geht uns Eichmann an?" - und ich hielt ganz genau dasselbe Referat wie in Marburg. Ich wählte das Thema aus zwei Gründen. Erstens hatte ich das Marburger Band - aber dessen bedurfte es gar nicht, denn der Deutschlandsender*[13] *hatte die Sendung des Norddeutschen Rundfunks abgehört (jeder hört alles, das ist ein Teil des Kalten Bürgerkriegs). Und zweitens war das ein Thema, das zwar politisch ist, auf das aber jeder Deutsche emotionell ansprechbar sein mußte, überpolitisch, anti-politisch, es ist der allergische Punkt in Ost und West. Kurzum, die Diskussionsgrundlage würde in diesem Ausnahmefall nicht von vornherein kontroversiell, so hoffte ich.*

Diese Hoffnung hat sich erfüllt. In Marburg war der Dekan der Universitätskirche (Kirchenrat Dekan D. Dr. Karl Bernhard Ritter; d.Hg.)[14] *mein Vorsitzender ge-*

*wesen. Ein Mann, der Widerstand geleistet und in Hitlers Gefängnissen zu schwerem Schaden gekommen war. In Ostberlin war es Professor Girnus (*Wilhelm Girnus, Staatssekretär für Hochschulwesen; d. Hg.) *er hatte elf Jahre in Hitlers Zuchthäusern und KZs verbracht".*

Im Auditorium fand sich Dr. Dieckmann ein, der die Gelegenheit wahrnahm, noch einmal zum Thema seiner Erfahrungen in Marburg zu sprechen. Ich ließ einiges aus dem Marburger Band vorführen, um zu zeigen, daß es ganz andere Studenten in Marburg gibt als die, mit denen er zusammengetroffen war. Daß die Ostberliner Diskussionsteilnehmer, meist Studenten des Historisch-Politischen Seminars, den Antisemitismus als ein Teilphänomen des Faschismus erkannten - damit waren sie nun doch wieder bei der Politik -, erwies sich durchaus nicht als ein Nachteil.

Ich glaube, ich selbst habe dort nicht ein Wort gesagt, daß den Hörern nicht zuwider gewesen sein muß - man kennt die Meinungsverschiedenheiten, die unsereiner sein Leben lang mit den Kommunisten hat. Was ich sagte, wurde zwar sachlich abgelehnt, aber mit musterhafter Höflichkeit angehört.

Wir schieden voneinander in Herzlichkeit, und dieses Ostberliner Band (meine Frau nahm jedes Wort der Aussprache auf meinem eigenen Apparat auf) - dieses Band also nahm ich sofort nach Marburg hinüber, ich führte es vor, und während die Marburger in ihren Antworten allerlei scharf Kontroversielles anzumerken hatten, ergab sich doch ein unerwartet breiter Bezirk der Übereinstimmung zwischen Ost und West, eine gute Grundlage für weitere Gespräche. Und nun habe ich zehn Stunden West-Ost-Band hier, aus dem sich unschwer eine echte und wirkliche Diskussion herausschälen läßt - zunächst für eine sehr lange Rundfunksendung, die man auch drüben hören wird."[15]

Neumann fuhr von Ostberlin aus nach Marburg und stellte am 23. November 1962 seine Tonbandaufzeichnung im Oberseminar Politikwissenschaft von Prof. Wolfgang Abendroth in wesentlichen Auszügen vor; Prof. Abendroth, dessen Frau - die Historikerin Dr. Lisa Abendroth - Assistenten und Studenten unterschiedlicher Fakultäten diskutierten die Berliner Stellungnahmen zunächst unter fachwissenschaftlichen Aspekten. Erst eineinhalb Jahre später wurde dann, wiederum in Marburg, eine erste Bilanz dieses "Dialogs über die Mauer hinweg" versucht: Am 14. Mai 1964 lud wiederum der Clausthaler Wingolf (dieses Mal zusammen mit der Humanistischen Studenten-Union) zu einer Diskussion ein, die nun den Titel trug "Soll die Universität Marburg mit der Universität Ost-Berlin sprechen?" - ein ebenso werbeträchtiger wie irreführender Titel. Immerhin hatten die Hochschulen ja bereits wenigstens einen Tonband-Dialog geführt.

Währenddessen gingen die Auseinandersetzungen um dieses Unternehmen hinter den Kulissen in eine neue Runde, und zwar bereits vor der Diskussion an der Humboldt-Universität, wie Neumann später in seinem Tagebuchroman berichtete: "*Ein Freund vom Norddeutschen Rundfunk war bei uns vorübergekommen, ein ausgezeichneter Sozialdemokrat, nicht jung aber jugendlich burschikos, und als ich ihm sagte, ich wolle mein Marburger Diskussionsband nach Ostberlin bringen, war er Feuer und Flamme. »Die Leute werden Ihnen dort nie erlauben, auch die Ostberliner Diskussion aufzunehmen - wenn es überhaupt zu einer solchen Diskussion kommt, was ich nicht glaube«, sagte er, »aber kommt es dazu und lassen die Sie wirklich ein Band machen, so wette ich mit Ihnen, die lassen das nicht über die Grenze. Geschieht aber ein Wunder und Sie bringen das Band heraus - das müssen wir haben, das senden wir sofort, daraus machen wir eine Sensation!«*[16]

Der Norddeutsche Rundfunk machte jedoch plötzlich einen Rückzieher (die "Qualität der Tonbandaufnahme sei so schlecht, daß an eine Vorführung im Rundfunk nicht zu denken sei", berichtet Friedrich-Martin Balzer von der NDR-Absage an Robert Neumann[17]).

Zwei Wochen später kann Neumann dann mit Neuigkeiten aus der DDR aufwarten; dort hatte man ihm versprochen, ihm die vom Rundfunk der DDR gemachte Aufzeichnung der Ostberliner Diskussion zuzusenden: "*Wider alles Erwarten ist es Dieckmann gelungen, das dort zunächst von anderen Kräften aufgehaltene Originalband des Deutschlandsenders an mich gelangen zu lassen, und ich schreibe heute an Dr. Gneuss vom NDR, daß die als undurchführbar schon aufgegebene Sache hierdurch wieder durchführbar geworden ist.[...] Wollen sehen, ob Gneuss noch mitzieht - [...]*"[18]

Noch im Oktober ist jedoch ungewiß,[19] ob der NDR seine Zusage einhalten wird; im November 1963 teilt Neumann schließlich mit, "*daß ich mit dem Westdeutschen Rundfunk in Köln berate, ob wir nicht das beim Norddeutschen Rundfunk sabotierte Ost-West-Gespräch derart hinkriegen können, daß die [...] besprochene Marburger Veranstaltung* (die am 14. Mai 1964 stattfinden wird; d. Hg.) *den Abschluß bildet.*"[20]

Mit dem Westdeutschen Rundfunk (WDR) kommt es nun zu konkreten Absprachen: Aus der ersten Marburger Diskussion und der Ostberliner Veranstaltung wird Neumann wesentliche Passagen zusammenstellen, die gesendet werden und die die Grundlage für eine Studiodiskussion bilden sollen.[21] Im Januar 1964 entscheidet dann der WDR, daß diese Diskussion im Mai aufgezeichnet und wenige Tage später gesendet werden soll.[22]

Daß es schließlich zur Sendung kommt, muß nach der Lektüre der Details - wie sie in den Kapiteln VII und VIII nachzulesen sind - erstaunen, und Robert Neumanns bitter-ironische Tagebuch-Eintragung vom 13. April 1964: "*Köln am Telefon. Diese Ost-West-Sache gehe in Ordnung, beim Westdeutschen Rundfunk. Ich kann es nicht recht glauben, aber wenn Gott will, schießt ein Besen.*"[23]

wird vor diesem Hintergrund nur allzu verständlich.

Kurz vor der Aufzeichnung der Diskussion im WDR fand in Marburg am 14. Mai 1964 die letzte öffentliche Veranstaltung dieses Debatten-Reigens statt; das neue Auditorium Maximum war vollbesetzt, neben Robert Neumann und Wolfgang Abendroth kamen unter anderem als geladene Gäste der Göttinger Professor für Neutestamentliche Theologie Hans Conzelmann, Prof. Heinz Maus (Soziologie) und der Politologe Dr. Kurt Lenk zu Wort. "Das ganze war für Sie und ihre Organisation" - schrieb wenig später Robert Neumann an Friedrich-Martin Balzer vom Clausthaler Wingolf, der das Unternehmen initiiert und organisiert hatte - "ein großer Erfolg".[24]

Neumanns Urteil mochten nicht alle teilen - Professor Conzelmann[25] ("Alter Herr" des Clausthaler Wingolf) ging mit Balzer nach der Veranstaltung hart ins Gericht:

Wenn in der Presse gegen dich Vorwürfe erhoben werden, dann mit Recht. Die ganze Sache ging schief, und schuldig bist Du bzw. Dein Zusammenspiel mit R. Neumann. Einerseits botest Du die Veranstaltung als Sache der Marburger Studentenschaft [...]: Soll sie die Kontakte mit Berlin fortsetzen? Das zog und füllte den Saal. Und dann stellte es sich zu aller Überraschung heraus, daß die Firma getarnt war: Es sollte gar nicht die Studentenschaft zu Wort kommen, sondern Herr Neumann. Es sollten nicht Marburger Studenten diskutieren, ob sie mit Berliner Kommilitonen sprechen wollen. Sie sollten Herrn Neumanns Vorschlag akzeptieren, daß er gelegentlich den "Briefträger" spielt. Das war eine von ihm frei geschaffene Fragestellung und Rolle. Damit war die Studentenschaft grundsätzlich ausgeschaltet. Sie sollte nur für Herrn Neumanns Selbstdarbietung Beifall trampeln. Ich muß annehmen, daß Du im Bilde warst. Das geht schon aus dem doppelten Plakatdruck hervor.[26] Ich selbst habe erst während des Abends - da natürlich sehr rasch - gemerkt, was gespielt werden sollte. [...]

Summa: Der Mißerfolg geht zu Deinen Lasten. Was Du daraus lernen kannst, ist: Nicht mit gezinkten Karten zu spielen. Ich meinerseits habe von Neumann die Nase voll. So nicht![27]

Die Diskussionen in Marburg, Ostberlin und Köln sorgten für hitzige Debatten - daß in deren Verlauf auch persönliche Eitelkeiten, Neid und Rankünе eine Rolle spielten, mag kaum überraschen. Viel wichtiger aber erscheint, daß - wenngleich politisch folgenlos - ein intra- wie internationaler Dialog forciert wurde, der den Kreuzungspunkt der zeitgenössischen Debatten thematisierte: die Geschichte des deutschen Faschismus wie den Kalten Krieg.

*

Bei der Aufarbeitung und Dokumentation des Materials gab es zahlreiche Schwierigkeiten: Um eine möglichst umfassende Dokumentation der Diskussionen zu ermöglichen, mußte auf die Tonband-Aufnahmen von Robert Neumann zurückgegriffen werden; sie befanden sich (aufgenommen mit 4,75 cm/Sek.!) in einer akustischen Qualität, die das Geschehen nur schwer verständlich machte. Die Tontechnikerinnen des Südwestfunks haben mit zum Teil beträchtlichen Aufwand verständliche Fassungen erstellt.

Zum zweiten sind nicht alle Debatten umfassend dokumentiert: Von der Veranstaltung an der Berliner Humboldt-Universität fehlt ein kleiner Teil, von der Diskussion im Oberseminar Abendroth fehlt etwa das letzte Drittel, von der Marburger Abschluß-Diskussion fehlt der Anfang - das läßt sich auch aus den akribischen Notizen Robert Neumanns schließen, die er zu den einzelnen Veranstaltungen nachträglich angefertigt hat.

Von den vorliegenden Tonband-Fassungen wurden Transskripte angefertigt, die so zurückhaltend wie möglich redigiert wurden; sprachliche Eigenheiten, die sich durch öffentliche Rede ergeben (Redundanzen u.a.m.) wurden in eine lesbare Schrift-Fassung gebracht; Kürzungen wurden nur dann vorgenommen, wenn sich das gesprochene Wort etwa auf technische Abläufe (Wort-Meldungen und Wort-Erteilungen) bezog oder wenn - wie im Fall der Vorträge von Robert Neumann in Marburg und Ostberlin - Wiederholungen vorlagen; ähnlich wurde bei den geringen Kürzungen zur WDR-Diskussion vorgegangen. Gleichfalls gestrichen wurden Passagen in den öffentlichen Debatten, die sich auf die schleppenden Diskussions-Eröffnungen (in Berlin stärker noch als in Marburg) bezogen und das Auditorium zu Wortmeldungen aufforderte.

Da gerade bei der jüngeren Leserschaft bestimmte zeitgeschichtliche Details nicht als bekannt vorausgesetzt werden können, haben wir dort, wo es uns notwendig erschien, die notwendigen Fakten in Fußnoten. nachgereicht; so wird zumindest ein Grundverständnis der Texte ermöglicht.[28]

*

Heinz Kamnitzer, Reinhard Kühnl und Manfred Weißbecker danken wir für Ihre Beiträge aus heutiger Sicht.

Die Herausgeber danken allen, die uns bei unserer Arbeit unterstützt haben: den Kolleginnen und Kollegen des Südwestfunks in den Abteilungen Zentraler Dokumentations- und Archivdienst (für Recherchen zum zeitgeschichtlichen Hintergrund), Schreibbüro (Transskripte), Technik (Bandbearbeitung) und Informationssysteme (Datenerfassung und -Übertragung); dem Hessischen Ministerium für Wissenschaft und Kunst danken wir für die finanzielle Unterstützung dieser Veröffentlichung, die auf eine Hörfunk-Reihe von S2 KULTUR -

dem gemeinsamen Kulturprogramm von Südwestfunk und Süddeutschem Rundfunk - zurückgeht, in der die Debatten zum Teil urgesendet wurden.

Anmerkungen

1 Zit. nach: R.Wistrich, Wer war wer im "Dritten Reich", Frankfurt/Main 1987, S. 77.

2 Zu Robert Neumann siehe Kap. XII.

3 Laut Brief von Robert Neumann an F.-M. Balzer vom 18.6.61, wonach Neumann "in Hamburg mit dem Chef der Abteilung Wort beim Norddeutschen Rundfunk gesprochen" hat, wo man "stark interessiert" sei.

4 Laut Brief von Robert Neumann an F.-M. Balzer vom 23.6.61.

5 Laut Brief von Robert Neumann an F.-M. Balzer vom 03.6.61; Einladung von F.-M. Balzer an Chr. Geißler v. 24.06.61

6 NDR 12.09.1961, 20.00 - 21.30 Uhr (lt. Brief von Dr. R. Hagen [NDR] an F.-M. Balzer v. 02.08.61); das Originalband mit der Gesamtaufnahme der Marburger Veranstaltung existiert lt. Claus Behnke (WDR, Brief an Robert Neumann v. 12.03.1964) nicht mehr; daher kann nur noch auf die von R. Neumann und seiner Frau angefertigte Privat-Aufnahme zurückgegriffen werden, die technisch nicht einwandfrei ist. Neumann hat verschiedentlich den Verdacht geäußert, daß die NDR-Sendung zur ersten Marburger Diskussion wohl auch (durch bestimmte Kürzungen) unter Aspekten der politischen Opportunität angefertigt worden ist. So schrieb er am 23.03.1964 an Roland Wiegenstein: *Sie werden sehen, daß das Würstchen, das das erste Marburger Band für den NDR präpariert hat, zwei der wichtigsten kleinen Stellen offenbar als zu gefährlich betrachtet hat, sie sind jetzt nicht mehr auffindbar* [...].

7 ZEIT v. 01.03.1963.

8 Robert Neumann unter Mitarbeit von Helga Koppel, Hitler - Aufstieg und Untergang des Dritten Reiches. Eine Bild-Biographie, Verlag Kurt Desch, 1961[2].

9 Robert Neumann, Auf den Spuren Wolfgang Harichs, in: ZEIT v. 01.03.1963.

10 Oberhessische Presse v. 08.07.1961.

11 Siehe Kapitel II.

12 Siehe Kapitel VIII.

13 Sendergruppe des Deutschen Demokratischen Rundfunks; die Programmarbeit unterstand der Westabteilung des Zentralkomitees der SED.

14 Karl Bernhard Ritter, geb. 1890; 1919 Pfarrer in Berlin; Abgeordneter der DNVP im Preußischen Landtag 1919 - 1924; 1925-1940 Studentenpfarrer in Marburg; Mitglied des Gesamtvorstandes des Pfarrernotbundes; Vorsitzender des Bundesrates der Bekennenden Kirche; Teilnehmer der Bekenntnissynode; mehrere Verhaftungen; 1940 Einberufung in die Wehrmacht statt Überführung in ein KZ; am Ende des Krieges Einweisung in die Universitäts-Nervenklinik Marburg 1946 Kir-

chenrat, um sich vor den Verfolgungen der Gestapo zu retten; 1952-1960 Dekan des Kirchenkreises Marburg-Stadt; führender Vertreter der evang. liturgischen Bewegung; Begründer der Ev. Michaelsbruderschaft; gestorben 1968.

15 In der Diskussion, die später der Westdeutsche Rundfunk ausstrahlte (s. Kap. VI), hat Neumann den Sachverhalt ähnlich zusammengefaßt: *Eine Weile später wurde ich nach Ostberlin eingeladen, und an meine Zusage knüpfte ich den Wunsch, mein Marburger Referat wortgetreu vor Ostberliner Studenten halten zu können. Das wurde sofort und ohne Einschränkungen angenommen. Mein Vorsitzender war Professor Wilhelm Girnus, der Staatssekretär für Hochschulwesen. Eingeleitet wurde ich von Professor Heinz Kamnitzer, einem allzu dogmatischen, aber sehr scharfen Kopf. Auch Professor Wieland Herzfelde beteiligte sich neben sehr zahlreichen Studenten an der lebhaften Diskussion, und vor allem Professor Dieckmann, dem man in Marburg so übel mitgespielt hatte und der wußte, daß ich das in Ostberlin Gesagte nach dem Westen zurückbringen wollte, kam und sprach ebenfalls. Sie werden das hören.*

16 Siehe Kapitel VIII.

17 F.-M. Balzer an R. Neumann v. 01. Mai 1963.

18 Brief R. Neumann an F.-M. Balzer v. 17. Mai 1963.

19 Brief F.-M. Balzer an R. Neumann v. 08.09.63: "Hat Herr Dr. Gneuss sein placet gegeben?"; Brief F.-M. Balzer an R. Neumann v. 18.10.63: "Was wird aus der Diskussion Marburg - Berlin?"

20 Brief R. Neumann an F.-M. Balzer am 10. November 1963.

21 Brief R. Neumann an F.-M. Balzer v. 08. Dezember 1963.

22 Brief R. Neumann an F.-M. Balzer v. 12. Januar 1964.

23 Siehe Kapitel VIII.

24 Brief R. Neumann an F.-M. Balzer v. 19. Juli 1964. Über den Initiator der ersten Marburger Diskussion und seine Motive schreibt Robert Neumann in seinem Tagebuchroman "Vielleicht das Heitere", München 1968, S. 565 unter dem Datum vom 11. Dezember 1964: *"Der junge Balzer aus Marburg schreibt einen ausgezeichneten Brief. Er hat es nicht leicht mit sich, er arbeitet an einer Analyse der Mitschuld der protestantischen Kirche im Dritten Reich, und sein eigener Vater ein protestantischer Pastor, mitschuldig auch er, so sieht er es, denn seine Kirche habe sich damals nicht dagegen gewehrt, den Nazis ihre Register zu zeigen - 'hätten er und alle das damals verweigert, so hätten die Nazis niemandem die jüdische Abstammung nachweisen können'. Womit die besten unter diesen jungen Menschen sich quälen. Wie hätten sie sich selbst bewährt? Wie werden sie sich bewähren, wenn es wieder so weit ist? (Nur die Schuldlosen quälen sich, nicht einer der Schuldigen.)"*

25 Hans Conzelmann, evangelischer Theologe, geb. 1915, ab 1960 Theologieprofessor für das Gebiet der synoptischen Evangelien, urchristlichen Eschatologie und Zeitgeschichte in Göttingen, zahlreiche Veröffentlichungen.

26 F.-M. Balzer hatte auf die Diskussionsveranstaltung mit zwei verschiedenen Plakaten hingewiesen. Deswegen kam es während der Diskussion zu Anfragen, die er so beantwortete: *Sie haben heute an der Mensa zwei Plakate gesehen. Ein großes, da stand drauf: "Humboldt- und Philipps-Universität diskutierten den Antisemitismus".*

Und auf dem zweiten Plakat stand: "Soll die Universität Marburg mit der Universität Ost-Berlin sprechen?". [...] Ich habe das zweite Plakat gewählt, weil mit der Diskussion in Marburg und Ostberlin die Mehrzahl der im Augenblick in Marburg studierenden Studenten nicht vertraut war und ich mir von dem zweiten Thema eine größere Werbewirksamkeit versprochen habe.

27 Brief H. Conzelmann an F.-M. Balzer v. 27. Juli 1964.

28 Als Quellen dienten dabei v.a.: Quellen: Brockhaus; R. Wistrich, Wer war wer im Dritten Reich? Frankfurt/M. 1987; Jüdisches Lexikon, begr. v. G. Herlitz und B. Kirschner, Berlin 1929; Chr. Zentner/F. Bedürftig (Hg.), Das große Lexikon des Dritten Reiches, Südwest-Verlag 1985; Harenberg- Chronik; Munzinger-Achiv; Kurt Hirsch, Rechts von der Union; Wer war wer - DDR, Ein biographisches Lexikon, Berlin 1992[2].

II. "Gegen die Konspiration des Schweigens"

Vortrag und Diskussion im Auditorium Maximum der Philipps-Universität Marburg am 5. Juli 1961

Prof. Reinhardt: Meine sehr verehrten Damen und Herren, liebe Kommilitonen, liebe Kommilitoninnen, von den Veranstaltern des heutigen Abends, dem Clausthaler Wingolf und dem Allgemeinen Studentenausschuß - das heißt: dem staatspolitischen Referat dieses Ausschusses - bin ich als Prorektor der Universität gebeten worden, einige einführende Worte zu sprechen und unseren Gast, den Ihnen allen bekannten Schriftsteller Robert Neumann zu begrüßen.

Sie wollen, Herr Neumann, zu einem sehr ernsten Thema das Wort ergreifen. Einem Thema, das die verschiedensten Empfindungen in der Seele der Menschen unserer Tage wachruft, was zu den verschiedensten Fragen dieser Menschen und an diese Menschen Anlaß gibt, das aber in jedem Falle das Innerste unseres Herzens und unseres Verstandes berühren, ja erschüttern muß.

Der Eichmann-Prozeß hat sein Gewicht für uns nicht deshalb, weil hier außergewöhnliche Verbrechen eines einzelnen zur gerichtlichen Entscheidung stehen. Seine besondere Bedeutung liegt vielmehr darin, daß ein System vor den Schranken der Weltöffentlichkeit angeklagt wird, das Menschen in die Lage versetzen konnte, so zu handeln, wie sie gehandelt haben. Vor dem Bilde des Grauens, das die Erinnerung an diesen Sündenfall in uns wachruft, möchten wir unser Haupt verhüllen. Aber wir müssen auch die Kraft haben, dieses Bild zu sehen und unsere Herzen den hilfesuchenden Augen derer zu öffnen, die uns im Bilde anschauen und die das ganze Leid jener Zeit haben über sich ergehen lassen müssen.

So wendet sich der Eichmann-Prozeß in erster Linie an uns. Er stellt seine Fragen aber darüber hinaus an die ganze Welt; denn die Geschichte - und nicht zuletzt die Geschichte seit dem Untergange des "Dritten Reiches" - zeigte deutlich, daß Diktatur, Gewalt, Fanatismus, Mißhandlung, Qualen und Leid sich über die ganze Welt ausbreiten und die Menschheit verseuchen. Überall lauert die Gefahr, daß an die Stelle des Bildes von dem Menschen als einem sittlich verantwortlichen, von Ehrfurcht vor dem unerforschlichen, dem ewigen erfüllten Wesen der Mensch als Nummer, als Teilchen einer großen Maschine tritt, dessen Aktivität dorthin gelenkt wird, wohin es der am Steuer der Maschine sitzende Diktator haben will.

Wenn wir uns fragen, wie man dieser, die ganze Welt bedrohenden Gefahr begegnen kann, dann lehrt uns die Vergangenheit, wie schwer es ist, ein solches

System der Diktatur - wenn es einmal da ist - wieder aus den Angeln zu heben. Um so eindringlicher steht daher vor uns (insbesondere den freien Völkern) eine andere Aufgabe: die Seelen der Menschen freizuhalten von jenem Gift der Zerstörung der Persönlichkeit, ihrer Degradierung zum Instrument fremden Willens, ihrer billigen Entlassung aus jeder Eigenverantwortlichkeit.

Wenn ich das an dieser Stelle sage, so geschieht das auch im Hinblick auf die Aufgaben unserer Universitäten. Sie können nicht abseits stehen, wenn es darum geht, den Menschen vor der Entmenschlichung zu bewahren. Nur in der Gemeinschaft solcher Menschen, die mehr sind als biologische - noch dazu in ihrem Willen fremdgesteuerte - Wesen, hat auch die Universität, die *universitas literarum* ihren Sinn. Nur da findet sie überhaupt die Grundlage ihrer Existenz.

Sollten wir uns daher nicht alle, die guten Willens sind, zusammenfinden in der Erkenntnis, daß jeder irren und straucheln kann, daß wir uns aber vereint fühlen müssen, jenen hohen Zielen zu dienen, die ich eben kennzeichnete?

Unter diesem Zeichen begrüße ich es ganz besonders, daß eine studentische Gruppe die Initiative zu der heutigen Aussprache ergriffen hat; daß Sie, Herr Neumann, der uns als ernster Mahner bekannt ist, zu dieser Diskussion ihren wertvollen Beitrag leisten; und daß Sie, liebe Kommilitonen und Kommilitoninnen, und Sie, meine sehr verehrten Damen und Herren, zu dieser Diskussion so zahlreich erschienen sind und sich hoffentlich ebenso zahlreich daran beteiligen werden.

Die Leitung dieser Diskussion hat freundlicherweise Herr Dekan Dr. Ritter übernommen, den ich hier ebenso herzlich begrüße und dem wir alle dankbar dafür sind, daß er sich für diese Aufgabe zur Verfügung gestellt hat.

Möge dieser Abend, fern von allen politischen Tendenzen, fern auch von allen unfruchtbaren Emotionen, allein beherrscht von dem Willen zur Sachlichkeit, dazu beitragen, daß der Wahrheit und damit dem Guten unter den Menschen gedient wird.

Und nun darf ich Sie, sehr geehrter Herr Neumann bitten, das Wort zu Ihrem Referat zu ergreifen.

Neumann: Herr Professor, Herr Dekan, meine Freunde,

unser heutiges Thema "Was geht uns Eichmann an?" ist ein Thema für ein Seminar, für einen Kongreß, vielleicht sogar für eine Lebenszeit. Wir haben einen einzigen Abend, und obgleich ich bereit bin, diesen Abend auszudehnen bis zum bitteren Ende, müssen wir gewisse Einschränkungen machen, wenn wir überhaupt zu Ergebnissen kommen wollen.

Noch etwas anderes: Ich bin recht weit hierher gekommen, aber nicht, um Ihnen einen Vortrag zu halten, sondern vor allem, um mit einem kurzen Referat das einzuleiten, was das Wichtigste an diesem Abend ist: nämlich Ihre Meinung über die Dinge zu hören, eine Aussprache mit Ihnen zu führen, in der Sie mindestens so sehr zu Wort kommen sollen wie ich selbst. Was ich Ihnen zu bieten habe, sind keine größeren Weisheiten, sondern nur ein bißchen längere Erfahrung. Ich habe das Glück, neben mir - oder als meinen Vorsitzenden - Herrn Dekan Dr. Ritter zu haben, dessen Erfahrung mindestens so groß ist wie meine, und sie ist deshalb vielleicht noch fruchtbarer, weil er jene Zeit, über die wir sprechen werden, von einer ganz anderen Seite her erlebt hat: ein Mit-Leidender, aber von einem anderen Winkel her.

Nun, um abzugrenzen: Das Thema heißt "Was geht uns Eichmann an?" Wer ist *uns*? Offenbar nicht Sie und ich, denn es wird sich schwer ein gemeinsamer Nenner finden lassen, auf den Sie und ich zu bringen wären: Sie, junge Menschen, die fast alle zu der Zeit, als gewisse Dinge geschahen, noch nicht in einem verantwortlichen Alter mitgetan haben. Ich, ein Jude, der Ihr Vater oder Ihr Großvater sein könnte, und bezüglich dessen es völlig irrelevant ist, was er privat erlebt hat (es ist ein typisches Schicksal gewesen, über das ich nicht sprechen will; es war nicht leicht), und der sich mit der Angelegenheit einigermaßen befaßt hat.

Das einzige, was ich erwähnen mag, ist, daß meine Bücher an jenem berühmten 10. Mai 1933 verbrannt und verboten worden sind. Und vielleicht sollte ich es hier erwähnen - da ich es mit einem Auditorium von Studenten zu tun habe -, daß unter den Verbrennern nicht Sie selbst, aber sehr viele andere Studenten, Studenten in vollem Wichs gewesen sind. Das soll kein Vorwurf sein, aber es kann Ihnen zeigen, wie weit sogar Intellektuelle oder angehende Intellektuelle verführt werden können und wie wichtig es ist, Geschichte zu kennen und gewisse Löcher in der Geschichte zu füllen. Das ist der Grund, warum ich hier stehe. [...]

Dieses "Uns", also Sie, wäre ein anderes, stünde ich hier nicht im Auditorium Maximum der Marburger Universität, sondern etwa im Auditorium Maximum der Humboldt-Universität in Ost-Berlin; dieses "Uns" wäre ein anderes, stünde ich im Auditorium Maximum der Hebräischen Universität in Jerusalem; und dieses "Uns" wäre ein anderes, stünde ich (aber da stünde ich gar nicht!) in einer Versammlung junger Leute, wie man sie leider in diesem Land schon wieder sieht: aus den Kreisen jener Unverbesserlichen, die gefährlicherweise da und dort schon wieder ihr Haupt erheben.

"Uns" heißt also eine repräsentative Versammlung junger Männer, angehender Akademiker in der Bundesrepublik Deutschland. Damit wäre das "Uns" geklärt.

Das nächste ist "Was geht uns *Eichmann* an?" Wir wollen außer Streit stellen, daß dieser irrelevante kleine Mann, der große Verbrechen auf sich geladen hat, einer ist, den es erwischt hat oder den man erwischt hat, der vielleicht typisch für eine Kaste ist, aber nicht einer der großen Akteure. Doch wollen wir dem Prozeß, der jetzt eben in Jerusalem vor sich geht, nicht vorgreifen. Das heißt also "Uns" und "Eichmann". [...]

Außer Streit stellen können wir vielleicht auch die Tatsache, daß in jener dunklen Periode deutscher Vergangenheit, die wir alle im Sinn haben, in dem, was wir kurz "Hitlers Krieg" nennen können, 55 Millionen Menschen umgekommen sind. Unter diesen 55 Millionen Menschen waren etwa zehn Prozent Juden. Es waren andere große Gruppen darunter, es waren ungeheuere Gruppen von russischen, von polnischen Zivilisten darunter. Es waren die Zigeuner darunter, irrsinnigerweise, obwohl man ihnen bei Gott nicht all jene Dinge vorwerfen konnte, die man ebenso irrsinnigerweise den Juden vorgeworfen hat: völlig harmlose Menschen, großäugige junge Mädchen, Kinder - sie alle sind umgekommen - auch etwa fünf Millionen Juden.

Die Ziffer, die genaue, ist irrelevant. Als Kuriosum mag ich erwähnen, daß ich erst vorige Woche eine Druckschrift von einem Mann aus Schweden bekommen habe. Sie heißt "Die Lüge: Über die Lüge, daß Juden getötet worden sind", und in der er nachweist, daß überhaupt niemand getötet worden ist, sondern daß wir Juden mehr geworden sind und nicht weniger. Auch das gibt es schon, und ich erwähne dieses Kuriosum deshalb, weil es typisch ist für die Gefahr, für den Ernst einer solchen Auseinandersetzung, wie wir sie vorhaben.

Also, es sind etwa fünf Millionen Juden umgebracht worden, das steht fest. Eine vorsichtige Schätzung geht dahin, daß unter denen etwa 1,7 Millionen Kinder gewesen sind. Das also, wenn Sie wollen, stellen wir außer Streit. Alles weitere ist schon fraglich und ist diskutabel und wird hoffentlich Gegenstand der Diskussion sein.

Die erste Frage, die sich aufdrängt, ist die: Warum diese Exzesse gerade gegen die Juden? Warum hat es diese Exzesse keineswegs erst zur Zeit Hitlers gegeben, sondern vorher? Warum hat es Exzesse gegen die Juden nicht nur in Deutschland gegeben, sondern auch in anderen Ländern? Es ist das eine Frage, der man immer wieder begegnet, der man ins Gesicht schauen muß,und die beantwortet gehört - hoffentlich von Ihnen in der Diskussion. Als vorläufigen Diskussionsbeitrag kann ich Ihnen nur sagen, daß es in meiner Erfahrung jede Minorität, die innerhalb einer Majorität sitzt, besonders schwer hat; sie ist benachteiligt, und um sich durchzusetzen, muß sie tüchtiger sein als ihre Umgebung. Dadurch, daß sie tüchtiger ist, macht sie sich automatisch unbeliebt. Das gilt keineswegs nur für die jüdischen Minoritäten, die überall in der Welt aufgrund der Diaspora sitzen.

Es gilt für die Griechen unter den Türken, es gilt für die Armenier unter den Türken, es gilt für die Parsen in Indien. Ich habe in Bombay übrigens erlebt, daß die Position der Parsen der der Juden im früheren Deutschland sehr gleicht: Sie sind die Tüchtigsten, sie sind reich - sie sind reicher als ihre Umgebung -, und sie sind über die Maßen gehaßt. Es ist vielleicht nur der relativen, der anders gelagerten Religiosität der Inder zu verdanken, daß es zu Parsen-Pogromen, soviel ich weiß, niemals gekommen ist.

Ich will Ihnen mehr erzählen über solche Minoritäten und ihre Position. Ich habe drüben in England einen kleinen Besitz auf dem Land. Das ist eine protestantische Gegend. In meiner Umgebung haben kürzlich zwei kleine Landgüter ihre Besitzer gewechselt. Ich hörte, daß der neue Besitzer des einen kleinen Landgutes Cohen heiße, und fragte ein paar meiner protestantischen Freunde, die abends bei mir saßen: "Ist das ein Jude?" Darauf sagten die: "Ein Jude? Ich weiß wirklich nicht. Ich habe nie darüber nachgedacht, ich könnte Dir das nicht sagen." Ich fragte dann nach bei den anderen Leuten, und sie sagten darauf: "Ach, die haben wir noch nicht getroffen." Ich sagte: "Warum denn? Sind die nicht *allright*?" Worauf sie sagten: "Ja, offen gestanden, das sind Katholiken, und wir haben grundsätzlich nichts gegen Katholiken, aber die sind doch ganz anders als wir. Und ich denke nicht, daß wir mit denen verkehren werden."

Eine Torheit, aber Sie sehen, daß dort, wo - zum Beispiel in dieser Gegend in England - zufällig die Katholiken in einer Minorität sind, sie sich einer ähnlichen Unpopularität erfreuen wie es etwa die Juden irgendwo in einer Minoritätsgruppe sind. Interessanterweise entwickeln sie ähnliche Dinge, ähnliche psychologische Eigenschaften wie zum Beispiel, daß sie tüchtiger sind oder als tüchtiger gelten als ihre Umgebung, und die Reaktionen sehen Sie.

Andererseits, wenn Sie meine jüdischen Ko-Nationalen in Israel anschauen - wo sie nicht in der Minorität, sondern in der Majorität sind! -, so werden sie in der neuen Gruppe von jungen Menschen eine völlig andere Mentalität finden, und zwar eine Mentalität, die mit jener Minoritätsmentalität, die wir in Europa gesehen haben, überhaupt nichts zu tun hat. Sie sind über die Maßen anders geworden.

Und das Wesentliche für Sie: Es gibt Minoritätsgruppen von Deutschen überall in der Welt. Ich kenne eine ganze Anzahl von ihnen, etwa in Asien. Und diese Minoritätsgruppen der Deutschen sind genauso unbeliebt wie es die Minoritätsgruppen der Juden in Deutschland waren, und zwar wegen sehr ähnlicher Charakteristika: Sie sind tüchtiger, sie sind arbeitsamer, sie sind infolgedessen erfolgreicher, sie bleiben beieinander und bilden eine Gruppe. Es zeigen sich hier also ganz ähnliche Charakteristika wie sie sich innerhalb Deutschlands für die Juden herausgestellt haben. Sie kennen ein Buch, das sich damit befaßt, von einem Kollegen von mir, auf den ich mich sonst nicht beziehe: Hans Grimms "Volk ohne Raum" ist nichts Anderes als eine Aussage auf dieser Grundlage.

Sie sehen also, welches besondere Problem mit der Tatsache verbunden ist, daß gerade diese typischen, tüchtigen Minoritätsbilder (eben die Deutschen) an den tüchtigen, typischen Minoritätsbildern (den Juden) das getan haben - wenn auch nur ein Teil der Deutschen -, was getan worden ist. Es stellt sich heraus, daß diese Parallelen zwischen Deutschen und Juden sich sehr viel weiter verfolgen lassen, als ich sie hier verfolgen will.

Damit ist der Mord des Deutschen am Juden ein Brudermord: Es ist Kain, der Abel erschlägt. Unter anderem ist es ein Mord am Konkurrenten an Tüchtigkeit und am Konkurrenten im Wettrennen um die Palme der Unbeliebtheit unter den Völkern.

Soweit mein Beitrag zum Thema "Antisemitismus". [...]

Die nächste Frage, die einen beschäftigen muß: "Wer hat das getan?". Ich sage: Die Deutschen haben die Juden ermordet - aber: Es haben *einige* Deutsche *eine große Anzahl* von Juden ermordet, und das ist etwas ganz anderes. Es ist die Frage: Wer waren die Täter? Die Täter waren speziell eingesetzte Organisationen: SD[1]; die Täter waren Männer von der SS; die Täter waren in einer früheren Zeit Männer von der Waffen-SS, die zunächst die Konzentrationslager überwacht haben, später wurde die Waffen-SS nicht mehr in den KZs eingesetzt. Die Täter waren darüber hinaus in vielen individuellen Fällen außerhalb der Konzentrationslager Freiwillige. Freiwillige, die zum Teil aus bestimmten Formationen der Wehrmacht kamen, aber auch aus bestimmten Formationen der lokalen Zivilbevölkerung, und die angelockt wurden durch gewisse kleine Belohnungen, wie es Kaffee, Zucker, Zigaretten oder dergleichen gewesen ist. Das ist das Problem der Täter.

Und das Problem der Mitwisser ergibt sich eigentlich automatisch schon aus diesem. Ich habe ein paar Rundfunkvorträge darüber gehalten im Norddeutschen Rundfunk[2]. Sie sind später als Broschüre erschienen, in denen ich anhand großen dokumentarischen Materials nachzuweisen versucht habe, daß der Kreis der Mitwisser um diese Dinge sehr viel größer gewesen ist, als man im Jahr '45 oder gar heute wahr haben will.

Es gibt nun die verschiedensten Nuancen des Mitwissertums und die verschiedensten Nuancen der Schuld in diesem Zusammenhang. Es gibt eine sehr beträchtliche Anzahl von Menschen, die sagen "Ich habe es nicht gewußt", und sie haben es wirklich nicht gewußt. Es gibt andere, die lügen - sie sagen, sie hätten es nicht gewußt, und sie haben es gewußt. Es gibt aber viele Zwischenstadien des Ganzen. Es gibt zum Beispiel Typen oder Fälle wie den hier:

Als ich einen meiner Rundfunkvorträge gehalten hatte, meldete sich bei mir ein Professor aus Göttingen. Er schrieb mir, er habe meine Behauptung, es gäbe so viele Mitwisser, die es heute nicht wahrhaben wollen, gehört. Er fühle sich verpflichtet, mir zu sagen, daß er seit zehn Jahren in einer großen Reihe von Diskussionen immer wieder versichert habe, er habe nichts gewußt, obwohl er es hätte wissen müssen (er war hinter der Front, im Osten, als Offizier). Er habe nun unter dem Eindruck meines Vortrags seine Kriegstagebücher nachgelesen und fühle sich verpflichtet, mir vier Stellen (die er abschrieb) zu schicken, aus denen hervorging, daß er es gewußt hat. Er war aber guten Glaubens und hatte es vergessen oder verdrängt. Dieser Mann war ein echtes Beispiel dafür, daß es derlei gibt, denn er hatte keinen Anlaß, sich bei mir zu melden.

Solche Zwischenfälle gibt es also. Dazu gibt es viele Menschen, die - und das ist allgemein menschlich - weggeschaut haben; viele Menschen, die gewußt haben: Irgend etwas geschieht, aber du darfst dich nicht darum kümmern, sonst geschieht dir auch etwas.

Ja, ich muß in diesem Zusammenhang auch mich selbst anklagen, indem ich Ihnen folgendes erzähle: Ich war während des Krieges in England, und ich hatte einigermaßen intensiv mit der Sammlung von Informationsmaterial dieser Art zu tun. Wir wollten wissen, was eigentlich geschah. Eine der zahlreichen englischen Geheimorganisationen, die da parallel arbeiteten, hat nun - als das Gerücht kam, es gäbe einen Kampf im Warschauer Ghetto - auf eine Weise, über die ich nichts weiß, einen führenden Mann der jüdischen Sozialdemokraten aus dem Warschauer Ghetto heraus und im Flugzeug nach London gebracht und zu mir geschickt. Dieser Mann kam zu mir und erzählte mir aus dem Warschauer Ghetto. Ich, dessen tägliches Brot es war, Dinge dieser Art, dieser Grauensdinge, zu lesen und zu hören und zu ordnen, ich habe diesem Mann nicht geglaubt. Ich dachte mir: Irgend etwas Furchtbares ist diesem Mann geschehen, aber der hat einen Knacks, irgend etwas ist nicht in Ordnung mit ihm. Und ich habe dann daraus die Konsequenz gezogen, die Dinge, die er mir sagte, nicht zu veröffentlichen - eben weil ich sie ihm nicht glaubte.

Wie sehr also kann ein Deutscher, der irgendwo in einer Stadt wie Marburg gesessen hat, nicht geglaubt haben, was ihm selbst ein Front-Heimkehrer erzählt haben mag? Das sind also stark entlastende Momente.

Aber demgegenüber fallen die belastenden Momente doch auch sehr, sehr schwer ins Gewicht. Die Zahl der Mitwisser war sehr groß. Sie war nicht beschränkt auf jene 53.000 SS-Männer, die in den KZs gearbeitet haben. Ein großes Problem!

Soviel über die Täter und die Mitwisser.

Wie kommt es nun, daß Sie alle hier sitzen und etwas erfahren wollen? Es ist darauf zurückzuführen, daß es immer noch in gewissen Kreisen - und vor kurzem, vor wenigen Jahren noch, in fast allen Kreisen in Deutschland - eine Konspiration des Schweigens gegeben hat. Nicht eine bewußte Konspiration, aber jeder einzelne hatte für sich offenbar das Gefühl, daß er besser über diese

Dinge nicht spricht. Natürlich hat es Ausnahmen gegeben, viele Ausnahmen - aber das war das Bild, wie es sich im Allgemeinen unsereinem dargestellt hat.

Darauf ist es zurückzuführen, daß eine junge Generation heranwuchs, die von den Ereignissen zwischen 1933 und 1945 nichts wußte, und die zu einem großen Teil auch heute nichts weiß. Ich habe Schullehrer (Elementarschullehrer) veranlaßt, ihre Schulkinder in Aufsätzen zu fragen: Wer war Hitler? Was war der Nationalsozialismus? Was weißt Du von den Juden? Hast Du je einen Juden gesehen? Und ich habe Stöße von Antworten von den Lehrern bekommen. Wenn ich Ihnen die vorstellen könnte, Sie wären erschreckt.

Es ist also über die Maßen nötig, daß junge Menschen erfahren, was sich in jener Zeit ereignet hat. Meine Bemühungen auf diesem Gebiet sind nur dahin gerichtet, gegenzusteuern, daß die jungen Menschen nichts wissen. Auch da gibt es Verschiedenheiten in den verschiedenen deutschen Ländern. Sie werden finden, daß es am besten diesbezüglich in Hamburg, Bremen, Hessen und vielleicht Rheinland und Westfalen steht; am schlimmsten steht es in Niedersachsen und Schleswig-Holstein.

Es ist sehr schwer, diese Front des Schweigens zu durchbrechen. Es sind keineswegs nur schuldige Eltern, die an diesem Schweigen beteiligt sind, sondern auch Menschen, die der Überzeugung sind: Laß das doch einmal vergeben und vergessen sein; wir drehen eine neue Seite im Buch des Schicksals um und beginnen ganz neu - als ob das möglich wäre! Es ist erst möglich, wenn man das Frühere weiß.

Eine große Last, ein großes Problem liegt bei den Lehrern. Sie finden keineswegs nur in Niedersachsen oder in Schleswig-Holstein, sondern auch in ganz anderen Gegenden Lehrer, die sich glattweg weigern, über diesen Komplex zu sprechen; und zwar nicht, weil sie selbst mit dabei gewesen sind und das Argument haben: "Ich kann doch meinen Schülern nicht *'mea culpa'* sagen", sondern sie sagen, es wäre Aufgabe der Eltern, davon zu sprechen. Oder die Lehrer sagen: "Ich weiß ja nicht, was ich da diesem Jungen sage und was seine Eltern getan haben. Ich kann ja doch keinen Konflikt provozieren zwischen meinem Schüler und seinem Vater" und dergleichen mehr. Es ist also noch eine ungeheuere Aufgabe zu leisten, bevor es anders wird.

Zusammen mit dem Argument, es sei besser, über die Sache zu schweigen und neu zu beginnen, sind all die anderen Antworten, die man bekommt, wenn man von diesem Themenkomplex spricht. Etwa dies: Man dürfe nicht sein eigenes Nest beschmutzen. Und eine besonders naive Variante ist der Hinweis: "Warum tun Sie das im Rundfunk? So erfährt auch das Ausland davon!" - als ob das Ausland all diese Dinge nicht viel besser wüßte als wir selbst.

Glauben Sie nicht, daß das selten ist! Ich habe im Laufe der letzten zwei Jahre etwa 1000 Briefe bekommen, von Lesern und Hörern. Und der Prozentsatz derjenigen, die diese Argumente gebrauchen, ist enorm. Sie würden ihn nicht glauben.

Ein anderes beliebtes Argument ist: "Warum sagen wir denn diese Dinge? All das ist doch Wasser auf die Mühle der Kommunisten." Akzeptiert man dieses Argument, so schafft man nur für schuldige Menschen oder Menschen, die den Problemen hier nicht ins Gesicht schauen wollen, eine emotionelle Hintertür. Man darf sie aber nicht entrinnen lassen. Denn wenn ich sage, in der DDR - oder weiß Gott wo - geschieht das Gleiche wie es bei den Nazis geschehen ist, sagt der Betreffende sich: "Naja, wenn es in der DDR auch geschieht oder in Rußland, dann kann's ja nicht so schlimm sein. Dann ist es eben nichts Typisches, dann kann es das überall und immer geben." Die Geschichte dieses Argumentes, wonach das Reden über den Nationalsozialismus Wasser auf die Mühle der Kommunisten ist, diese Geschichte ist lang, und wenn Sie wollen, können wir darüber diskutieren.

Ich glaube, das sind so ziemlich alle Argumente - außer dem, das mir in letzter Zeit begegnet, nämlich, daß ich all diese Dinge aus Ressentiment tue. Was sehr unfein ist. Ich nehme es den Leuten tatsächlich übel, daß sie gewisse Dinge getan haben.

Die nächste große Frage ist die: "Wie konnte es geschehen?". Es ist eine Frage, die einem immer wieder begegnet, und die zu beantworten sehr schwer ist, die zu beantworten andererseits aber nahezu am wichtigsten ist. Wie konnte es geschehen, daß diese Ereignisse vor sich gingen innerhalb einer Nation, die eine der führenden kulturellen Nationen der Welt ist? Eine Nation mit einem geistigen Erbe wie kaum eine andere; mit *standards* der persönlichen Anständigkeit, Korrektheit, der Begriffe von Treu und Glauben wie in kaum einer anderen - wie konnte es da geschehen?

Daraus ergeben sich zwei Fragen. Erstens eine politische: Wie konnte es überhaupt geschehen, daß dieser Mann Hitler mit seinen Kumpanen an die Herrschaft gekommen ist? Das ist die eine Frage. Und die andere Frage - die psychologische - ist eine engere, nämlich: Wie konnte es geschehen, daß etwa brave Familienväter diese furchtbaren Dinge getan haben?

Ich habe viele Tagebücher von Menschen, die an diesen Massakern teilgenommen haben. Es wurden viele dieser Tagebücher gefunden und gesammelt, und ich besitze davon etwa 200, Tagebücher und Briefe. Daraus geht hervor, daß diese Menschen - die die brutalsten Massenmörder gewesen sind! - irgendeine Wahnidee von hohen Idealen hatten, die sie geschluckt hatten, die man ihnen eingegeben hat. Sie sind brave Familienväter gewesen mit Weib und Kind - und trotzdem haben sie in dem Augenblick, wo sie mit einer Mission, mit einer Uniform und womöglich mit einem Vorgesetzten irgendwo dort draußen im Osten standen, diese furchtbaren Dinge getan.

Zur ersten Frage, zur politischen: "Wie ist Hitler an die Macht gekommen?". Dazu kann ich Ihnen im Rahmen dieses einen, kurzen Abends sehr wenig sagen. Wie ich es sehe, ist es so, daß, ehe er hinaufgetragen wurde von vielen Millionen - nicht Arbeitern, sondern Kleinbürgern, die etwas zu verlieren hatten (wenn es auch noch so wenig war), die Angst davor hatten, den Rest dieser Kleinigkeiten, die sie besaßen, zu verlieren - eine Zeit relativer Prosperität in der Weimarer Republik war; es folgte der große Krach in Amerika, es kam zu Krisen in der ganzen Welt, was schließlich zu der schweren Wirtschaftskrise in Deutschland führte. Das ist meiner Ansicht nach der eine Grund.

Der andere Grund war, daß es tatsächlich eine enorme Arbeitslosigkeit gab und es durchaus Hitlers Prinzipien entsprach, jedem alles zu versprechen. *De facto* konnte er eine beträchtliche Anzahl der Arbeitslosen ja wirklich später beschäftigen, und zwar entweder, indem er gewisse öffentliche Arbeiten vornehmen ließ, als er an der Macht war (daß sie der Rüstung dienten, ist eine Frage, die anderswo steht); und andere Arbeitslose hat er in eine braune Uniform gesteckt und marschieren lassen - auch das war eine Lösung der Arbeitslosigkeit für eine kurze Frist.

Das Entscheidende war natürlich, daß diese Weltwirtschaftskrise, die nach 1929 (dem Börsen-Krach in New York) über die ganze Erde ging, über die Maßen radikalisierend gewirkt hat. Den mittleren Parteien sind immer größere Flügel an der radikalen Rechten und an der radikalen Linken gegenübergestanden. Und es gab Interessenten (vor allem die große Industrie in Deutschland), die die Sorge (und wahrscheinlich die schwere und von ihnen aus gesehen legitime Sorge) hatten, daß die radikale Linke ohne ein Gegengewicht zu stark würde. Infolgedessen war es logisch für diese Leute, den Mann, der eine breite Masse von rechtsgerichteten, besorgten Kleinbürgern hinter sich hatte, zu - wie sie glaubten - kaufen. Daß sie ihn letzten Endes nicht kaufen konnten, ist eine Sache für sich. Er hat sich ihnen letzten Endes so weit entwunden, daß er tat, was er wollte - weit über das hinaus, was sie von ihm wollten. Aber es ist kein Zweifel, daß Hitler ohne diese Unterstützung durch die großen Mächte der Industrie kaum an die Macht gekommen wäre.

Es gibt unter den zahllosen Dokumenten, die vorliegen, einen Brief der rheinischen Industriellen, der mit allen Namen unterschrieben ist (ich habe ihn hier in diesem Hitler-Bilderbuch[3] reproduziert) und in dem sie Hindenburg auf das Brennendste und Dringendste nahelegen, Hitler zu ernennen. Es gab noch andere Gründe dieser Art, aber sie führen jetzt zu weit ab.

Viel wichtiger für uns ist die Frage "Wie konnte es geschehen?" und dabei die psychologische Frage: "Wie konnten diese friedlichen Männer und guten Familienväter zu Massenmördern werden?" Gewiß gab es unter ihnen auch professionelle Kriminelle von Anfang an; andere wurden erst Kriminelle. Und da habe ich die einzige Erklärung, daß diesen Menschen ihre moralischen Maßstäbe durch diese neue Lehre entzogen wurden. Es wurde ihnen - primitiv gesprochen - der Glaube an die Zehn Gebote entzogen, es wurde ihnen die Einordnung in eine geordnete Wirtschaft entzogen: Es wurde ihnen das Verbot und das Gebot entzogen. Und stattdessen hat man diesem Kleinen Mann - diesem Herrn Meier oder Müller, der während seines ganzen Lebens eine bescheidene Rolle etwa als Postunterbeamter gespielt hat - gesagt: "Du bist ein Arier, Du bist ein Deutscher, Du bist ein Übermensch, Du bist die blonde Bestie. Morde die Untermenschen! Ich befehle es Dir, und es ist unter allen Umständen moralisch gut - der Führer hat immer recht." Diese Moral haben diese Menschen geschluckt, und die Folgen kennen Sie.

Es wäre ungerecht, von diesen Dingen zu sprechen, ohne vom deutschen Widerstand zu sprechen. Auch bezüglich des deutschen Widerstandes gab es eine Konspiration des Schweigens. An dieser Konspiration war einerseits Hitler beteiligt, dem daran lag, dem deutschen Volk gegenüber zu behaupten, er herrsche ohne Widerstand. Das ganze Volk stehe geeinigt hinter ihm. Und die anderen, die ein Interesse daran hatten, den deutschen Widerstand zu verschweigen, waren die Alliierten, und zwar zu einer Zeit, als man schließlich beschloß, nicht mit dem deutschen Widerstand - mit dem man gewisse Kontakte gehabt hatte - zusammenzuarbeiten, sondern auf bedingungsloser Kapitulation Deutschlands zu bestehen.

Ich selbst war Zeuge des schweren Kampfes zwischen der einen Gruppe unter den Alliierten während des Krieges[4], die sagten, es sei ein Irrsinn, eine große Nation zu identifizieren mit der Pest, die sie befallen hat. Man müsse der deutschen Nation nur helfen, sich von den Nazis zu befreien, und dann werde Frieden sein. Die Position dieser Leute - der ich, wie gesagt, selbst angehört habe - wurde schwächer und schwächer, als der Krieg weiterging.

Als sich die Theorie gewisser Leute durchsetzte, daß man in Anbetracht der enormen Intensität des allgemeinen deutschen Widerstandes im Kriege;

in Anbetracht dessen, daß die Deutschen nicht imstande waren, sich Hitlers zu entledigen;

in Anbetracht jener Handlungen, von denen man sagte, sie könnten nicht nur von Nazis stammen, sie müßten vielmehr von breiteren Schichten des deutschen Volkes stammen;

in Anbetracht dessen schließlich, daß die Widerständler (die Deutschen, mit denen man etwa in der Schweiz zusammenkam und verhandelte; das waren die Leute und die Abgesandten der Leute des 20. Juli) sich als weitgehend unfähig erwiesen hatten, wirklich etwas zu unternehmen, das entscheidend gewesen wäre;

in Anbetracht all dieser Dinge also hat schließlich die Lehre von der Notwendigkeit der bedingungslosen Übergabe gesiegt, und sie hatte - ähnlich wie Hitler es propagiert hatte - zur Voraussetzung, es gäbe keinen wirklichen deutschen Widerstand.

Es war also eine Konspiration zwischen Hitler (groteskerweise!) und seinen Todfeinden, die den deutschen Widerstand und die Kunde des deutschen Widerstandes so lange unterdrückt hatten.

Hitler hat die Nachricht vom deutschen Widerstand nur in zwei Fällen nicht unterdrücken können, weil die Sache an die Öffentlichkeit gekommen war und sich nicht totschweigen, totprügeln oder in Blut ertränken ließ, ohne daß man es merkte. Die beiden Fälle sind der 20. Juli (und sie wissen alle genug davon, sodaß ich hier nicht darauf eingehen muß. Es war eine weit verbreitete, über die Maßen heldenhafte Aktion, gleichzeitig aber eine Aktion, die von Generalen organisiert war, und zwar auf eine tragische Weise schlecht organisiert), und die andere Aktion, die in die Öffentlichkeit kam, war die Ihrer Kommilitonen in München, der Gruppe, die um die Geschwister Scholl dort gearbeitet hat. Ich war erst vor drei Tagen mit der einzigen Überlebenden dieser Gruppe, nämlich mit Inge Scholl, in Ulm zusammen. Sie hat mir viel davon wieder erzählt. Das waren die beiden einzigen Male, wo Hitler nicht imstande war, die Nachricht von der Tatsache eines Widerstandes zu unterdrücken.

In Wirklichkeit hat es einen sehr viel breiteren Widerstand gegeben - abgesehen von einem Anfang, der seine tragischen Akzente hatte und wo unsereiner mit dem Beginn der Aktion von katholischer und protestantischer Seite im Jahr 1933 nicht sehr glücklich gewesen ist. Aber das ist wieder eine Frage für eine Diskussion. Nach diesem schlechten Start also haben breiteste Kreise, katholische und protestantische Priester, Mitglieder der Bekennenden Kirche, Bibelforscher und weite bürgerliche und aristokratische Kreise im Widerstand gestanden und Außerordentliches geleistet.

Rein ziffernmäßig wäre es völlig falsch, wenn man daneben und darüberhinaus nicht den Widerstand der Arbeiter erwähnte. Denn unter den etwa 130.000 Deutschen, die in Hitlers Auftrag von Deutschen umgebracht wurden, weil sie Hitlers Regime widerstanden, war natürlich rein ziffernmäßig der Widerstand der Arbeiter der stärkste.

Es ist am besten, hier auch ein offenes Wort über den Widerstand der Kommunisten zu sagen; unter diesen Arbeitern war nämlich der Widerstand der Kommunisten in bestimmten Perioden der wirksamste. Und zwar deshalb, weil sie Unterstützung vom Ausland hatten; deshalb, weil sie imstande waren, ihre "Rote Fahne"[5] mit erstaunlich guten Artikeln - die von erstaunlich guten Köpfen geschrieben worden sein müssen, manche von ihnen sind geradezu seherisch - im Ausland drucken zu lassen und ins Inland zu bringen.

Einen tragischen Schönheitsfehler hat dieser kommunistische Widerstand: Er erlosch nämlich spurlos im Augenblick des Molotow-Ribbentrop-Paktes[6]. Er war dann zwei Jahre überhaupt nicht vorhanden, und tauchte erst in dem Augenblick wieder auf, als Hitler die Russen angriff. Bis dahin - während dieser zwei Jahre - hatten die Kommunisten erklärt, der Krieg sei ein interner kapitalistischer Krieg, der sie nichts anginge. Von dem Augenblick, wo dann Rußland angegriffen wurde, war es der nationale Freiheitskampf.

Aber abgesehen von diesen Eiertänzen der Ideologie - die wir immer wieder treffen werden -, muß gerechterweise gesagt werden, daß die überwiegende Anzahl unter diesen 130.000 Widerständlern Arbeiter gewesen sind, zu einem sehr großen Teil kommunistische Arbeiter, daß sie im imstande gewesen sind, Gruppen zu bilden und wirksam Widerstand zu leisten. Und sie sind mutig und in großen Mengen gefallen, und uns allen liegt die Pflicht auf, sie genauso zu ehren, wie wir alle anderen Mitglieder des Widerstandes aus den anderen Lagern zu ehren haben.

Soviel über den Widerstand und was ich im Augenblick darüber zu sagen habe.

Bleibt als letztes - um zur Formulierung unseres Themas zurückzukommen - die Frage dieses Prozesses, der eben in Israel vor sich geht. Man hört viele Fragen, und es sollte mich wundern, wenn diese Fragen nicht auch heute und hier auftauchen: "War es denn legal, diesen Eichmann zu kidnappen und nach Israel zu schleppen?"; "War es weise, ihm einen Prozeß nur vor Juden zu machen und nicht international?" Ich gestehe Ihnen, daß ich persönlich nicht glücklich darüber bin, daß Eichmann nicht vor einen internationalen Gerichtshof gestellt worden ist.

Eine andere Furcht, die ich persönlich und eine Reihe meiner Freunde hatten, ist auch eingetreten: Es ist in Israel offenbar jetzt schon zu lange prozessiert worden. Das menschliche Auffassungsvermögen ist limitiert und die Menschen werden müde. Den Argumenten, die ich und die viele meiner Freunde vorbrachten, haben Ben Gurion[7] und seine Freunde ein anderes Argument entgegengesetzt, von dem sich herausstellt, daß es sehr gewichtig ist. Er hat gesagt: Es ist nötig, das Schweigen und die Indifferenz der jungen Generationen zu durchbrechen. Und er hat dabei keineswegs nur an die junge Generation in Deutschland gedacht. Denn seltsamerweise gibt es ein anders gelagertes, aber doch ähnliches Schweigen der Generation der Eltern in Israel, der überlebenden Opfer - die sagen ihren Kindern auch nichts. Und es gibt dementsprechend eine weitgehende Indifferenz oder Ignoranz jener Generation in Israel, die Eurer Generation entspricht. Es handelte sich also für Ben Gurion darum, dieses Schweigen zu brechen, damit zunächst einmal seine eigene

Jugend (aber darüber hinaus die Menschen in aller Welt) erführen, was da während dieses Loches in der Weltgeschichte wirklich vor sich gegangen ist.

Damit wären wir am Ende dessen, was ich Ihnen einleitend sagen will. Daß Ben Gurion recht hatte, diesen Eichmann-Prozeß zu führen, geht aus der Tatsache hervor, daß hier ein volles Auditorium vor mir sitzt. Ich bin nicht sicher, ob vor zehn Jahren das Auditorium Maximum irgendeiner deutschen Universität gefüllt gewesen wäre, wenn ein Thema dieser Art zur Sprache gekommen wäre. Und letzten Endes geht auch aus der Tatsache, daß Sie mich eingeladen haben, hierher zu kommen und zu Ihnen zu sprechen, hervor, daß Ben Gurion recht hatte. Ich danke Ihnen.

Dr. Ritter: Meine Damen und Herren,

ich glaube in Ihrer aller Namen zu sprechen, wenn ich Herrn Neumann für die menschliche Art und Weise, wie er über diese sehr heikle Periode unserer Geschichte und unseres gemeinsamen Erlebens zu uns gesprochen hat, unseren aufrichtigen Dank ausspreche. Ich kann mir kaum denken, daß man diese Aufgabe delikater hätte lösen können.

Es ist ja für alle Beteiligten - und damit meine ich jetzt zunächst die, die diese Jahre miterlebt haben (und zwar verantwortlich miterlebt haben und wissend) - eine große psychologische Barriere zu nehmen, ehe man sich darauf einläßt, über diese Dinge wieder zu sprechen, zu anderen zu sprechen und auch zu Jungen zu sprechen. Ich glaube, den Argumenten, die Sie selbst anführten, Herr Neumann, warum die ältere Generation schweigt, kann man einfach dieses ganz schlichte Argument hinzufügen: Es gibt viele Eltern, die einfach ihren Kindern das nicht antun wollen und die aus einem - freilich mißverstandenen - Liebes- und Zartgefühl heraus meinen, den Kindern es ersparen zu können. Denn darin sind wir uns alle ja wohl einig, daß dieses Stück Geschichte aufgearbeitet werden muß. Ein Volk kann nicht erklären: "Geschichte ist Geschichte, ich fange neu an", sondern in dieser Geschichte leben wir. Und wenn ein Volk sich weigert, seine Geschichte - auch in seinen schweren und schuldhaften Teilen - auf sich zu nehmen, dann hört es auf, ein Volk zu sein, das verantwortlich Geschichte lebt, und sinkt ab zu einer verantwortungslosen Masse und wird dann gelebt von anderen; aber es ist selber kein Subjekt geschichtlichen Lebens mehr. Also darum die Notwendigkeit, miteinander über diese Dinge zu sprechen.

Ich möchte nun zweierlei sagen. Erstens, daß die Gespräche, die hier stattfinden, auf Band aufgenommen werden; daß auf der anderen Seite der Norddeutsche Rundfunk sich eingeschaltet hat. Wir können die Öffentlichkeit nicht hindern, und vielleicht ist es ja ganz nützlich, wenn die Öffentlichkeit hört, was hier geschieht.

Ich möchte nun den Vorschlag machen, daß wir den Stoff ein wenig aufteilen, sonst könnte es nämlich passieren, daß jeder zu jedem ins Uferlose hineinredet. Ich schlage deshalb folgende Themen und Fragen vor:

Erste Frage: Was ist eigentlich wirklich geschehen? Es könnte ja sein, daß einfach Fragen nach Tatbeständen auftauchen.

Zweite Frage: Warum spielt in diesem ungeheuren Morden die Judenheit eine so besondere Rolle? Warum ist sie in besonderer Weise Objekt des Wütens gewesen (wobei ja nie von uns vergessen werden sollte, daß ganze, auch andere Volksgruppen einfach ausgetilgt worden sind unter der Wirkung der wahnsinnigen Ideen, mit denen ein Adolf Hitler glaubte, ein neues Europa schaffen zu können. Auf Verlangen kann ich da mit erstaunlichen Dingen aus eigenster Erfahrung dienen)?

Dritte Frage: Wie konnte das geschehen? Wie konnte es geschehen, daß unser geliebtes deutsches Volk, ein Volk so hoher und ruhmreicher Geschichte, in einen solchen Abgrund wirklicher Gottverlassenheit hineinstürzte?

Vierte Frage: Warum müssen wir das wissen? Das scheint mir eine sehr wichtige Frage zu sein.

Fünfte Frage: Wie stand es mit dem Widerstand? Ich glaube, daß man in der Tat über die Dinge nie sprechen darf, ohne zugleich auch von dem Widerstand zu sprechen, der ja weithin immer noch unbekannt ist.

Und die letzte Frage: Was sollen wir eigentlich tun? Wie kann das deutsche Volk, das durch diese Periode hindurchgeschritten ist, in der rechten und würdigen und überzeugenden Weise die Reinigung vollziehen und einen neuen Anfang setzen? Denn einen neuen Anfang wollen wir nicht nur bei uns, sondern auch in Bewußtsein der Völkerwelt setzen.

Zu der ersten Frage: Was ist eigentlich geschehen? Also bringen Sie Fragen vor nach dem Tatbestand, der hier zur Erörterung steht.

(Schweigen im Auditorium)

Darf ich aus der Nichtmeldung bei dieser Frage den Schluß ziehen, daß offenbar das Tatsachenmaterial auf den verschiedensten Wegen soweit von Ihnen allen zur Kenntnis genommen ist, daß Sie jetzt nicht das Bedürfnis haben zu fragen?

Also, ich komme zur zweiten Frage. Welches eigentümliche und schwer verständliche, aber doch irgendwie einen Grund haben müssende Faktum ist der Antisemitismus in diesen ganzen Geschichten? Was ist mit der Frage der besonderen Rolle, die die jüdische Minderheit in unserem Volke dabei gespielt hat?

1. Student: Herr Neumann, Sie stellten anfangs einen Vergleich auf, indem Sie das deutsche Volk mit dem jüdischen Volk verglichen in Bezug auf die Unbeliebtheit. Könnten Sie vielleicht etwas dazu sagen, wie es dazu kommt, daß ausgerechnet beim jüdischen Volk sich diese Unbeliebtheit in derartigen Exzessen einer ganzen Volksgruppe äußert? Das war doch bei anderen Volksgruppen, etwa unter den Deutschen, nicht der Fall.

2. Student: Sind diese Juden denn nicht Deutsche gewesen?

1. Student: Ich bin falsch verstanden worden, wenn ich hier einen Unterschied zwischen den Juden und den Deutschen mache. Ich wollte nur auf die Formulierung von vorhin eingehen, wo auch von Juden und Deutschen die Rede war. Nur in diesem Sinne.

3. Student: Spengler[8] hat einmal in seinem Buch diese Frage auch gestellt. Und er hat festgestellt, daß gerade die Juden zu dem damaligen Zeitpunkt - also zu Beginn des Mittelalters - schon einen dermaßen große kulturellen und zivilisatorischen Entwicklungsstand hatten, daß sie von allen Völkern, die diese Stufe noch nicht erreicht hatten, gehaßt werden mußten - so wie es eben der Fall ist bei allen Menschen oder Individuen, die einen Überlegenen hassen.

Dr. Ritter: Wenn Sie vielleicht auch einmal bedenken, daß sich die Abneigung, der Haß ja immer gegen das Fremdartige richtet. Und zweifellos ist die andere Religionsübung und die Sitte - allein die eine Tatsache, daß die Juden den Sabbat feiern und die Christen den Sonntag - ein Anlaß, voll Mißtrauen auf den anderen zu sehen.

4. Student: Herr Neumann, Sie sagten zu Anfang, daß eine Minorität sich immer durchsetzen müßte und dadurch tüchtiger werde. Die Zigeuner sind zweifellos eine Minorität, aber ich möchte ihnen die Tüchtigkeit absprechen. Dann: Die Sorben im Spreewald sind ebenfalls eine Minorität, die sehr tüchtig sind, aber nicht gehaßt werden, ebenso die Franzosen in Kanada.

5. Student: Es wird behauptet, daß der Antisemitismus in Deutschland schon sehr lange bestünde und weitaus länger als in der Zeit von 1933 bis 1945. Zur gleichen Zeit hat es aber auch Gruppen von Juden in anderen Nationen gegeben und es hat auch den Antisemitismus in diesen anderen Nationen gegeben. Woran liegt es, daß es gerade in Deutschland zu diesem Morden gekommen ist? Liegt das nur am Nationalsozialismus?

Neumann: Es ist natürlich vollkommen richtig, was der Herr Dekan über die Fremdartigkeit gesagt hat. Ein Beweis dafür ist, daß es den Antisemitismus in jenen Ländern, in denen Juden nicht auffallen, wie es zum Beispiel in Italien ist, nicht gibt. In Südfrankreich gibt es ihn nicht, bei den Griechen gibt es ihn nicht, weil eben die Leute so ausschauen wie die anderen. Das Problem ist in Deutschland ein anderes.

Warum gerade die Juden, während es doch keine Massaker gegen andere Völker gegeben hat? Es hat Affektmassaker sehr wohl gegen andere Völker gegeben. Ich erinnere Sie an die Ausrottung der Armenier durch die Türken in den 90er Jahren des letzten Jahrhunderts. Ich erinnere Sie an Pogrome gegen Griechen, die auch in der Türkei gewesen sind. Ich erinnere Sie aus der allerletzten Zeit an die wechselseitigen Pogrome in Indien nach der Teilung Indiens in einen mohammedanischen und einen Hindu-Teil, wo die Mohammedaner und die Hindus einander nach Kräften umgebracht haben. Es ist also keineswegs so, daß nur Juden in der Welt umgebracht worden sind.

Richtig ist, daß die Zigeuner umgebracht worden sind, obwohl sie untüchtig sind. Es ist ein zusätzlicher Beweis dafür, welcher Aberwitz in diesen Rassentheorien gesteckt hat.

Und wenn hier gesagt worden ist, in Deutschland sei der Antisemitismus alt gewesen und es habe auch einen Antisemitismus anderswo gegeben, so stimmt das. Dieser Antisemitismus war ein primitiver Antisemitismus, der sich gegen die Minorität gerichtet hat. Ich habe zufällig alte Dokumente dieser Tage gesehen. Es gab eine Verfolgung von Juden in Rom, weil es nicht gelungen ist, die von den Türken belagerte Stadt Ofen[9] zu entsetzen - weil die Juden mit den Türken identifiziert worden sind, hat man die Juden in Rom dafür büßen lassen, daß die Türken in Ofen (in Ungarn) tapfer genug gewesen sind, sich nicht ohne weiteres verjagen zu lassen. So irrational sind diese Dinge.

Der entscheidende Unterschied gegenüber dem Antisemitismus des Nationalsozialismus liegt aber darin, daß das ein religiöser Antisemitismus gewesen ist, dem man entgehen konnte, wenn man den jüdischen Glauben abgelegt hat (sehen Sie zum Beispiel die Marranen in Spanien[10]). Sie sehen die Beispiele überall dort, wo es gewisse antisemitische Exzesse gegeben hat, die aus der Welt geschafft wurden in dem Augenblick, wo die Juden weggegangen sind oder die Juden einem christlichen Glauben beigetreten sind.

Der Antisemitismus in all diesen Fällen war stark koloriert durch die Tatsache, daß der Jude in der Vorstellung der Leute derjenige war, der Christus gekreuzigt hat. Die Rassentheorien des 19. Jahrhunderts und besondere Exponenten dieser Rassentheorien des 19. Jahrhunderts, die dann durch Rosenberg[11] - den sogenannten Philosophen; außer ihm selbst hat, glaube ich, nur Hitler ihn für einen Philosophen gehalten - an Hitler herangetragen worden sind, diese Rassentheorien (diese Ideen vom blonden Übermenschen, vom Arier) haben erst dazu geführt, eine Entwertung aller Nichtarier herbeizuführen, die es "moralisch" den Anhängern dieser Rassentheorien möglich gemacht haben, Andersrassige als minderwertig, als Ungeziefer zu betrachten, das man ohne weiteres umbringen kann.

Dr. Ritter: Die dritte Frage, die uns beschäftigen sollte, war: Wie konnte das geschehen? Wie ist es zu verstehen, daß das deutsche Volk in einer so großen Zahl zu diesen Taten sich bereitfand? Wie konnte es geschehen, daß die große Masse des deutschen Volkes das passieren ließ, obwohl zweifellos mindestens eine dunkle Ahnung von dem Geschehen bei den allermeisten im Busen lebendig war, ohne daß man sich das eingestand?

Gibt es zu dieser Frage der politischen Möglichkeit und der psychologischen Möglichkeit einen Beitrag?

6. Student: Herr Neumann, Sie sagten, daß der Entzug der moralischen Maßstäbe vermutlich den dadurch haltlos gewordenen Menschen der Idee des Nationalsozialismus auslieferte. Liegt automatisch in dieser Feststellung ein Vorwurf an die christlichen Kirchen und die anderen Institutionen, daß sie in der Führung der Menschen bei uns hier in Deutschland versagt haben?

7. Student: Wie ist es kriminaltheoretisch zu erklären, Herr Neumann, daß die zunächst braven Familienväter, die dann in den Jahren bis '45 mordeten, hinterher wieder die gleichen Familienväter geworden sind, was ja bei den normalen Kriminellen nicht der Fall ist?

8. Student: Ich möchte im Anschluß fragen, ob es denn tatsächlich stimmt, daß diese Familienväter die gleichen geblieben sind, oder ob nicht gerade diese Männer für die Erziehung entscheidend eingebüßt haben, und zwar durch die Erlebnisse der Verfolgungen und Hinrichtungen?

9. Student: Da ja schon zwei Mal von den "braven Familienvätern" die Rede war, ist vielleicht auch hierzu zu fragen - nachdem Sie fragen: Wie konnte so etwas geschehen? -, wie es zu verhindern ist, daß so etwas wieder geschieht? Denn man kann ja annehmen, daß die gleichen "braven Familienväter" sich auch heute wieder zu solchen Taten bereit finden würden.

Dr. Ritter: Die Gefahr ist in der Tat sehr groß. Darf ich eine kleine Erinnerung aus Marburg an der Drau erzählen? Da war eine Sitzung des Gauleiters, hoher SS-Offiziere, des Generalstabs und meiner Wenigkeit, der ich den Chef des Transportwesens zu vertreten hatte in dieser Sitzung. Und da wurde uns ein Plan entwickelt: Ein Drittel der wendischen Slawen - das sind kleine Weinbauern, die zwischen Kärnten, der Steiermark und den Karawanken wohnen; sehr liebe Leute, die uns, als wir einmarschierten dort unten, mit Begeisterung empfingen, weil sie sich nie gut mit den Serben gestanden hatten und nun glaubten, die guten österreichischen Zeiten kehrten wieder. Ein Jahr später war diese Volksgruppe in den Wald gegangen als Partisanen. Warum? Weil man inzwischen ein Drittel von ihnen umgebracht hatte, indem man sie nach Südserbien verbrachte in die Steinwüste, wo sie einfach verhungern mußten.

Ich erzähle jetzt diese Geschichte wegen folgenden Wortwechsels: Der kommandierende General, der die Besatzung Serbiens unter sich hatte und dafür verantwortlich war - es war ein Luftwaffengeneral - stand mit allen Zeichen des Entsetzens auf und sagte: "Aber Herr Gauleiter, sind Sie sich darüber klar, was das heißt, dreiviertel Millionen Menschen, Frauen und Kinder, in den südserbischen Karst zu jagen? Ich habe keine Soldaten, um die Leute gegen die Räuber, die Totschläger und die Partisanen zu schützen. Die gehen da einfach zugrunde. Zu essen gibt es da auch nichts, Wohnungen gibt es da auch nicht. Das ist kahles Felsgebiet." Darauf stand der Vertreter der Partei auf und sagte: "Herr General, offenbar haben Sie noch gar nicht verstanden, wie ausgezeichnet diese Verhältnisse für unseren Zweck sind." Ich war ein kleiner Hauptmann, aber ich stand in dem Augenblick auf, ging zu dem Major vom Generalstab und sagte: "Herr Major, will der Generalstab hier immer noch stillschweigen? Geht denn das? Das geht doch nicht!" Der sagte: "Was wollen Sie machen? Führerbefehl!"

Sehen Sie, eine solche kleine Geschichte gibt ja einen solchen Aufschluß darüber, wie Menschen zu den ungeheuerlichsten Dingen kommen. Das rollt mit einer organisatorischen Sachlichkeit und Selbstverständlichkeit ab, daß gegen diese stampfende Maschine der einzelne mit seinem blutenden Gewissen ja gar nicht mehr an kann. Das einzige, was mir übrigblieb - also, vielleicht hätte ich mich zum Märtyrer machen sollen. Aber Märtyrertum hat ja damals gar keinen Wert gehabt, weil der Mann spurlos verschwand und niemand davon erfuhr, daß da ein Widerstand geleistet worden war. Was ist ein Widerstand, der verpufft wie wenn ich gegen eine Gummiwand stoße? Das einzige, was ich tun konnte, war, daß ich mich weigerte, an dem nachfolgenden Festmahl der versammelten Herren teilzunehmen. Dieser Wein hätte mich allerdings vergiftet, wenn ich den hätte mittrinken müssen.

10. Student: Herr Dekan, Sie haben eben eigentlich erst auf die erste Frage geantwortet, und zwar unbewußt. Die lautete: Was war eigentlich geschehen? Dazu kam keine Wortmeldung. Ich bin der festen Überzeugung, daß wir uns in der Breite und im einzelnen ganz und gar nicht richtig bewußt sind, was geschehen ist. Die Taschenbuch-Mitteilungen in statistischer Form genügen in keiner Weise. Jeder einzelne muß sich mit dem vollen Material im breitesten Umfange mühevoll in wochen- und monatelanger Arbeit damit bekanntmachen, wenn es in ihm selbst überhaupt irgendeine Wirkung haben soll. Ich möchte nur mal drei Titel nennen: Das eine ist "Der Wall" von John Hersey[12]; es wäre vielleicht aufschlußreich zu sehen, wer ihn gelesen hat; wenn es viele wären, wäre es sehr schön. Vielleicht heben wir mal die Hand dazu: Wer hat "Der Wall" gelesen? Sehen Sie sich bitte mal um. Ich sehe jetzt hier drei, vier Hände.

Dann: "Im Feuer vergangen"[13]. Wer das Kapitel der Todesbrigade gelesen hat, des Tatsachenberichtes, der muß an die Sache ran, und dann bleiben die Fragen nicht mehr theoretischer Natur. Und dann sind das keine Väterfragen mehr, sondern werden es persönliche Fragen. Das dritte ist "Die Sterne sind Zeugen" von Bernard Goldstein[14].

Man muß diese Dinge in entsetzlicher Arbeit leisten, denn der Alltag, der Sie umgibt im Studium oder in Berufsarbeit, hat damit überhaupt gar nichts zu tun. Sie werden von dieser Arbeit aufgesogen und wissen gar nicht mehr, wie Sie sie vereinbaren sollen.

11. Student: Sie sind bei der Diskussion dieser Frage davon ausgegangen, man habe damals im großen Umfange gewußt, was passiert war. Im großen Umfange - damit meine ich, daß viele unserer Eltern das gewußt haben. Und diese Voraussetzung, die möchte ich nicht anerkennen. Ich möchte dagegen stellen, daß unsere Eltern nicht gewußt haben, was eigentlich gespielt wurde. Ich habe auch dazu gefragt, und habe immer wieder die Antwort bekommen: Daß die Juden irgendwie zusammengefaßt wurden und irgendwelche Arbeiten leisten sollten, das war uns bekannt, aber nicht, was wirklich mit Ihnen geschehen ist.

Dr. Ritter: Also, es ist sicher so, daß viele Leute deshalb nichts wußten, weil die, die wußten und das weitererzählten, riskieren mußten, daß sie am nächsten Tage verschwanden. Ich gestehe Ihnen, daß ich in dieser Situation mich gehütet habe, meinem damaligen Amtsbruder an der Universitätskirche irgend etwas von Tatsachen mitzuteilen, weil ich genau wußte, dieser unschuldige Unglücksrabe und ahnungslose, kindhafte Mensch rennt auf die Kreisleitung und fragt: "Ist das denn möglich, was mein Kollege behauptet? Das ist ja ungeheuerlich, ich kann das nicht glauben. Bitte bestätigen Sie mir das." Die Folge wäre gewesen, daß ich am nächsten Tage selber ins KZ gekommen wäre - gar kein Zweifel.

10. Student: Ich meine, in einem bestimmten Stadium der Judenvernichtung ging die Regierung daran, das Beweismaterial dafür wieder zu vernichten. Man war zu hektisch, zu emotional im Vormarsch nach Rußland vorgegangen. Sie können das ganz genau nachlesen in der "Todesbrigade". Da wurde die Erde, in die Tausende und Abertausende eingescharrt worden waren, wieder geöffnet, sie wurde gesiebt, Knochenmühlen wurden aufgestellt. Man wußte aber nicht, wohin mit dem Knochenmehl, und hat dieses Knochenmehl wieder in die Tiefe vergraben. Damit waren Kommandos monatelang beschäftigt und zogen von Vernichtungsstelle zu Vernichtungsstelle, weil man in einem ganz bestimmten Stadium der Entwicklung eben das wirklich nicht mehr wahrhaben wollte, obwohl man es noch laufend durchführte.

Prof. Abendroth: Mir scheint, daß Sie, Herr Dekan, einen sehr gewichtigen Beitrag zu diesem Problem "Wie konnte es geschehen?" geliefert haben. Gerade die Situation, die Sie schildern, macht ja einys unmittelbar deutlich: Daß nämlich mindestens die Führung der Armee - wir wissen das auch aus x anderen Dokumenten - wußte, was geschah. Und daß also ohne Zweifel mindestens die Führung dieser Armee - vor allen Dingen auch etwa an der Ostfront, in deren Rücken sich ja die größten Massaker abgespielt haben - wissen mußte, daß ihre Kriegführung nicht Kriegführung für das deutsche Volk, sondern Kriegführung zur Verteidigung von Verbrechen gewesen ist. Und ich glaube, daß wir diesen Tatbestand niemals aus dem Gedächtnis verlieren dürfen. In Wirklichkeit also stellt sich das Verantwortungsproblem so: Es ist nur eine Illusion, so irgendeinem Interesse der Nation zu dienen.

Daß die Leitung der Armee aber, in klarer Erkenntnis des Tatbestandes, daß sie im Interesse der Verbrechen des Regimes diente, über Jahre zum Mord bewußt Beihilfe geleistet hat, das ist ein Tatbestand, an dem das deutsche Volk niemals vorbeigehen darf - gerade wenn es dieses Problem analysiert. Ebenso wenig wie es daran vorbeigehen darf, daß ja auch die Spitzen der Bürokratie, daß auch ein großer Teil der Richter dieser Nation ganz bewußt der Unterstützung dieses mörderischen Regimes gedient hat.

Und gerade da stellt sich wieder der Übergang zu den Fragen, die vorhin von einem Kommilitonen gestellt wurden. Der Frage nämlich, was man tun müsse, um eine Wiederkehr solcher Dinge zu verhindern, und das heißt auch personell: Was man tun muß, um zu verhüten, daß Männer aus diesen Schichten, die bewußt mitgewirkt oder auf realen Widerstand verzichtet haben, wieder an führenden Stellen tätig sein dürfen.

(Beifall)

Neumann: Ich fürchte, ich verliere den Überblick und kann nicht mehr jedem einzelnen antworten, wenn wir - was mich sehr freut - noch viel mehr Fragen bekommen. Lassen Sie mich darum auf das Bisherige in gewissenhafter Weise eingehen.

Es gab die Frage: "Wie konnte es geschehen, daß brave Familienväter kriminell wurden und dann wieder zu braven Familienvätern?" Meine Antwort ist: Ich weiß es nicht. Ich möchte bezweifeln, ob diese braven Familienväter, wenn man sie sehr genau anschaut, wirklich ganz so brave Familienväter gewesen sind. Und ich möchte noch mehr bezweifeln, ob sie wirklich so brave Familienväter wieder geworden sind, selbst wenn sie ihre Kinder auf den Knien gewiegt haben. Ich glaube, das ist die einzig mögliche Antwort, die wir darauf geben können.

Es war die Frage: "Wie können wir das verhindern?" Das ist ein großer Komplex, und rein aus systematischen Gründen würde ich vorschlagen, daß wir das erst unter Punkt 6 behandeln, wie es der Plan des Herrn Dekan gewesen ist. Natürlich kommt es darauf an, und natürlich ist das die vitalste Frage, aber heben wir uns die zum Schluß auf.

Sie haben ganz recht, daß der Beitrag des Herrn Dekan bezüglich seines Kriegserlebnisses ein sehr wesentlicher ist. Ich habe gewisse Auseinandersetzungen mit den Historikern der Bundeswehr (das sind natürlich ganz ausgezeichnete Leute, die aber von der Wehrmacht in die Bundeswehr übernommen worden sind) diesbezüglich gehabt, und die haben zunächst einmal versichert, daß die Wehrmacht an diesen Atrozitäten[15] keinen Anteil gehabt hat. Es ist erwiesen, daß sie Anteile gehabt hat, sehr wesentlichen Anteil. Ich habe darüber Dokumente. Ich habe sie veröffentlicht in der Broschüre "Ausflüchte unseres Gewissens"[16], die ich hier in manchen Händen gesehen habe. Nur soviel: Es gibt eine einzige Heeresgruppe, die imstande gewesen ist - weil ihr oberster Chef imstande gewesen ist und die Zivilcourage gehabt hat! - Opposition zu machen. Es gibt diese einzige Heeresgruppe Blaskowitz[17], in der nichts dergleichen geschehen ist.

Es sind zwei oder drei Fälle gewesen, die hat Blaskowitz aufs Schwerste bestraft - mit dem Ergebnis, daß in seiner Gruppe diese Dinge nicht passiert sind. In den anderen Dingen haben, wie Sie ganz richtig gesagt haben, die Offiziere davon gewußt. Sie mußten davon wissen: Es gibt Armeebefehle von Manstein[18] und von Reichenau[19], in denen zum Mord sozusagen aufgefordert wurde. Infolgedessen läßt sich nicht sagen, diese Leute wußten nicht - sie haben weggeschaut. Sie haben sich nicht eingemischt. Sie haben gesagt: Die Front geht mich an, und den Rest überlasse ich dem SD oder sonstwem. Aber diese Menschen haben gewußt, das ist gar keine Frage.

Damit hängen dann die anderen Fragen zusammen, die Sie gestellt haben. Nämlich: Es gibt ja andere, die gewußt haben. Wir wissen, wie Richter reagiert haben; wir wissen, wie es mit der hohen Bürokratie gewesen ist. Aber das sind wohl Fragen, die in den Komplex "Was tun?" gehören, und die wir darum später behandeln wollen.

Es ist im nachhinein noch dankenswerterweise zum Punkt 1 gesprochen worden, zu dem Komplex "Was ist geschehen?". Es ist ganz richtig gesagt worden, daß - wenn dieser Abend gelungen sein soll -, es morgen einen Sturm auf Ihre hiesigen Buchhandlungen geben sollte. Sie sollten kaufen, was Sie bekommen können. Es gibt sehr viel Material, das erschwinglich ist, es gibt eine Menge Taschenbuchmaterial, abgesehen von dem wichtigeren Material, das Sie in größeren Mengen bekommen können. Es ist wichtig, daß Ihr wißt, was geschehen ist. Wenn Ihr es nicht wißt, könnt Ihr es nicht besser machen.

Natürlich gibt es außer dem "Wall" von Hersey, außer diesem Buch "Im Tod vergangen" (von dem ich glaube, daß es gar nicht in der Bundesrepublik erschienen ist; es ist von Arnold Zweig herausgegeben worden bei Rütten und Loening in Berlin, und ich glaube gar nicht, daß es hier schon erschienen ist) noch eine große Menge anderer Dinge. Ihr Buchhändler wird Sie beraten.

Wir haben einen Kommilitonen gesehen, der Ihnen sehr glaubhaft gesagt hat, er sei überzeugt, seine Eltern hätten nichts gewußt. Ich will ihm das glauben, ich gratuliere ihm zu seinen Eltern. Ich kann Ihnen dazu nur sagen, es gibt viele andere Eltern, die es gewußt haben.

Bleibt vielleicht die Frage, die am schwersten zu beantworten ist, und die ich mir darum zum Schluß gelassen habe. Ich habe gesagt, es sind moralische *standards* entzogen worden, und das Ergebnis ist gewesen, daß die um ihre Religion gebrachten, um ihren Glauben gebrachten Männer den Verführungen des Nationalsozialismus und seiner Pseudo-Philosophie offen geworden sind. Es hat ein Kommilitone gefragt, ob damit *implicite* ein Vorwurf gegen die Führung der Kirchen enthalten ist. Das ist kontroversiell.

Meine Überzeugung: Es gibt zwei Argumente. Das eine Argument ist, daß die Kirchen als verantwortliche, weit ausgespannte Organisationen zunächst den Versuch machen mußten, mit den Mächten der Finsternis zu irgendeiner Form von Vereinbarung zu kommen, um zu retten, was es zu retten gab. Das andere Argument ist - und ich will gestehen, daß ich parteilich bin in dieser Frage, es ist auch mein Argument -, daß durch die Tatsache, daß die Kirchen aus diesen höheren Gründen nicht vom allerersten Augenblick an gegen diese Mächte der Finsternis Stellung genommen haben, weite Massen irre geworden sind.

Sicher ist, daß von dem Augenblick an, wo die Kirchen sich entschlossen, wirklich gegen die Mächte der Finsternis aufzutreten - und das war ja relativ bald der Fall -, eine sehr starke und sehr wirksame Opposition (nämlich die Opposition all der kleinen Pfarrer, all der kleinen Pastoren, all der Bibelgläubigen und all dieser Bibelforscher, all der Bekenntniskirche-Leute) sich herausgebildet hat.

Das beweist *ex post* meiner Ansicht nach, daß ein Einsatz der Kirche im Jahr '33 gegen Hitler unter Umständen dazu geführt haben könnte, daß Hitlers Macht von sehr kurzer Dauer gewesen wäre.

Dr. Ritter: Darf ich, da eben von der Kirche die Rede ist und ich nun mal ein dezidierter Kirchenmann bin, ein Wort zu dieser Frage sagen. Die wichtigste Aussage von Herrn Neumann war eben: In das Loch, in dem kein Glaube, keine echte Überzeugungen waren, sondern eine Leere, hat sich die nationalsozialistische Irrlehre, ihre Ideale, ihr Rassenglaube und so weiter, eingefressen.

Prof. Abendroth: Auch in der Kirche! *(Beifall)*

Dr. Ritter: Wir bezweifeln ja gar nicht, daß wir eine kleine Minderheit in der Kirche sind, aber das sind wir heute auch. Und es ist sehr schwer, für die, die sich um uns nicht kümmern, sondern nur dem Namen nach noch irgendwie im Taufregister stehen, für die und deren sittliches Verhalten uns verantwortlich zu machen - wir, die wir gar keine Möglichkeit der Einflußnahme haben.

Sehen Sie, in dem Augenblick, wo bekannt wurde, daß ich in jedem Gottesdienst Gestapo-Leute sitzen hatte und jedes meiner Worte mitgeschrieben wurde, gab es sehr viele Leute, die es ängstlich vermieden, sich noch in der Universitätskirche sehen zu lassen. Das muß man einfach mal sagen. So sind die Dinge doch gelaufen.

Aber wir sind noch bei dem Punkte: "Wie konnte das geschehen?", und dazu hatten sich noch einige Herren gemeldet.

12. Student: Sie erzählten eine Episode, die Sie selbst erlebten. Sie stellten sich damals die Frage "Sollte ich Märtyrer werden?" Ist diese Frage überhaupt berechtigt? Wenn sich nämlich alle diese Frage stellen, dann konnte das geschehen.

(Beifall)

Ist Ihre Episode und Ihre Frage als Antwort auf die Frage "Wie konnte es dazu kommen, wie konnte es geschehen?" zu verstehen?

Dr. Ritter: Ja, nämlich als ein Schuldbekenntnis: So waren wir eben: In dieser Situation haben wir es nicht geschafft. Vielleicht hätte ich ja wirklich aufstehen müssen und sagen: "Das ist eine Ungeheuerlichkeit! Adolf Hitler zieht den Fluch durch sein Verhalten auf uns alle herab" - und im nächsten Augenblick hätte ich aus der Maschinenpistole die nötigen Schüsse abbekommen. Vielleicht wäre das richtig gewesen, vielleicht hätten sehr viele Opfer dieser Art irgendeinen Wandel herbeigeführt. Ich kann nicht sagen, daß ich aus dieser Zeit ohne ein tiefes und mich immer wieder belastendes Schuldbekenntnis herausgekommen bin.

Ich habe oft im Gefängnis gesessen. Ich habe ein dreiviertel Jahr lang als Geisteskranker - von Ärzten zu meiner Rettung attestiert - in der geschlossenen Irrenheilanstalt gesessen, um Herrn Himmler entzogen zu werden bei seinem Verfolgungswillen. Aber das alles entlastet mich nicht.

Ich habe Ihnen diese Episode erzählt, um Ihnen deutlich zu machen, wie ungeheuer der Druck und die fast vernichtende und zermalmende, den Einzelnen mit seinem Willen gar nicht mehr bestehen lassende Apparatur eines diktatorisch regierten Staates sein kann. Und ich würde etwa Ausländern gegenüber, etwa einem Schweizer gegenüber - ich hab' das ja erlebt, der mir sagte: "Ach ja, wenn ihr vernünftige Demokraten wäret, dann wär' das alles nicht passiert." - sagen müssen: "Lieber Freund, mach' dir die Dinge nicht zu einfach. Denn Du weißt nicht, wie es sich in einem Lande lebt, das unter einem absoluten Terror steht."

13. Student: Wir haben bei der Frage "Wer hat es gewußt?" bis jetzt erst zwei extreme Meinungen gehört. Auf der einen Seite die Eltern eines Herrn Kommilitonen, die tatsächlich nichts gewußt haben, und auf der anderen Seite verantwortliche Militärs, die tatsächlich "es" - also wohl die Massaker - gekannt haben. Aber, Herr Neumann, Sie haben selbst in ihrem Referat angedeutet, daß es sehr viele Zwischenstufen gibt. Und sicher: Unter dem größten Teil unserer Eltern gibt es auch Zwischenstadien des Gewußt-Habens, auch wenn sie die Morde nicht persönlich oder durch direkte Mitteilungen erfahren haben, so doch zum Beispiel durch das Hinaustreiben von langen Truppen von Juden, die hinausgeprügelt wurden zum Bahnhof, um irgendwohin abtransportiert zu werden. Das ist nicht in aller Heimlichkeit geschehen, sondern das ist zum Beispiel in einer Stadt wie Breslau in aller Öffentlichkeit geschehen. Man hat das gesehen.

Und wenn man sich dann die Frage stellt: "Wer hat es gewußt?", dann mag sein, man wußte nicht, was mit diesen Leuten endgültig geschieht, aber daß etwas geschieht, was nicht zu billigen ist und was an das moralische Gefühl doch sicher appelliert hat. Das ist doch meiner Meinung nach ein Faktum.

Und hier haben es nicht nur Leute erfahren, die dem Kleinbürgertum angehört haben oder die Arbeiter gewesen sind, sondern auch Leute jeglichen intellektuellen Grades. Und die Frage, warum heute dazu nicht mehr Stellung genommen wird oder gesagt wird: "Wir haben es gewußt", das wirft die Frage auf, warum zu der Zeit damals nichts unternommen worden ist. Und die wird teilweise von unseren Eltern damit beantwortet: "Wir hatten Angst. Wir hatten einfach Angst vor der Organisation" - von der Sie, Herr Dekan, geredet haben -, "daß im nächsten Moment dasselbe auch mit uns passiert".

Also: Die Militärs auf der einen Seite, die das gewußt haben, die Leute, die an führender Position gestanden haben. Es sind aber in Zwischenstufen auch Leute, die etwas gewußt haben, die für sich alleine sagten: "Wir haben Angst gehabt, wir mochten nichts tun", die aber vielleicht - wenn man die Schuldfrage stellt - doch etwas hätten tun können, nämlich eine breitere Resonanz hervorrufen.

Dr. Ritter: Darf ich ein Wort sagen zu dem Generalstab und den Offizieren. Ich glaube, man macht sich im Allgemeinen keine Vorstellung mehr davon, wie planmäßig die Armee von Anfang an - seit dem Auftreten des Nationalsozialismus - zersetzt worden ist, sittlich in ihren Auffassungen zersetzt worden ist. Entscheidend dadurch, daß man es gewagt hat, repräsentative Persönlichkeiten zu liquidieren (ich brauche keine Namen zu nennen). Es gab keinen Stab mehr - ich weiß das aus eigener Erfahrung -, in dem nicht mindestens ein Spitzel saß. Ich weiß, daß an einem Kasino-Abend der Adjutant unseres Stabes - ein Major - zu mir kam und sagte: "Um Gottes Willen, Herr Ritter, wollen Sie sich denn um Kopf und Kragen reden?" Darauf habe ich gesagt: "Ich habe angenommen, ich hätte es mit anständigen Offizieren zu tun." Und da lächelte er und sagte: "Dieses Ideal, mein Lieber, müssen Sie im Zweiten Weltkrieg abschreiben. Das gibt's ja doch nicht mehr."

Ich habe dann persönlich erlebt, wie überall jeder einzelne bis hin zu einem Feldmarschall unter ständiger Kontrolle stand, bei jeder seiner Äußerungen. Das entschuldigt nicht - es zeigt nur, daß es nicht so einfach war, eine Armee umzustellen, denn: Folgte denn die Armee - oder war es nicht so, daß in dem Augenblick, wo bei einem General der Wille deutlich wurde, einen Befehl nicht zu gehorchen, er sofort abgelöst wurde und er sofort erledigt war. Das war ja sofort in Berlin bekannt, jede leichte Regung, die er bezog.

Also: Diese Seite der Sache muß man gerechterweise auch sehen, sonst sieht man an den Situationen vorbei, in denen gehandelt worden ist. Ich bin gerade Herrn Neumann dafür dankbar, daß er bei seiner Gesamtdarstellung diese Gerechtigkeit ständig auch geübt hat.

Frau Dr. Abendroth: Ich habe zweierlei zu sagen. Ich selber habe in dieser Zeit studiert, und zwar hier in Marburg, und ich erinnere mich noch sehr wohl, wie hier nebenan die Synagoge gebrannt hat. Ich wohnte in der Sybelstraße und bin runter gerannt und habe gedacht: Ja, löscht denn niemand?! Und da brannte die Synagoge und war von SA-Leuten angesteckt worden.

Wir wußten ab 1941, und ich glaube niemandem, der nicht noch irgendwie bei Groschen war - sag ich jetzt mal so -, daß er das nicht gewußt hat. Ich besinne mich noch sehr wohl, als ich im Zug einstieg in Frankfurt und ich einem Mann Platz machte und nicht sah, daß er einen gelben Judenstern trug - und in Frankfurt liefen sie in Scharen rum -; und die Leute dachten: Mein Gott, die macht Platz für den. Es war ein alter Mann, der den Judenstern trug, und ich stand auf - man stand eben nicht vor diesen Leuten auf. Wir haben das gewußt, und jeder hat das in jeder Stadt gewußt. Und wir haben auch gewußt, daß sie nicht mehr auf der Straße waren, denn wir sahen gegen Ende des Krieges keine Judensterne mehr. Und wer einigermaßen noch verantwortlich dachte, der wußte, wo sie abgeblieben waren.

Ich glaube niemandem von den Eltern, die einigermaßen offen hinsahen, die sagen: Wir haben nichts gewußt. Wir haben alle etwas gewußt, und wenn wir nachdenklich gewesen wären, dann hätten wir die Konsequenzen ziehen können.

Also, das als erstes. Wir haben alle Angst gehabt, und ich weiß: Ich habe auch Angst gehabt. Mein Mann hat keine Angst gehabt, er ist dafür ins Zuchthaus gegangen, aber ich hatte Angst. Und ich hab auch nichts gesagt.

Und wenn Herr Dekan Ritter sagt, daß überall Spitzel waren - wir trauten schon dem nächsten Kommilitonen nicht! Wir trauten nicht zu sagen, daß wir abends bei irgendeiner zuverlässigen Wirtin BBC oder einen Soldatensender hörten. Das trauten wir uns nicht zu sagen - und dazu sollten wir uns ruhig bekennen!

Nun noch etwas zum Widerstand: Es gibt einen Widerstand in Deutschland, der von Erfolg gekrönt war. Und den kennen wir alle: Das ist der Bischof Galen in Münster, der der Kirche wegen der Euthanasie Vorwürfe gemacht hat. Und das schlug so weite Wellen, daß die Nazis die Euthanasie-Ermordung einstellen wollten.

(Beifall)

Dr. Ritter: Darf ich zur Ergänzung sagen, daß der Leiter der Betheler Anstalten Fritz von Bodelschwingh dasselbe erreicht hat, und daß Bischof Wurm in Stuttgart genauso wie Graf Galen - dieser Mann darf nicht vergessen werden - in aller Deutlichkeit und Öffentlichkeit protestiert hat gegen die Euthanasie, die sogenannte Euthanasie.

14. Student: Es gab sogar Richter an deutschen Sondergerichten, die sich durchsetzen konnten und nicht abgesetzt wurden, nicht ins KZ kamen. Es war also durchaus möglich, Widerstand zu leisten.

15. Student (Axel Azzola): Ich bin der Ansicht, daß es weniger entscheidend ist, die Frage des Mitwissens zu untersuchen als vielmehr die Frage der Übereinstimmung, der Mit-Übereinstimmung.

Ich weiß, daß Juden verbrannt wurden. Ich weiß daher, daß meine Mutter es wußte, daß Juden verbrannt wurden. Aber ich mache meiner Mutter darum keinen Vorwurf, daß sie das gewußt hat und nichts dagegen unternommen hat. Von der älteren Generation zu verlangen, in den Märtyrertod zu gehen, das steht uns nicht an, solange wir nicht...

(Beifall / Zischen)

Ich bin der Überzeugung, daß es eine scheußliche Tat in der deutschen Geschichte ist, dieses Pogrom gegen unsere jüdischen Brüder, die deutsche Namen trugen, die die deutsche Sprache sprachen. Aber: Ich bin ebenso der Überzeugung, daß es ein Exzeß ist, aus einer Frage des Nichtwissens - besonders im diesem Fall beim Militär - eine Kollektivschuld in irgendeiner Form zu denunzieren.

(Beifall / Zischen)

Prof. Abendroth: Ich möchte, um Mißverständnisse zu verhüten, doch darauf hinweisen, daß von niemandem - ganz sicher nicht von Herrn Neumann! -, jedem, der gewußt hat, daraus der Vorwurf der Schuld gemacht wird.

Eine ganz andere Frage ist es, ob man das Verantwortungs- und das Schuldproblem denjenigen vorzulegen hat, die in Kenntnis der Tatbestände die Fortführung der Tatbestände ermöglicht haben. Das war das Problem, das ich hinsichtlich des Verhaltens der Leitung der Wehrmacht aufgeworfen habe. Und ich fürchte, von der einen Ausnahme abgesehen - die mit vollem Recht hier von Herrn Neumann auch angeführt wurde -, läßt sich leider die Führung der deutschen Wehrmacht in der Gesamtproblematik nicht freisprechen.

Und sicherlich müssen wir gerade betonen, daß es Möglichkeiten des unbedingten Kampfes gegen das verbrecherische Regime mit dem Ziel der Herbeiführung seiner auch militärischen Niederlage - die die Voraussetzung für die Vernichtung Hitlers war - gab. Auch wenn man diese Konsequenz nicht ziehen wollte, dann gab es durchaus noch Möglichkeiten, Einzelpositionen dem Regime abzuzwingen, wie eben das Beispiel des Kampfes gegen die Euthanasie zeigt, und wie das Verhalten derjenigen Sonderrichter zeigt, die Todesstrafen nicht am laufenden Bande verteilt haben.

16. Student: Wie können wir verhindern, daß die Leute, die damals nichts dagegen tun konnten, heute in die Lage kommen, wieder nichts dagegen tun zu können?

(Beifall)

Dr. Ritter: Das wäre also ein Vorgriff auf die letzte Frage, die uns beschäftigen soll. Vielleicht können wir jetzt zum Abschluß kommen für die bisherige Diskussion.

Neumann: Es ist nicht mehr sehr viel zu sagen über diesen Komplex. Es war für mich ergreifend, daß der Herr Dekan diesen persönlichen Kommentar hinzugefügt hat zu dem, was er früher über sein Kriegserlebnis als Hauptmann gesagt hat. Nämlich dieses Schuldbekenntnis: Ich hätte mich wahrscheinlich zu einem Märtyrer machen sollen. Ich kann ihn da insofern trösten - wenn dieses Wort statthaft ist -, indem ich ihm sage, daß ich recht genau weiß und darüber Dokumente habe, was jenen Männern passiert ist, die - gerade wie von seiner Seite her, von religiöser Seite her - sich zum Märtyrer machen wollten. Ich habe hier Dokumente, ich will sie Ihnen gar nicht vorlesen. Sie sind in diesem Hitler-Bilderbuch von mir. Ich weiß, was ernsten Bibelforschern passiert ist.

Ich habe hier das Verhör mit einem Mann namens Reinhold Sorge, einem SS-Mann, dem der Prozeß gemacht wurde. Es geht daraus hervor, daß in einem KZ der Auftrag war, ernste Bibelforscher einzugraben - lebendig. Das ist geschehen. Ich habe Berichte von Ärzten, von ärztlichen Experimenten: Es gibt ein Beispiel dafür, daß 50 Pfarrer und Pastoren im Lager Dachau für ärztliche Experimente verwendet wurden, die sie nicht überlebt haben. Es gibt eine große Anzahl von Fällen, die beweisen, wie sehr Hitler es verstanden hat, Widerstand umzubringen.

Ich möchte in diesem Zusammenhang dem Argument, das hier genannt wurde und wonach wir von unseren Eltern nicht verlangen dürfen, daß sie sich zu Märtyrern gemacht haben sollten, nicht entgegentreten. Das ist vollkommen richtig. Es ist ein moralisches Problem für den einzelnen - wie es für den Herrn Dekan ein moralisches Problem gewesen ist oder heute noch ist -: Hätte ich mich zum Märtyrer machen sollen, und es ist ein ganz anderes moralisches Problem für Euch junge Leute, die Ihr nicht vor dem Problem gestanden habt, zu sagen: Ihr hättet Euch zu Märtyrern machen sollen. Das halte ich für unfruchtbar.

Es ist das Wort Kollektivschuld gefallen. Ich halte das Wort Kollektivschuld für einen Unsinn. Der Komplex der Sippenhaft ist von den Nazis erfunden worden. Diejenigen, die jetzt glauben, daß man überhaupt eine Kollektivschuld diskutieren muß, glauben invertiert an die Nazi-Irrlehre der Sippenhaft. Selbstverständlich ist keiner, der nichts gegen das Regime getan hat oder sich der läßlichen Sünde des Darum-Wissens und Nichts-dagegen-Tuns, obwohl er etwas dagegen hätte tun können, irgendwie schuldig zu sprechen. Die Mitwisser an sich, die machtlos gewesen sind - wenn wir soweit gingen, die schuldig zu sprechen, so kämen wir, fürchte ich, in ein Deutschland, in dem sehr wenige Menschen unschuldig wären, und dann wäre es vielleicht kompliziert, in diesem Land zu leben.

Ich will Ihnen eines sagen - es gibt vielleicht ein Kriterium, das möchte ich anregen: Es haben sehr viele Menschen davon gewußt und daraus Vorteile gezogen. Das sind typische Fälle. Ich habe Dokumente, in denen eine Firma nach Litzmannstadt schreibt - das ist die Stadt Lodz, wo die Juden unter gräßlichen Umständen ausgesiedelt und umgebracht wurden -, an den Oberbürgermeister: Es müßte doch unter diesen Umständen eine große Ansammlung von Bettfedern geben in Lodz. Die Firma wäre bereit, diese Bettfedern zu kaufen.

Es gibt eine große Anzahl von Menschen, die davon gewußt haben, daß es in der Reichsbank ein Depot von Goldzähnen gegeben hat und von Gebissen, die den Juden ausgebrochen worden sind in den KZs. Das waren nicht SS oder SA - nein, nein, das waren gewöhnliche Bürger! Glauben Sie, daß ein Mann, der Beamter der Reichsbank gewesen ist, über die Tatsache, daß da vier Kisten Goldzähne gekommen sind, zu Hause geschwiegen hat? Warum sollte er denn geschwiegen haben?

Das heißt: Der ganze Kreis der Wisser und Mit-Wisser ist sehr groß. Ein Beispiel gibt es: Ich habe eine Anzahl von Briefen, wo Frauen Pelze verlangen von ihren Männern, unter der Aufforderung, sie "Russenweibern" in irgendeiner Form wegzunehmen. Ich habe ein gräßliches Dokument über eine Frau, die Kinderkleider von ihrem Mann verlangt, der an der Ostfront steht. Und sie sagt: Wenn die blutig sind, so macht das nichts, ich werde sie schon auswaschen. Das steht in einem Brief drin. Ich habe das "Dokument Krupp", das vielleicht typisch ist für sehr viele Menschen. Er wurde verhört und der hat in Nürnberg[20] auf die Frage: "Wußten Sie denn nichts von den Judenvernichtungen?" gesagt: "Von der totalen Vernichtung der Juden durch Hitler habe ich nichts gewußt - und überdies: Wer sich ein gutes Pferd kauft, muß ein paar Mängel in Kauf nehmen."

Sie sehen, wie viele Nuancen des Wissens und des Nichtwissens es gibt - und wie viele Nuancen der Schuld. Ich glaube, es ist ein großes und schweres Problem, das wir sehr schwer heute werden lösen können.

Es hat einer der Kommilitonen gesagt, es habe Sonderrichter gegeben, die sich geweigert hätten, Bluturteile zu fällen. Ich bin sehr um Gerechtigkeit bemüht, und ich habe gerade mit Richtern alle möglichen Konflikte. Wenn mir also dieser Kommilitone ein Dokument dieser Art zur Verfügung stellen könnte, wäre ich ihm sehr dankbar.

14. Student: Ich kann Ihnen dieses Dokument jetzt nicht zur Verfügung stellen, aber in einer Sendung im Fernsehen, da sind doch die gezeigt worden. Das muß etwa ein Jahr her gewesen sein, da hat das Fernsehen Dokumente gebracht, die waren aufgenommen, so viel ich weiß, aus Stellungnahmen von Beteiligten aus Polen und aus der Tschechoslowakei.

Neumann: Sonderrichter?

14. Student: Ja, ja.

Neumann: Ist mir neu, dem möcht' ich nachgehen. Sie sagen, im Fernsehen, in dieser Serie von 26 Sendungen über das "Dritte Reich"?

14. Student: Ja, ja.....

Neumann: Das wollen wir nachsehen. Das wäre nämlich sehr interessant.

Ja, ich glaube, das ist für den Augenblick alles, was ich zu sagen habe.

Dr. Ritter: Wir kämen dann, glaube ich, an die letzte Frage, die ja zum Teil schon in der Unterhaltung aufbrach, die uns aber nun beschäftigen muß: Warum müssen wir das wissen, und: Was sollen wir tun mit diesem Wissen?

Ich möchte - so wie der Hauptredner des Abends es an einigen Stellen seiner Rede getan hat - versuchen, etwas auszuklammern. Ich denke, wir sind uns darüber einig - ob wir nun Christen oder keine Christen sind, das spielt dabei keine entscheidende Rolle -, daß weder die Rache, noch der Unwille, da zu vergeben, wo eine echte Wandlung der Gesinnung eingetreten ist, uns im Verhalten zu den Menschen bestimmen darf, die schuldig geworden sind. Ich würde es für unser Volk für unheilvoll halten, wenn die Kraft echter Gesinnungswandlung - echter Gesinnungswandlung! - und die Kraft echter gegenseitiger Vergebung unter uns nicht vorhanden wäre. Das würde ein *indicium* des inneren, sittlichen Todes darstellen, nach meinem Urteil.

Eben wenn ich das sage, nehme ich den Gedanken von Herrn Neumann auf, daß die Entscheidung über die Schuldsituation des einzelnen niemals grundsätzlich klassenweise, gruppenweise, standesweise erfolgen kann, sondern bei jedem einzelnen Menschen eine sehr ernstzunehmende Frage seines inneren Schicksals und seiner Reinigung oder Erneuerung oder aber auch Schuldverhaftung ist.

Nachdem ich das vorausgeschickt habe, möchte ich nun zunächst dem Herrn das Wort geben, der zu der Frage: "Was sollen wir denn tun? Warum müssen wir das wissen?" sich gemeldet hatte.

17. Student: Ich möchte sagen, daß wir nicht diese Möglichkeit der menschlichen Irrung, wie sie in der Vergangenheit möglich war, durch Einbau von Garantien in der staatlichen Verfassung ausschließlich beseitigen wollen. Es ist ja geradezu ein Mangel, wenn wir unser ganzes demokratisches System darauf aufbauen, nur ein solches Regime, wie es im "Dritten Reich" bestanden hat, unmöglich zu machen. Ich meine vielmehr, daß wir eine solche Maschine, wie sie dieser Staat in der Vergangenheit dargestellt hat, viel eher durch unsere persönliche Entscheidung bekämpfen sollen, also durch das, was wir Zivilcourage nennen, also durch ein persönliches Opfer, und wenn es sein muß, durch ein Märtyreropfer.

Dr. Ritter: Ich stimme Ihnen voll und ganz zu, Herr Kommilitone. Ausgezeichnet.

18. Student: Ich finde, daß wir und diejenigen, die auch jetzt noch in der Schulbank sitzen, wirklich etwas unternehmen können, aber nur dann, wenn sie gründlich aufgeklärt werden. Wo geschieht das aber, wenn man heute doch statistisch feststellen kann, daß die Lehrer von Niedersachsen und Schleswig-Holstein auf einem anderen Stand sind als die Lehrer in Hessen und in Nordrhein-Westfalen? Was wird wirklich zentral von uns aus getan, um dieses zu ändern?

Dr. Ritter: Darf ich zu dieser Spezialfrage gerade etwas sagen, weil ich zufälligerweise sehr enge Beziehungen verwandtschaftlicher Art zum Kultusministerium von Schleswig-Holstein habe.

Ich benutze also diese Beziehungen, um zu sagen - nicht als ob der Minister Osterloh mit mir verwandt wäre, das ist nicht der Fall! -: Es hat seit Jahren eine planmäßige, in aller Stille sich vollziehende Bemühung stattgefunden - nicht ohne Erfolg -, die zum Teil ja wirklich unhaltbaren Zustände auf dem Schulsektor in Schleswig-Holstein zu bereinigen. Im übrigen kann ich nur aus meiner eigenen Erfahrung sagen, die ich hier in Oberhessen gemacht habe: Kein Stand ist politisch so geschunden worden und so bejammernswürdig wie der Volksschullehrerstand. Denn jede Partei, die an der Macht ist, verlangt, daß jeder Volksschullehrer für sie die Jugend erzieht. Und so wurden sie von einer Partei in die andere geprügelt.

Ich entsinne mich eines Gesprächs mit einem oberhessischen Bauern, der mir sagte: "Herr Kirchenrat, gucken Sie mal, da oben, da auf unserem Kirchturm, der olle Wetterhahn ist längst verrostet. Ich hab' schon dem Gemeindevorstand vorgeschlagen: Jetzt wollen wir doch mal 'nen Lehrer da oben raufsetzen. Der wird eine großartige Wetterfahne abgeben."

Ich sage das jetzt nicht, um den Lehrerstand herabzusetzen - ich weiß, wie schwer seine Besten darunter gelitten -, sondern ich sage es nur, um deutlich zu machen, daß der Druck auf diese Lehrerschaft stets besonders groß gewesen ist, gerade auch im "Dritten Reich".

Und es ist mancher Lehrer, der dann unter diesem Druck sich das Satanszeichen an den Rock gesteckt hat, auch nicht schlimmer gewesen wie die meisten anderen, die irgendwie versucht haben, durchzukommen und mal eine Zeitlang die eigenen Überzeugungen zurücksteckten. Das ist nicht schön, aber wer von uns hebt den ersten Stein auf, um solche Leute in ihrer Angst - Lebensangst und Angst um ihr Brot und Angst um ihre Familie - zu verurteilen?

19. Student: Ich habe das Gefühl, daß alle Stellungnahmen, die hier aus der Studentenschaft kommen, von Ihnen sofort etwas in der Tendenz verändert werden, nämlich derart, daß es so aussieht, als wollten wir irgendeinem einen Schuldvorwurf machen. Ich persönlich würde mir das nicht zumuten, beispielsweise Ihnen einen Vorwurf zu machen, daß Sie nicht Märtyrer geworden sind. Aber wenn Sie hier sich hinstellen und argumentieren, daß Sie aus dem Grunde kein Märtyrer hätten werden können, weil das doch sinnlos gewesen sei und weil das doch niemand gesehen hätte, dann muß ich Ihnen entschieden widersprechen. Es mag durchaus sein, daß ich, wenn ich in die Entscheidung gestellt werde - aber ich bin in der Entscheidung noch nicht drin gewesen, aber so, wie ich das jetzt abstrakt überdenke, halte ich zumindest das Argument, was Sie anführen, für völlig falsch.

(Beifall / Zischen)

Dr. Ritter: Ich will mich nicht selbst verteidigen, ich hätte einiges dazu zu sagen, aber - bitte!

20. Student: Ich möchte den Versuch einer Antwort durch eine Parallele unternehmen. Als ich 1938 Soldat wurde, war ich in keiner Weise in der Lage, mich mit diesem Problem vor mir selbst verantwortbar auseinanderzusetzen. Ich wurde Soldat im Zuge des Gesetzes und seiner Erfüllung. Ich hatte keine Handhabung, weder von meiner humanistischen Schulbildung noch von meinem Elternhause her, noch aus mir selbst. Ich habe inzwischen, im letzten Jahr, Menschen kennengelernt, die mit 18 Jahren eine Handhabe haben und in der Lage sind, den Kriegsdienst zu verweigern.

Ich habe diesen Krieg dann mitgemacht als Infanterist und bin aus ihm herausgegangen mit der felsenfesten Überzeugung, nie mehr ein Gewehr in die Hand zu nehmen, nie mehr ein fremdes Land wider den Willen seiner Bewohner zu betreten, nie mehr eine Uniform anzuziehen. Und ich werde diesem Entschluß alle persönlichen Opfer bringen, die es verlangt, ohne Rücksicht auf meine Familie. Meine Familie weiß das und ist damit einverstanden (jedenfalls meine Frau, von meinen Kindern kann ich das zunächst nicht verlangen). Denn jeder Mensch hat einen persönlichen Entwicklungs- und Schicksalsweg.

Und es ist sehr lustig oder komisch, daß wir in diesem Punkt einmal diese Kontroverse in der Zeitung hatten hinsichtlich der Kriegsdienstverweigerung. Ich möchte diese Parallele ziehen.

Was im Fall der Judenverfolgungen bewußt wurde, dürfen wir noch lange nicht identisch setzen mit Bewußtsein, mit: bewußt verantwortbar. Das ist ein großer Unterschied. Bis das bei dem einzelnen Menschen im Innersten landet und hervorbringen kann, daß der sich wandelt und dafür einsteht, das ist ja ein Damaskus-Erlebnis. Wenn wir unter uns, wie wir jetzt hier anwesend sind, das fertig bringen, dann geht eine ganz enorme Wirkungswelle aus nur von diesem Auditorium Maximum.

Wenn jeder einzelne von uns so eine Einheit wird in sich - das ist etwas politisch sehr Schweres, denn dann müßte er unter Umständen davon absehen, in den entscheidenden Momenten ein Deutscher zu sein, ein Katholik zu sein - er müßte auf einmal ganz auf sich allein stehen, und dann kann er erst die Wende durchmachen. Das lassen wir, glaube ich, bei diesen Querschnittfragen zu stark außer acht. Wir säbeln da die Probleme einfach durch und bringen sie auf einen Nenner, aber dieser Nenner sieht zu jedem einzelnen in der Betrachtung, im Erlebnis und in der Praktizierung völlig anders aus und ist in nichts zu identifizieren.

21. Student: Es sagte vorhin ein Kommilitone, es steht uns nicht an, unseren Eltern daraus, daß sie zum Teil oder auch alle von diesen Taten gewußt haben, einen Vorwurf zu machen. Das Ergebnis ist, soweit ich die Diskussion verfolgt habe, bisher noch nicht weiter angegriffen worden. Ich möchte aber einfach fragen: Warum steht es uns eigentlich nicht an? Denn wenn es uns nicht ansteht, unseren Eltern tatsächlich daraus einen Vorwurf zu machen, dann ist es doch auch gar nicht möglich, eine Lösung zu finden, wie man gegen ein totalitäres Regime Widerstand leisten könnte, ohne dadurch gleich zum Märtyrer zu werden. Und das ist meines Erachtens doch das eigentliche Problem. Denn daß jeder gleich zum Märtyrer wird, das kann man freilich nicht verlangen, aber daß es vielleicht eine andere Lösung gibt, danach müßte man doch forschen.

Dr. Ritter: Ich möchte Ihnen ganz zustimmen, und wir sollten uns in unserer Diskussion jetzt nicht weiter bemühen, abstrakte ethische Thesen zu fabrizieren, sondern zu überlegen, daß - sobald wir uns auf das Gebiet politischen Handels begeben - wir ja fragen müssen: Was kommt dabei heraus? Ein Politiker, der lediglich seine Überzeugungen in die Gegend stemmt, ungeachtet dessen, was er damit erreicht oder was dabei herauskommt, ist ein sehr schlechter Politiker. Und das gilt ja auch da, wo's ums Martyrium geht: daß ich mich fragen muß - wenn ich ein politisch verantwortlich lebender Mensch bin -: Handelst du jetzt durch deinen expressen Widerstand so, daß dabei etwas Gutes herauskommt, oder verpuffst du nur - sozusagen, um Recht zu haben - als Märtyrer deine Kraft an einem Punkte, wo der Einsatz absolut sinnlos ist. Also diese Überlegung: Wie setze ich meine Kraft ein, was können wir tun, damit die Dinge gebessert werden oder damit überhaupt verhindert wird, daß wir wieder in so einen Terrorzustand hineinkommen? Das müßte jetzt unsere Überlegung sein, die letzte Überlegung dieses Abends.

Frau Dr. Abendroth: Sie haben vorhin gesagt, daß man vergeben und vergessen soll und daß man sich nicht gegenseitig Vorwürfe machen soll.

Dr. Ritter: Eine kleine, aber sehr wichtige Nuance: Ich habe nicht gesagt: Wir sollen vergessen, sondern: Wir müssen fähig und bereit sein, zu vergeben und zu vergessen, wenn das persönliche Schicksal so ist, daß -

Frau Dr. Abendroth: Vergeben: ja, aber vergessen können wir nicht. Das sollen wir auch gar nicht. Es soll eine ewige Warnung sein, was da geschehen ist, daß das in unserer Tradition und Kultur möglich war.

Wir reden ununterbrochen - ob in Schulen oder Universitäten - von unbewältigter Vergangenheit und davon, daß wir sie bewältigen müssen. Fragt sich nur: Wie machen wir das? Können wir diese Vergangenheit bewältigen, wenn wir uns überhaupt nicht mit ihr auseinandersetzen? Wenn wir also die Leute dulden, die damals verantwortlich gelebt, mehr oder weniger in führenden Positionen gestanden haben? Wenn wir ohne Diskussion mit ihnen umgehen?

Oder müssen wir nicht von Ihnen verlangen - von all denen, die sich öffentlich in Schrift und Wort, wo auch immer, mit diesem Regime identifiziert haben -, daß sie sich ebenso öffentlich und ganz entschieden davon absentieren, und daß sie sich für diesen heutigen demokratischen Staat ebenso öffentlich - und zwar nicht in Phrasen, nicht in Worten! - sondern mit ihrem ganzen politischen Verhalten ebenso äußern?!

Nun etwas zu Schleswig-Holstein und den Volksschulen: Ich finde, die Volksschullehrer sind sicher ein sehr wichtiger Beruf, aber so wichtig sind sie nun auch nicht. Viel bedenklicher ist, daß in Schleswig-Holstein ein Herr Catel[21] pensioniert wurde und nichts weiter geschah. Ich glaube, ich brauche Ihnen nicht zu sagen, wer Herr Catel war. Viel wichtiger ist, was da letztens in der Zeitung stand, daß der Untersuchungsausschuß im Fall Heyde/Sawade[22] zwanzig prominente Mitwisser gefunden hat. Herr Heyde/Sawade war ein krimineller Verbrecher, das ist ganz ohne Zweifel, und dieses ganze Gerede von der

Beihilfe am Mord ist ja albern. Er hat als Wissenschaftler und als Mediziner das berühmte medizinische Ethos einfach kriminell verletzt, er hat Menschen umgebracht. Und jeder, der einen Verbrecher deckt, ist ein Begünstiger dieses Verbrechers. Wir lesen nichts in der Zeitung, weder eine Namenstafel - wer sind denn diese 20 Leute? -

(Beifall)

- noch von dem, was früher passiert ist. Das sind ja ganz prominente Richter. Das sind ja Staatsanwälte und Präsidenten von Sozialgerichten. Es sind ja Leute, die heute noch die Verfügungsgewalt über uns haben. Es sind ja Leute, die heute wieder in demokratisch verantwortlicher Stelle sind - das können wir doch nicht vergeben! Da müssen wir doch sagen: Was geschieht denn da? Da müssen wir doch wachsam sein.

(Beifall)

Dr. Ritter: Hoffen wir, daß die von Ihnen Genannten - leider nicht mit Namen Genannten, da Sie sie nicht wissen können - abserviert werden und zwar sehr schnell.

22. Student: Das Problem um die Judenheit, das Jüdische schlechthin, ist ja für uns auch an diesem Abend in keiner Weise geklärt. Wenn Sie in diese Veröffentlichungen hineinsehen von Carlo Schmid bis zu Martin Buber, dann schwirrt Ihnen zum Schluß von Zugängen, Perspektiven, Fragen und Antworten der Kopf. Ich möchte da einen sehr praktischen Hinweis geben: Wie haben wir denn in der furchtbaren Zeit die Frage um die Juden unter uns und mit uns auf der Erde gelöst?

Sind wir vielleicht erstaunt, wenn ich eine sehr seltsame Antwort gebe: Wir haben sie naturwissenschaftlich gelöst. Wir haben sie sogar sehr naturwissenschaftlich gelöst, nämlich rein physikalisch-chemisch. Wir haben sie also so gelöst, als ob Juden Steine wären oder Erde oder Mineralien, höchstens noch Pflanzen, botanische Wesen. Und ich möchte daraus den eigenartigen Schluß ziehen, es wäre wohl an der Zeit, daß wir einmal an dieses Problem und an alle derartigen Probleme nach der Devise des Mannes herangehen, der Europa verlassen hat und - weil wir da solche Arbeit leisten können - nach Afrika ging. Nämlich im Sinne Albert Schweitzers, der das ganz einfache, winzige Wörtchen aufstellt der "Ehrfurcht vor dem Leben". Wenn wir vor dem Leben Ehrfurcht haben, kommen wir um eine humane Lösung aller Fragen um Juden und Judenvernichtung nicht mehr herum. Dann kann das aber nicht nur ein Wörtchen oder ein Motto bleiben, sondern muß innerste Angelegenheit werden. Und das wird die zentrale Frage der weißen Rasse sein.

Dr. Ritter: Meine Damen und Herren, ich bin als Leiter der Veranstaltung ja auch ein wenig genötigt, nach der Zeit zu fragen. Wenn die Versammlung einverstanden ist, würde ich versuchen darauf hinzusteuern, daß wir um elf Uhr fertig sind. Sind Sie einverstanden?

(Beifall/Zischen)

Das scheint mir der Fall zu sein. Da nun der Herr Hauptredner des Abends seine fünf Minuten haben muß, ergibt sich für die weiteren Diskussionsbeiträge eine Zeit von sechseinhalb Minuten. Ich bitte Sie also sehr, sich dementsprechend einzurichten.

23. Student: Unsere Frage lautet zur Zeit "Was wollen wir jetzt tun?" Was ist unter "Wir" zu verstehen? Ich möchte das "Wir" so fassen, daß darunter alle diejenigen, die zur Zeit in der Bundesrepublik leben, gemeint sind und damit auch diejenigen, die als Juden in der Bundesrepublik leben. Da möchte ich einen Vorschlag machen, indem ich darauf verweise, es gibt da wieder einen Staat Palästina: Man kann sich auch in ein anderes Volk eingliedern. Man braucht nicht unbedingt als Minderheit dazustehen und sich als Minderheit herauszustellen, sondern man kann sich wirklich ganz eingliedern, daß man nicht mehr heraussteht.

(Zischen/Beifall)

Prof. Abendroth: Ich fürchte, daß die Antwort, die der letzte Kommilitone gab, doch außerordentlich gefährlich ist.

(Beifall / Zischen)

Haben wir das Recht, Gruppen zu Minoritäten zu stempeln und denen den Anschluß an eine sich bildende Nationalität aufzuzwingen? Diese Frage stellen heißt, die Frage beantworten, wenn wir behaupten, in einem Rechtsstaat leben zu wollen.

Aber mir scheint auch bei den Diskussionen der letzten Frage offen geblieben - hier stimme ich mit dem Herrn Vorsitzenden überein -, ob sich das *individuelle* ethische Problem (das zweifellos durch das, was im Eichmann-Prozeß dargestellt ist, aufgeworfen wird) als so wichtig herausstellt. Ich bin der Letzte, der die Bedeutung dieses individuellen ethischen Problems auch nur in Frage stellen würde. Die Bedeutung ist groß, und ich würde wünschen, daß viele Kommilitonen in einer Bewährung ähnlicher Art den Mut hätten, den sie heute angedeutet haben, eventuell haben zu wollen.

(Beifall)

Aber diese Überlegung rührt an das andere Problem, das hinter den Juden steht. In Wirklichkeit war ja dies Unglück, das nationalsozialistische Regime, das in Deutschland auftrat, durch bestimmte historische Umstände, aber auch durch das Eingreifen bestimmter, soziologisch bestimmbarer Umstände, möglich geworden. Dies Unglück ist kein Problem *individuellen* Verhaltens, sondern es war ein Problem, an dem sich gezeigt hat, daß hier die deutsche Nation *insgesamt* versagte. Aber wäre es nicht lächerlich, anzunehmen, in der deutschen Nation seien mehr moralisch Schwache, seien mehr Verbrecher als in anderen Nationen? Offenbar muß doch dies Unglück in einer ganz bestimmten geschichtlichen Situation und an ganz bestimmten soziologisch bestimmbaren Bedingungen mit gelegen haben.

Und hier ergeben sich also wissenschaftliche Probleme, die uns helfen müssen, den Fall aufzuklären. Und nach der Aufklärung des Falles müssen wir dann nach der Medizin zu suchen, die man gegen die Wiederholung solcher Experimente aufbieten kann. Es ist ganz unmöglich, die Fülle dieser Probleme, die noch vorliegen - sie sind zum großen Teil und verdienstvollerweise von Robert Neumann aufgeworfen worden - hier an einem Abend zu diskutieren. Aber es wäre verantwortungslos, diese Probleme nicht zu nennen. Und es wäre verantwortungslos, wenn man auf die sehr genaue wissenschaftliche Analyse des Verhaltens der verschiedenen Sozialgruppen unter bestimmten Bedingungen verzichtete. Und deshalb ist gerade der Student - und der junge Akademiker - aufgerufen, auch die wissenschaftliche Bedeutsamkeit des Problems zu sehen, um zu wissen, daß man nur nach einer sehr genauen Analyse dieser Dinge wissen kann, was man politisch tun kann: nämlich durch Veränderungen bestimmter Bedingungen verhüten, daß wieder Menschen in die Zwangslage gebracht werden, zu entscheiden, ob sie entweder Märtyrer oder aber mehr oder weniger Begünstiger von Verbrechen werden wollen.

(Beifall)

Neumann: Meine Damen und Herren, das war eine so gute Diskussion, daß mir relativ wenig zu sagen bleibt. Ich muß Ihnen ein Kompliment machen, das war wirklich ausgezeichnet.

Die wenigen Dinge, die zu sagen bleiben, sind die:

Ein Wort über die Lehrer: Es ist ein Mißverständnis, wenn der Herr Dekan glaubt, daß unsere Opposition gegen die Lehrer sich gegen die Schwäche der Lehrer während des Nazi-Regimes richtet. Unsere Sorge besteht gegenüber den Lehrern seit 1945. Diese Sorge ist eine sehr begründete und sehr ernste. Ohne dem Verwandten des Herrn Dekan nahetreten zu wollen: auch in Schleswig-Holstein. Ich habe unter den letzten Briefen den eines Lehrers aus Flensburg, der in sehr zahmer und harmloser Weise einer öffentlichen Aussage von mir zustimmt, mit dem Postscript: "Bitte antworten Sie auf diesen Brief nicht. Er könnte nicht in die richtigen Hände fallen. Ich bin der einzige im Lehrkörper meiner entsprechenden Bildungsanstalt, der solcher Ansicht ist, und es würde mir ungemein schaden, wenn das bekannt wird." Das gibt es heute, meine Freunde.

Etwas Anderes auf Lehrer Bezügliches will ich Ihnen sagen: Es gibt einen Psychiater, der es sich zu einem (grausigen) Hobby macht, Menschen, die im "Dritten Reich" eine prominente Rolle gespielt haben und die ihm irgendwie zulaufen - nicht als Patient -, zu befragen, um irgendwie ihren psychischen Mechanismus zu verstehen. Dieser Mann hatte kürzlich in Bayern das Erlebnis, daß ein Mann zu ihm kam, von dem er wußte, daß er Kreisleiter der Nazi-Partei gewesen ist. Er war gleichzeitig Lehrer an einer Schule. Der Mann wurde im Jahr '45 abgesetzt von den Amerikanern und 1952 an dieselbe Schule als Direktor zurückgerufen. Mit diesem Schuldirektor kam der betreffende Psychiater ins Gespräch, und es stellte sich heraus, daß der vorher in Norddeutschland gewesen war und von den Engländern gezwungen worden war - wie viele Deutsche damals -, als das KZ in Bergen-Belsen geöffnet wurde, mit hineinzugehen und zu sehen, was da los ist. Der Psychiater sagte ihm: "Ja, da haben Sie ja doch gesehen - Sie verteidigen die Nazis - was da los ist." Worauf der Mann sagte: "Ach, das wissen Sie nicht? Das sind die Gebombten von Dresden, die von den Alliierten herübergebracht und hingelegt worden sind, um uns das einmal zu zeigen."

Meine Herrschaften, wäre das ein normaler Irrer im bürgerlichem Sinn, so würde ich nichts sagen; es ist aber ein Mann, der Kreisleiter gewesen ist, der Lehrer gewesen ist, der abgesetzt worden ist, und der 1952 Schuldirektor geworden ist. So steht er neben ungezählten ausgezeichneten Lehrern, die wir Gott sei Dank heute schon haben. Nur so viel und nicht mehr zum Problem Lehrer.

Es wurde eine Frage gestellt bezüglich der Juden in der Bundesrepublik und *implizite* gesagt, sie könnten doch eigentlich nach Israel gehen. Ich will Sie dahin aufklären, daß es momentan in der Bundesrepublik etwa 30.000 Juden gibt. Es gibt 32 jüdische Altersheime, es gibt ein einziges jüdisches Kinderheim, das nur zur Hälfte besetzt ist, weil keine Kinder da sind. Es handelt sich um alte Menschen, die wegen irgendwelcher Wiedergutmachungen, die auch aus einer romantischen Heimatsehnsucht heraus hierhergekommen sind und hier sterben wollen. Außerdem hat der Kommilitone, der davon gesprochen hat, die Leute könnten ja auch nach Israel gehen, insofern unrecht, daß es keineswegs so ist, daß die Tatsache, ein Jude zu sein und das Bedürfnis, nach Israel zu gehen, automatisch identisch sind.

(Beifall)

Für mich persönlich zum Beispiel ist es so, daß ich glaube, es gibt eine gewisse moralische und mystische Mission des Judentums in der Diaspora, nämlich: die Hefe unter den Völkern zu sein. Das ist keine angenehme Mission, aber eine, der man sich nicht entziehen darf. Zurückzuweichen vor der Mission, die Hefe unter den Völkern zu sein, und stattdessen die Aufgabe anzunehmen, Bürger eines glänzend funktionierenden, großartigen Kleinstaates an der Küste von Kleinasien zu sein - das ist ein Problem, das jeder einzelne für sich lösen muß und das kein anderer für ihn lösen kann. Das ist eine Entscheidung, die man jedem einzelnen überlassen muß. Es ist gefährlich zu sagen: Ihr Juden sollt wieder weggehen und dorthin nach Israel gehen, dann ist unser (deutsches) Problem gelöst. Soweit es heute ein jüdisches Problem in Deutschland gibt, ist es kein Problem für die Juden, sondern für die Deutschen.

(Beifall)

Der Herr Dekan hat ein sehr wichtiges und entscheidendes Wort gesagt, nämlich das: Es gäbe doch eine echte Wandlung. Und die Menschen, die eine echte Wandlung vollzogen haben, hätten einen Anspruch darauf, daß man Gnade übt beziehungsweise daß man sie wieder in die Gemeinschaft aufnimmt. Er hat vollkommen recht. Das Problem ist, wie und wer eine echte Wandlung erkennen soll. Ich habe sehr wohl das Gefühl - ich bin ein Jude und weiß von den christlichen Vorschriften nichts, auch von den religiösen nichts -, aber ich glaube doch zu wissen, daß die Voraussetzung einer echten Wandlung Bekenntnis, Reue und Sühne ist.

Frau Dr. Abendroth: Und Vorsatz!

Neumann: Vor allem auch Vorsatz. Fehlen Bekenntnis, Reue, Sühne und Vorsatz, dann bleiben diese Menschen weiter einzementierte Trümmer des "Dritten Reiches" innerhalb unseres Gemeinwesen - so sind sie nicht diejenigen, auf die sich unser Begriff der echten Wandlung und infolgedessen unser Begriff der Vergebung beziehen kann.

Daraus ergibt sich schon automatisch die Frage - und diese Frage ist eine zukunftsweisende -: "Was soll mit den anderen geschehen?" Das, meine Freunde, ist Euer Problem. Ich als einer, der nicht dazu gehört, kann Euch nur sagen, daß meiner Ansicht nach diese anderen weggehören. Es ist unmöglich, einen gesunden Volkskörper zu haben, in dem diese anderen (die wirklich schuldige Männer sind) ungestraft weiterleben können. Wie Ihr das macht, das ist im Wesentlichen eine Frage der jungen Generation. Es ist Eure Aufgabe. Wenn Ihr einmal dran seid, dann werdet Ihr diese Aufgabe zu lösen haben, und inzwischen - um Euch dafür zu rüsten, daß Ihr sie lösen könnt - könnt Ihr nur eines tun, nämlich Wissen erwerben um das, was geschehen ist. Das ist der Zweck dessen, was wir heute gemacht haben, und die Voraussetzung dafür, daß Ihr es besser macht.

(Beifall)

Dr. Ritter: Darf ich zum Schluß allen und vor allem Ihnen, hochverehrter Herr Neumann, sehr herzlich danken für alles, was Sie uns gesagt haben. Ich möchte aber auch all denen, die zur Diskussion beigetragen haben, sehr herzlich danken. Ich glaube, es war ein fruchtbarer und guter Abend.

Ich möchte am Schluß dieses Abends, an dem uns allen ja wohl irgendwie das Grauen im Hintergrund lebendig gewesen ist (sonst hätten wir uns ja nicht so aussprechen können), etwas Tröstliches sagen, etwas, was mein Herz mit großer Freude, ja mit Glück erfüllt hat in den letzten Tagen. Das ist das: Ich habe hier den Reisebericht einer Gruppe von jungen deutschen Menschen, Studenten und Studentinnen erhalten, die Israel bereist haben, die von den erschütternden Eindrücken erzählen, die sie dort gewonnen haben, in den Kibbuzim, in den Ortsgemeinden, in der Stadt, in Unterhaltung mit alten und jungen Menschen - alles Menschen, die irgendwie an diesem Schauerlichen in ihrer Familie direkten Anteil gehabt haben. Und nun schreiben sie: "Auf der ganzen Reise ist uns nichts anderes als herzliche Offenheit und völlige Bereitschaft zur Vergebung entgegengekommen, wohin wir auch in diesem Lande kamen." Ich kann nur sagen, Gott sei Lob und Dank, daß es so etwas gibt, das kann einem noch Hoffnung geben für die Menschheit. Ich schließe den Abend!

(Beifall)

Anmerkungen:

1 SD: Sicherheitsdienst des Reichsführers SS, seit 1936 offiziell der Nachrichten- und Abwehrdienst des Deutschen Reiches, diente v.a. der Geheimen Staatspolizei (Gestapo) mit Informationen über Gegner des Nationalsozialismus im In-und Ausland. Im 2. Weltkrieg führten Einsatztruppen des SD Massenerschießungen von Juden durch.

2 Neumann hat anläßlich seines Vortrages an der Humboldt-Universität Berlin/ DDR mehr über diese Vortragsreihe in der DDR berichtet: *Ich habe im Norddeutschen Rundfunk, einem sehr anständigen Rundfunk - das werden Sie nicht zugeben hier -, dessen Abteilung "Wort" von einem Sozialdemokraten geleitet wird namens Reinhold (der ein guter Freund von mir ist), eine Serie von Vorträgen gehalten, die hieß "Ausflüchte unseres Gewissens"* (der Untertitel der Reihe hieß "Dokumente der Schuld" und wurde vom NDR vom 18. Januar 1960 an gesendet; d. Hg.). *In dieser Serie von Vorträgen hat es sich mir darum gehandelt, dokumentarisch nachzuweisen, wie breit die Schicht der Mitwisser gewesen ist. Die Reaktion auf diese Vorträge - es waren drei und dazu eine Auswertung, ein Kommentar der politischen Situation in Deutschland, also vier im Ganzen -, die Reaktion war ein Sturm von 740 Briefen, die wir bekommen haben. Es war die größte Briefreaktion, die der Norddeutsche Rundfunk jemals bekommen hatte, und Reinhold und ich (ich sage sehr leicht "ich", es war meine unglückliche Frau, die alle diese Briefe zu schreiben hatte), wir beschlossen, jeden dieser Briefe, der ja jeder ein Schrei gewesen ist und den man nicht mit einem Formular beantworten konnte, individuell und ausführlich zu beantworten. Wir haben das getan. Schließlich wuchs der Schwall uns so sehr über den Kopf beziehungsweise das Material war so sehr über die Maßen interessant, daß ich noch einen fünften Vortrag halten mußte, in dem ich auf diese Briefe antwortete. Das ganze ist als eine Broschüre erschienen, die "Ausflüchte unseres Gewissens" heißt, die derzeit vergriffen ist.*

3 Siehe Kap. I, Fußnote 8

4 In seinem Vortrag an der Humboldt-Universität Berlin/DDR (s. Kap. III) hat Neumann diesen Aspekt etwas differenzierter ausgeleuchtet; die entsprechende Berliner Passage lautet: *Über den Widerstand wäre noch folgendes zu sagen: Ein paar Freunde und ich in England - recht viele Freunde unter uns Emigranten, aber auch Engländer - waren der Ansicht, daß man dem deutschen Widerstand unter allen Umständen helfen müsse und daß es nicht angehe, eine große Nation zu identifizieren mit der Pest, die sie befallen hat. Zu den Leuten, die so dachten, gehörten Engländer entweder aus Gründen der Politik oder aus Überzeugung, in ziemlicher Menge. Ich muß da nicht erst meinen Freund Victor Gollancz* (engl. Verleger und Schriftsteller; nach 1945 trat er, obwohl jüdischer Herkunft, als einer der ersten Engländer für Verständigung mit Deutschland ein; d. Hg.) *nennen, der nie daran gezweifelt hat. Ich kann Ihnen auch den englischen High Commissionar Kirkpatrick* (Ralph Kirkpatrick, britischer Diplomat, der 1933 - 38 als erster Sekretär an der Berliner Botschaft tätig war, 1941 - 45 Leiter des Europa-Dienstes des britischen Rundfunks,

1945 - 50 Unterstaatssekretär, 1950 - 53 Hochkommissar in Bonn; d. Hg.) *nennen, der dazu gehört hat. Ich kann darüber hinaus Richard Crossman* (brit. Politiker, geb. 1907, von 1930 - 37 Dozent für Philosophie in Oxford, 1938 - 55 stellvertretender Herausgeber der sozialistischen Wochenschrift "New Statesman and Nation", 1940 - 45 Leiter der Abteilung Psychologische Kriegsführung im Auswärtigen Amt und im Hauptquartier General Eisenhowers; von 1945 Labour-Abgeordneter, seit 1952 Mitglied der Parteiführung; d. Hg.) *nennen und andere Leute der Labour Party. Dem gegenüber standen dann andere, die sagten, man müsse zunächst einmal den Krieg gewinnen. Die Differenzierung zwischen dem Widerstand in Deutschland und den eigentlichen Tätern sei praktisch völlig fruchtlos. Man müsse den Krieg gewinnen, dann werde man ja sehen. Außerdem habe sich ja herausgestellt, daß der Widerstand relativ wenig geleistet hatte. Und auch da mag es Sie interessieren, daß wir zwar in England verschiedener Meinung waren, daß aber diejenigen, die für einen absoluten Sieg unter allen Umständen eintraten, a) die United States und b) die Sowjetunion waren. Die United States und die Sowjetunion haben dann unsere Opposition gegen diese Aufteilung der Deutschen besiegt; und es kam dann zu Casablanca und zu den Beschlüssen of* unconditional surrender, *jenen Beschlüssen, die den Krieg meiner Ansicht nach um eine ganze Reihe von Monaten verlängert haben.*

5 Zentralorgan der KPD, 1918 in Berlin gegründet, erschien sie bis zum Reichstagsbrand am 27.2.1933 als Tageszeitung, 1933 - 39 illegal in Berlin, bis 1941 im Ausland.

6 Besser bekannt als Hitler-Stalin-Pakt, der deutsch-sowjetische Nichtangriffspakt vom 23. August 1939.

7 David Ben Gurion, von 1948 - 53 israelischer Ministerpräsident, 1955 - 63 Verteidigungsminister.

8 Oswald Spengler, Der Untergang des Abendlandes, 1918-1922 (2 Bde., Nachdr. 1969).

9 heute Stadtteil von Budapest; Neumann bezieht sich offenbar auf die Zeit der türkischen Eroberungszüge um 1542.

10 Bezeichnung für die zur Verleugnung ihrer Religion gezwungenen Juden. Als besondere gesellschaftliche Schicht erscheinen die Marranen zuerst im westgotischen Spanien; obwohl sie getauft waren, wurden sie nicht als gleichberechtigt angesehen und von Staat und Kirche ängstlich überwacht. Im späteren christlichen Mittelalter wurde den unter dem Druck von Verfolgungen getauften Juden häufig die Rückkehr zum Judentum gestattet. Eine Massenerscheinung wurden die Marranen erst wieder in Spanien seit den 1391 - 1415 durchgeführten Zwangstaufen. Offiziell bezeichnete man diese Marranen als Conversos (Bekehrte) oder Neuchristen (christiani novi); der Volksmund nannte sie Marranen (Schweine).

11 Arthur Rosenberg, Der Mythus des 20. Jahrhunderts, 1930. Rosenberg war 1941 - 1945 Reichsminister für die besetzten Ostgebiete; in Nürnberg am 16.10 1946 hingerichtet.

12 John Richard Hersey, Der Wall, Roman; dt. v. Ernst Bucher u. Edwin Maria Landau; Diana-Verlag, Baden-Baden/Stuttgart 1951 (Original: The Wall, New York 1950)

13 "Im Feuer vergangen": von Noemi Szac-Wajnkranc; Untertitel: Tagebücher aus dem Getto", mit einem Vorwort von Arnold Zweig erschienen im Verlag Rütten und Loening, Berlin/DDR.

14 "Die Sterne sind Zeugen": von Bernard Goldstein; Untertitel "Der Untergang der polnischen Juden", Hamburg 1950[1]; inzwischen erschienen im Deutschen Taschenbuch Verlag, München 1965.

15 Grausamkeiten.

16 Es handelt sich dabei um die bereits erwähnten, 1960 vom NDR unter dem gleichen Reihentitel gesendeten Vorträge von R. Neumann, die 1960 im Verlag für Literatur und Zeitgeschehen in Hannover erschienen.

17 Generaloberst Johannes Blaskowitz (1883 - 1948) führte im 2. Weltkrieg die 8. Armee in Polen; als Oberbefehlshaber protestierte er gegen die Grausamkeiten der SS und der Polizei in Polen; zwischen November 1939 und Februar 1940 verfaßte er zwei detaillierte Denkschriften insbesondere über das Vorgehen der Einsatzkommandos gegen Juden und polnische Intellektuelle; in beiden Dokumenten belegt er zahlreiche Fälle von Vergewaltigung, Mißhandlung, Mord und Plünderung. Hitler war über Blaskowitz "kindische Haltung" außer sich. Später mehrfach seiner Posten enthoben, übernahm er jedoch immer wieder Kommandos und erhielt 1944 den Oberbefehl über die Heeresgruppe G, kurzzeitig war er mit der Leitung der Heeresgruppe H in Holland beauftragt.

18 Erich von Manstein, 1887 - 1973, Generalfeldmarschall seit 1.7.1942; wurde 1949 in Hamburg zu 18 Jahren Haft verurteilt, u.a. weil er die Morde der Einsatzgruppen als "harte Sühne am Judentum, dem geistigen Träger des bolschewistischen Terrors" gebilligt hatte. So hatte er etwa im November 1941 erklärt: *"Das Judentum bildet den Mittelsmann zwischen dem Feind im Rücken und den noch kämpfenden Resten der Roten Wehrmacht und der Roten Führung. Er hält [...] alle Schlüsselpositionen der politischen Führung und Verwaltung [...] besetzt [...]. Das jüdisch-bolschewistische System muß ein für allemal ausgerottet werden. Nie wieder darf es in unseren europäischen Lebensraum eingreifen."* Manstein wurde im Mai 1953 freigelassen und beriet die Bundesregierung in Fragen der Wiederbewaffnung.

19 Walter von Reichenau, 1884 - 1942, Generalfeldmarschall seit 19.7.1940; erließ im Oktober 1941 folgenden Armeebefehl: *"Das wesentliche Ziel des Feldzuges gegen das jüdisch-bolschewistische System ist die völlige Zerschlagung der Machtmittel und die Ausrottung des asiatischen Einflusses im europäischen Kulturkreis. Hierdurch entstehen auch für die Truppe Aufgaben, die über das hergebrachte, einseitige Soldatentum hinausgehen. Der Soldat ist im Ostraum nicht nur ein Kämpfer nach den Regeln der Kriegskunst, sondern auch Träger einer unerbittlichen völkischen Idee und der Rächer für alle Bestialitäten, die deutschem und artverwandtem Volkstum zugefügt wurden. Deshalb muß der Soldat für die Notwendigkeit der harten, aber gerechten Sühne am jüdischen Untermenschentum volles Verständnis haben."*

20 Bei den von den Alliierten nach Kriegsende durchgeführten Kriegsverbrecher-Prozessen in Nürnberg.

21 Werner Catel (1894 - 1981) wurde 1933 Professor und Direktor der Leipziger Universitäts-Kinderklinik (bis 1946); nach dem Krieg lehrte er in Kiel, seine Eme-

ritierung 1960 (auf eigenen Wunsch) als Professor in Kiel stand in Zusammenhang mit der Entdeckung des in Schleswig-Holstein unter falschem Namen lebenden Prof. Dr. Heyde. Damals war die Kieler Landesregierung (vor allem Kultusminister Edo Osterloh) wegen Catels Berufung angegriffen worden. Als Chef der Leipziger Kinderklinik hatte er von 1940 - 1944 als Gutachter im sogenannten "Reichsausschuß zur wissenschaftlichen Erfassung schwerer erb- und anlagebedingter Leiden" mitgearbeitet. Auf Grund dieser Gutachten wurde eine Anzahl "von Kleinkindern, durchweg Vollidioten, in bestimmten Krankenhäusern getötet" (Munzinger-Archiv, Lieferung 21/64). Vor Gericht mußte sich Catel nie verantworten, weil er und andere seiner Kollegen, so 1949 eine Hamburger Strafkammer, an "die Rechtmäßigkeit ihrer Handlungsweise geglaubt" hätten. Siehe auch: E. Klee, Was sie taten - Was sie wurden, Ärzte, Juristen und andere Beteiligte am Kranken- und Judenmord, Frankfurt/M 1986[1], S. 139 ff.

22 Heyde/Sawade: Fritz Sawade war der Deckname des Euthanasie-Arztes Werner Heyde, der - 1902 geboren - nach dem Medizin-Studium 1933 der NSDAP beitrat und Arzt bei der SS im Rang eines SS-Standartenführers wurde. Heyde war früh mit Planungen zur "Vernichtung unwerten Lebens" befaßt, seit 1939 Prof. für Psychiatrie und Neurologie und als Leiter des Reichsverbandes deutscher Krankenhäuser und Sanatorien sowie der Organisation T4 (Verwaltungszentrum des Euthanasie-Programm in Berlin) für die Ermordung von mehr als 100.000 Kranken und Behinderten verantwortlich. Nach dem Krieg konnte er aus amerikanischer Kriegsgefangenschaft entkommen, wurde 1946 von einem deutschen Gericht in Abwesenheit zum Tode verurteilt, praktizierte dann über Jahre unter dem falschen Namen Dr. Fritz Sawade als staatlicher Gutachter und Arzt in Flensburg und erhielt dabei Rückendeckung von schleswig-holsteinischen Beamten. 1959 stellte sich Heyde selbst dem Gericht, beging aber einige Tage vor Prozeßbeginn 1964 in Butzbach Selbstmord. Siehe Ernst Klee, Der Aufstieg des "Irrentöters", Das Verfahren gegen Prof. Werner Heyde u.a., in: Was Sie taten - Was sie wurden, a.a.O., S.19-55.

Diskussionsabend
ROBERT NEUMANN
WAS GEHT UNS EICHMANN AN?
„Ausflüchte unseres Gewissens“
5. Juli 1961, 20 Uhr c. t., Auditorium maximum
Clausthaler Wingolf zu Marburg
Staatsbürgerlichen Referat d. ASTA

III. "Noch herrscht der Faschismus in der Bundesrepublik nicht" Vortrag und Diskussion an der Humboldt-Universität Berlin/DDR am 16. November 1962

Prof. Girnus[1]: Gestatten Sie, daß ich im Namen von Magnifizenz Prof. Dr. Schröder - der leider heute nicht teilnehmen kann - Sie, hochverehrter Robert Neumann, hier herzlich willkommen heiße im Senatssaal der Alma Mater Berolinensis, der Humboldt-Universität Berlin. Es ist für uns nicht nur ein großes Vergnügen, sondern auch eine Ehre, Sie hier heute in unserer Mitte zu wissen. Wir begrüßen in Ihnen nicht nur den bekannten Schriftsteller, sondern auch den Gegner des nazistischen Unrechtsstaats. Und das liegt ja sozusagen in Ihrer Familie: Ihr Großvater wurde zum Tode verurteilt 1848, Ihr Vater gehört zusammen mit Viktor Adler zu den Gründern der Sozialdemokratischen Partei Österreichs. Und Ihre Tätigkeit ist jedem literarisch gebildeten Deutschen, der ein weltoffenes Herz hat, nicht unbekannt. Ich darf mir versagen, darüber etwas Näheres zu sagen, Sie sind ja gleichzeitig Vizepräsident des PEN-Clubs.

Wir begrüßen in Ihnen vor allen Dingen in unserem Räumen den Gegner des Hitler-Regimes. Sie werden sich vielleicht überzeugen können - wir hoffen, daß Sie Gelegenheit finden -, daß diese Tradition bei uns zu einer offiziellen Tradition geworden ist, an unseren Universitäten, und darauf sind wir sehr stolz. Ich möchte mir weitere Worte versagen.

Ich glaube, auch im Namen unserer Studenten zu sprechen, wenn ich Sie außerordentlich herzlich hier willkommen heiße, und ich darf nun zu einigen Worten der Begrüßung Herrn Professor Kamnitzer das Wort geben, der im Namen des PEN-Clubs auch ein Wort an Sie richten möchte.

Prof. Kamnitzer[2]: Meine Damen und Herren, ich will ganz ehrlich sein. Es wäre mir lieber, ich könnte den Ehrengast, so wie er es verdient, hier als Professor *humoris causa* einführen und ihn bitten, ein Kolleg über Wesen und Unwesen der Parodie zu halten. Denn Robert Neumann hat sich in der Zeit vor 1933 "Mit fremden Federn" geschmückt und ist kurz darauf "Unter falscher Flagge"[3] gesegelt. Aber, um jedem Mißverständnis vorzubeugen, ich stelle ihn damit nicht etwa als einen Freibeuter und Hochstapler vor, sondern so heißen die zwei Meisterwerke der parodistischen Literatur, für die er verantwortlich zeichnet. Allerdings ist es nicht seine Schuld, wenn er heute zu uns über ein Thema sprechen wird, daß jede Art der Heiterkeit ausschließt, das noch nicht einmal gestattet, Schmerz und Satire zu verbinden.

Aber ich will ganz ehrlich sein, lieber Robert Neumann, ich habe schon immer vermutet, daß Sie letzten Endes ein Moralist sind, und es Ihnen gar nicht so spaßig ist, wie Sie tun. Wie Ihr alter und verehrter Freund Arnold Zweig, zu dessen 75. Geburtstag Sie herkamen[4] und den ich heute in diesen heiligen Hallen als Professor Dr. Arnold Zweig herzlich begrüße, *(langanhaltener Beifall)* wie er können Sie sich ebenso wenig damit abfinden, wie dünn sich die Kruste der Kultur erwiesen hat. Sie fragen sich und Sie fragen heute abend uns: Was bedeutet Eichmann heute? Ich darf vielleicht mitteilen, daß es der gleiche Kurzvortrag sein wird, den Robert Neumann in der Universität Marburg zur Debatte stellte. Ich möchte der Humboldt-Universität danken, daß sie uns für dies Experiment Raum gegeben.

Doch sei es ebenso klar: Sie sind hier eingeladen vom deutschen PEN-Zentrum Ost und West; Sie, meine Damen und Herren, sind damit Gäste einer gesamtdeutschen Vereinigung, die dem internationalen PEN angehört und die geistige Aussprache und literarischen Austausch pflegt sowie für die Rechte und Freiheiten der Schriftsteller, Publizisten und Verleger eintritt. Wie Sie gehört haben, ist Robert Neumann einer der Vizepräsidenten des internationalen PEN, und im Geiste dieses Verbandes hatte er sich öffentlich - zuletzt in Hamburg - für den freien, fairen und freundlichen Austausch zwischen der deutschen PEN Ost und West und dem PEN der Bundesrepublik verwendet. Er will, was hier zur Aussprache kommen wird, auf Band aufnehmen und in Marburg wortwörtlich vorführen, was bei uns zum selben Thema gemeint wird. So sehr wir uns über diese *good offices* freuen, die er damit auf sich nehmen will, sei es mir dennoch gestattet, daran zu erinnern, daß nicht wir für diesen Umweg verantwortlich sind.

Wir alle wissen, wie gerade an der Universität Marburg das deutsche Gespräch vereitelt worden ist[5], und wir werden mehr als dankbar sein, wenn seine Vermittlung dazu beiträgt, daß eine würdige Aussprache in Bälde nicht nur von Band zu Band geführt werden kann. Ich bitte Robert Neumann.

Neumann: Professor, Kommilitonen, meine Damen und Herren,

mein Freund Kamnitzer hat mir wieder einmal meine Pointen weggenommen: Ich wollte Ihnen eigentlich von dieser Marburger Geschichte ein bißchen erzählen, und ich tue es trotzdem.

Vor etwa einem Jahr hat mir ein mir unbekannter junger Mann aus Marburg geschrieben, er sei der Vorsitzende einer Marburger Studentenverbindung namens Clausthaler Wingolf, und sie sprächen gerne mit mir über das Thema "Was geht uns Eichmann an?". Das war zu einer Zeit, als der Eichmann-Prozeß eben lief und sehr im Bewußtsein der Leute war. Ich bin ein wenig mobiler Mann, ich reise wenig; ich schrieb ihm, daß ich gerne mit ihm und seinen Kommilitonen spräche, aber das Thema sei doch von einer Art, das ich lieber die ganze Universität erfassen und einladen wollte und nicht nur eine Verbindung. Er solle doch mit dem AStA - das ist die allgemeine Studentenorganisation - und vor allem mit seinem Dekan in Verbindung treten und die Sache im Auditorium Maximum machen.

Er schrieb darauf, das gehe in Ordnung, er habe mit den Leuten gesprochen. Ich fuhr dann hin, ich traf diesen Mann, einen sehr netten Mann - Balzer heißt er, und er wird an der Freien Universität in West-Berlin, glaube ich, weiterstudieren -, ich traf ihn mit einigen einigermaßen aufgeregten und etwas verlegenen jungen Leuten an, die nach einigem Zögern gestanden, daß sie ein wenig Schwierigkeiten hätten. Sie lagen darin, daß eben an dem Tag, an dem der Vortrag sein sollte, ein Fußballspiel - ich glaube, der Studenten gegen die Professoren oder irgend etwas dergleichen - sein sollte, und nachher der Große Ball. Und mit dem Großen Ball zu konkurrieren, das war natürlich eine über die Maßen schwierige Angelegenheit, so wie es bei Euch eine schwierige Angelegenheit sein würde. Weiterhin hatte ein sozialdemokratischer Abgeordneter einen Vortrag angesetzt über die Funktion des Bundesrates oder Bundestages, ich weiß es nicht. Dazu hatte ein Professor Abendroth ein Kolleg angesagt. Und, was das schlimmste war, ursprünglich hatten alle Professoren, die sie angegangen hatten, zugesagt. Dann aber hatten sie den Professoren - vielleicht unvorsichtigerweise - ein Buch von mir, das "Hitler" heißt und eine Bilddokumentation des "Dritten Reiches" ist, gezeigt, worauf alle Professoren wieder absagten. Sie hatten das Gefühl, es würde ein Mißerfolg werden oder kein Mensch würde kommen.

Um die Sache kurz zu machen: Das Auditorium Maximum war so überfüllt, daß kein Mensch drinnen auch nur stehen konnte. Es hat dort 450 Sitzplätze, es waren etwa 750 Menschen dort, und es war sehr befriedigend im Ganzen. Der Prorektor - der Rektor war nicht dort - leitete mich ein so wie der Professor Girnus mich eben jetzt einleitete. Das nächste war, sie hatten mir einen Vorsitzenden gegeben. Der Vorsitzende war der Dekan der Universitätskirche, ein ausgezeichneter Mann namens Dr. Ritter, von dem sich im Lauf der Ereignisse herausstellte, daß er ein alter Widerstandskämpfer von einem ganz anderen Winkel her war, daß er den größten Teil der Zeit des "Dritten Reiches" oder wenigstens des Krieges in Gefängnissen und auch im Irrenhaus zugebracht hatte, um vor Himmler geschützt zu werden, und seine Interventionen waren über die Maßen interessant.

Ich hielt ein Referat. Das Referat werden Sie hören. Ich habe hier Notizen, aber es wird wohl *verbatim* dasselbe sein. Die Diskussion lief sehr langsam und nicht sehr gut an, wurde dann aber immer besser und besser, und vor allem stellte sich heraus, daß der konkurrierende Professor - es war Abendroth -, der ein Kolleg angesagt hatte, sein Kolleg wieder abgesagt hatte, um hinzukommen, und er griff auch in die Diskussion ein.

Was ich tun will, ist folgendes: Ich werde Ihnen, soweit ich es kann, wortgetreu das sagen, was ich den Marburger Studenten sagte. Ich sagte es dort zu einem gewissen Grad soigniert, weil mir jene vierzehn veranstaltenden junge Leute irgendwie am Herzen lagen und ich sie nicht irgendwie in Schwierigkeiten bringen wollte. Es hatte dort nämlich vor relativ kurzer Zeit einen großen Radau gegeben im Zusammenhang mit einem Herrn aus der DDR, der dort gewesen war und dem trotz Gutwilligkeit der Veranstalter - soweit ich es erfahren konnte - irgendwelche randalierenden Studenten seinen Vortrag unmöglich oder schwierig oder vielleicht ganz unmöglich gemacht haben. Daher auch die Angst dieser jungen Leute. Es war unbegründet. Die Veranstaltung war ein ausgesprochener Erfolg.

Was ich tun will, nachdem Sie das, was ich Ihnen hier sage, diskutiert haben, ist, daß ich Ihnen von dem Band, das ich Ihnen mitgebracht habe, entscheidende Stellen vorspielen lasse, damit Sie sehen, was Ihre Marburger Kommilitonen über die Dinge sagen, die Sie auch hören werden; und allenfalls wird Ihnen die Möglichkeit gegeben sein, zum Schluß auch noch zu dem Stellung zu nehmen, was Sie von dem Marburger Band hören werden.

Neumann referiert nun sehr detailliert und zum Teil wörtlich, was er in Marburg vortrug. Im folgenden werden deshalb nur jene Passagen seines Berliner Vortrags wiedergegeben, in denen Akzente anders als in Marburg gesetzt wurden oder andere Sachverhalte als in Marburg vorgetragen wurden. Auslassungen werden dabei gekennzeichnet.

Neumann: Ich sagte, es wäre interessant zu wissen, wie jene anderen Leute reagieren, also, zum Beispiel die Leute an der Humboldt-Universität in Berlin. Und sollte sich eine Gelegenheit ergeben, so wollte ich das gerne erforschen. Ich dachte damals nicht, daß eine solche Gelegenheit sich konkretisieren würde, aber: Sie sehen, ich sitze hier. Das klärte also die Frage des "Uns". [...]

Nun: "Wer waren die Täter, wer waren die Mitwisser?" - das ist die nächste Frage. Zu den Reaktionen will ich Ihnen sagen, daß es Leute gab, die sagten: "Wir haben nichts gewußt". Und sie haben wirklich nichts gewußt. Ich denke da etwa an den Brief eines Stiftsfräuleins in einem Stift, das sechs Kilometer von Bergen-Belsen entfernt ist. Ich glaube diesem Stiftsfräulein, daß sie und die anderen Stiftsdamen von der Sache nichts wußten. Sie hat mir in höchst plastischer Weise geschildert, wie sie an dem Tag, nachdem Bergen-Belsen befreit war, einen Hilferuf bekamen vom lokalen Spital. Es seien da Menschen in einem entsetzlichen Zustand eingeliefert worden, man solle hingehen und ihnen helfen. Sie wußten nichts. Es gibt natürlich viele, die nichts wußten. Andere lügen, indem sie sagen, sie wußten nichts.

Die nächste Frage: "Warum sitzen wir hier, um das zu erfahren?" Das ist eine Frage, die ich ausführlicher in Marburg behandeln mußte als, hoffe ich, hier, denn Sie sind ein politisch wacheres Publikum als es vielleicht Ihre Marburger Kommilitonen sind, obwohl die auch wach sind - Sie werden es sehen. Rings um diese Frage liegt eine Konspiration des Schweigens, und es ist mir das erfreulichste Phänomen der jungen Generation, daß sie sich diese Konspiration auf längere Sicht nicht gefallen läßt, daß diese junge Generation ihre Väter zur Rechenschaft zieht. Und um sie zur Rechenschaft ziehen zu können, müssen diese junge Menschen wissen. Das ist der Zweck einer Veranstaltung wie der in Marburg und der Zweck dieser Veranstaltung hier.

Wie nötig das ist, will ich Ihnen daran demonstrieren, daß ich unter den sehr zahlreichen Briefen, die ich bekomme - abgesehen von diesen Briefen, wann immer ich im Rundfunk spreche oder so - eine ganze Reihe von Briefen von Lehrern sind. Ich bitte diese Lehrer systematisch, ihren Schülern die Fragen zu stellen: Wer war Hitler? Was wißt Ihr vom Nationalsozialismus? Was wißt Ihr von der Vernichtung der Juden? Habt Ihr je einen Juden gesehen? Und ich habe Zuhause einen großen Stoß von Aufsätzen von ganz jungen und von älteren Leuten. Ein Beispiel der Antworten - nicht ich habe es bekommen, Neven-du-Mont[6] hat es bekommen - wurde kürzlich publiziert. Eine Antwort kommt von einem fünfzehnjährigen Gewerbeschüler, der auf die Frage: "Wer war Hitler?" gesagt hat: "Hitler war einer aus der Ostzone, der die Juden in Westdeutschland umbringen wollte" - kürzer kann man's nicht sagen. Sie haben da den bösen Ostzonen-Hitler, und Sie haben da andererseits: Er hat die Juden gar nicht umgebracht, denn bekanntlich ist es ja doch eine Lüge, daß die Juden umgebracht worden sind. Nicht wahr, er *wollte* sie nur umbringen. Dieser Knabe, der heute fünfzehn ist, wird in sechs Jahren einundzwanzig und ein Wähler sein. [...]

Es gibt Antikommunismus in Deutschland, es gibt darunter Gruppen ehrlicher Antikommunisten. Ehrliche Antikommunisten, das heißt psychologisch verständliche, nämlich diejenigen, die - sagen wir - von der Roten Armee von Haus und Hof vertrieben worden sind oder selbst nach Westen geflüchtet sind. Daß andere Deutsche dort im Namen Deutschlands unvergleichlich größere Atrozitäten begangen haben, daran denken diese Menschen natürlich nicht, sondern sie denken an ihren Hof oder an ihre verlorenen Lieben oder an diese oder jene vergewaltigte Frau. Und es ist nur zu menschlich, daß diese Menschen nicht Anti-Rote-Armee, sondern anti-kommunistisch eingestellt sind. Ich würde die als legitime Antikommunisten betrachten.

Andere tun es aus weltanschaulichen Erwägungen. Aber wir wissen, daß neben diesem Antikommunismus auch ein höchst unerfreulicher, sehr viel unerfreulicherer Antikommunismus existiert, nämlich derjenige der Leute, die sich als Bollwerke gegen den Kommunismus schon im Rahmen des Kalten Krieges an die eine Seite attachiert haben, Kalte Krieger geblieben sind und sozusagen Gewinner des Kalten Krieges sind. Es ist leider in diesem Kalten Krieg so, daß Menschen gebraucht werden, die diesen Kalten Krieg in einem gewissen Wärmezustand erhalten, damit er nicht ganz vergeht.

Dazu kommt eine Erkenntnis - und die stammt nicht von mir, sondern vor allem von Professor Mitscherlich[7], dem Leiter des Psychosomatischen Instituts in Heidelberg -, daß ein wesentlicher Teil des früheren Anti-Semitismus in den Anti-Kommunismus übergegangen ist. Es handelt sich immer wieder um den Knabeninstinkt, den wir alle kennen und der dahin geht, daß man es nicht selber gewesen ist, sondern der andere, oder daß das, was man selber getan hat, nicht so schlimm ist wie das, was der andere getan hat. Diese primitiven Instinkte existieren, und sie sind unter Umständen von Ihnen zu diskutieren. [...]

Das nächste wäre: "Wie sind sie an die Macht gekommen?" Es ist eine zentrale Frage, aber sie wäre vielleicht zu lang, als daß wir sie in diesem Zusammenhang wirklich in Fülle beantworten könnten. Aber immerhin möchte ich Ihnen aus diesem Hitler-Buch[8] ein Dokument vorlesen, daß diese Frage vielleicht ein bißchen beleuchtet. Lassen Sie mich übrigens sagen, daß dieses Hitlerbuch sehr von links und aus Ihren Kreisen gelobt wird, aber bisher nur in Westdeutschland erschienen ist und abgesehen von ein paar kleinen Staaten in größter Auflage in den Vereinigten Staaten von Amerika. Auch das ein Phänomen für sich. Ich selbst kann es mir nicht deuten.

Ich wollte Ihnen einen Brief vorlesen. Er geht an Hindenburg, ist unterschrieben von führenden Industriellen und ist aus dem November 1932: "Eure Exzellenz, hochzuverehrender Herr Reichspräsident! Gleich Eurer Exzellenz durchdrungen von heißer Liebe zu deutschem Volk und Vaterland ..." und so weiter. "Gegen das bisherige parlamentarische Parteienregime sind nicht nur die Deutschnationale Volkspartei, sondern auch die Nationalsozialistische Deutsche Arbeiterpartei grundsätzlich eingestellt und haben damit das Ziel Eurer Exzellenz (Hindenburg) bejaht. Wir halten dieses Ergebnis für außerordentlich erfreulich und können uns nicht vorstellen, daß die Verwirklichung des Zieles nunmehr an der Beibehaltung einer unwirksamen Methode scheitern sollte. Wir erkennen in der nationalen Bewegung, die durch unser Volk geht, den verheissungsvollen Beginn einer Zeit, die durch Überwindung des Klassengegensatzes die unerläßliche Grundlage für einen Wiederaufstieg der deutschen Wirtschaft erst schafft. Wir wissen, daß dieser Aufstieg noch viele Opfer erfordert. Wir glauben, daß diese Opfer nur dann gebracht werden können" - es handelt sich also um materielle Opfer -, "wenn die größte Gruppe dieser nationalen Bewegung führend an der Regierung beteiligt wird. Die Übertragung der verantwortlichen Leitung eines mit den besten sachlichen und persönlichen Kräften ausgestatteten Präsidialkabinetts an den Führer der größten nationalen Gruppe wird die Schlappen und Fehler, die jeder Massenkundgebung anhaften, ausmerzen, und Millionen Menschen, die heute abseits stehen, zu bejahender Kraft mitreißen. Im vollen Vertrauen zu Eurer Exzellenz Weisheit und Eurer Exzellenz Gefühl der Volksverbundenheit grüßen wir Eure Exzellenz in höchster Ehrerbietung."[9]

Ich will Ihnen die Geschichte noch genauer erzählen: Dieses Dokument wurde von einem amerikanischen Leutnant in den Trümmern des Bankhauses Stein in Köln gefunden. Es wurde daraufhin in Nürnberg vorgelegt[10], dort allerdings nicht als Beweismittel zugelassen, weil eine große Anzahl der Unterschriften auf diesem Dokument in ein und derselben Schrift geschrieben war, und es offensichtlich war, daß das nicht wirkliche Unterschriften sind. Die Auswertung des Dokumentes ergibt, daß es sich tatsächlich um den *Entwurf* dieses Briefes handelte und die Namen, die darunter standen, waren die Namen derjenigen, die eingeladen werden sollten zu unterschreiben. Die Industrie hat in Nürnberg geleugnet, daß das Dokument echt sei und zwar aufgrund dessen, daß die Unterschriften offenbar fehlten. Sie sagten, das sei ein Entwurf, der Entwurf wurde aber niemals abgesandt. Inzwischen wurde das Dokument gefunden, das Dokument ist echt.

Es wurde auch Korrespondenz gefunden zwischen einem Berliner Bankier namens Reinhard von der Kommerz- und Privatbank und dem Staatssekretär Meißner[11]. Diese Korrespondenz existiert in Fotokopien im Institut für Zeitgeschichte in München, die Originale liegen zufällig in Potsdam. Es stellt sich dabei heraus, wie diese geplanten Unterschreiber zum Teil finassiert und manövriert haben, um nicht zu unterschreiben. Es gibt einen Brief darunter, der sowohl in München wie in Potsdam vorhanden ist, in dem steht - an Meißner -: "Ich bitte Sie, Herr Staatssekretär, seiner Exzellenz, dem Herrn Reichspräsidenten Hindenburg, in meinem Namen und im Namen der beiden mitunterzeichnenden Freunde mitzuteilen, daß wir durchaus hinter diesem Dokument stehen, aus prinzipiellen Gründen aber unsere Unterschrift nicht auf das Dokument direkt gesetzt haben." Auch das gibt es. Andere Leute haben sich der Unterschrift entzogen - wie zum Beispiel Bosch, eine ganze Reihe von Industriellen -, dafür sind andere wieder hinzugekommen. In einer späteren Auflage meines Buches steht die komplette Liste, und ich glaube, sie hat 29 Namen. Darunter auch den Namen Hjalmar Schacht[12], der in seiner Autobiographie dann behauptet hat, er sei immer ein Gegner des Regimes und immer ein Zivilist gewesen. Auch in Nürnberg behauptete er das. Soviel über dieses Dokument.

Es waren also zweifellos die Großindustriellen, die wenigstens in gewissen Stadien das Gefühl hatten, daß sie Hitler unterstützen mußten aus guten Gründen, weil zu gleicher Zeit die Linke über die Maßen für sie drohend stark wurden und sie eine starke Rechte brauchten: Hitler, der sich nicht auf Arbeiter, sondern auf Kleinbürger und auf Arbeitslose stützte und die eine hinlängliche Massenbewegung repräsentierten. Geirrt haben sich die Industriellen nur in einem, geirrt hat sich auch Herr Krupp, als er in Nürnberg über die Judenmassaker verhört wurde und aussagte, er habe nicht gewußt, daß alle Juden umgebracht worden seien und überdies: Wenn man ein gutes Pferd kaufe, müsse man auch einige Fehler in Kauf nehmen.

De facto war Hitler viel schlauer als diese Leute. Er hat sich keineswegs bedingungslos kaufen lassen. Er hat Geld genommen - auch das sei historisch festgestellt -, ohne etwas zu versprechen. Ohne Versprechen ist es allerdings dazu gekommen, daß die Personen, die vor Beginn des "Dritten Reiches", während des "Dritten Reiches" und nach dem "Dritten Reich" bis heute im Besitz der großen rheinischen Industrien sind, durch Zufall dieselben sind.

Ich habe schon erwähnt, daß es die Arbeitslosen und die besonders nach dem Wirtschaftszusammenbruch von 1929 alarmierten Kleinbürger gewesen sind, die Hitler getragen haben. Es waren diese Schichten, aber Sie dürfen sich keine Illusionen darüber machen, daß zu Zeiten, als es gut ging mit dem "Dritten Reich" - besonders um das Jahr 1935 -, eine überwältigend große Zahl der Deutschen hinter Hitler stand. Die Leute sind zu verschiedenen Zeiten und zu verschiedenen Zeitpunkten abgefallen. Man muß unterscheiden zwischen denjenigen, die nie dabei gewesen sind;

denen, die zwischen 1933 und 1935 abfielen;

denen die unmittelbar vor dem Krieg abfielen, als sie sahen, wohin das Ganze treibt;

denen, die während des Krieges abfielen, und

denen, die nach 1945 behauptet haben, sie seien immer schon dagegen gewesen.

All diese Kategorien gibt es unter den Deutschen. Es muß diese Kategorien auch unter Ihnen geben, denn ich glaube nicht daran, daß die von Politikern gesetzten Grenzen zwischen dem Osten und dem Westen - wenn sie durch eine Nation laufen - die Nation von Grund auf anders geartet machen. Das kann sich beziehen auf eine geringe Anzahl von Personen, die durch eine politische Partei in diesem oder jenem Sinn erfaßt sind. Aber die breite Menge ist dieselbe - ob sie da steht oder dort.

Ich bin fast zu Ende. Es bleiben psychologische Fragen: Wie konnten die Menschen, die das getan haben und unter denen sich - wie aus den Dokumenten hervorgeht - keineswegs nur professionelle Kriminelle waren, sondern auch brave Familienväter, sentimentale Personen, Menschen, die nachher wieder vielleicht brave Familienväter geworden sind - wie konnte in diesen Menschen dieser Umbruch vor sich gehen? Es war wahrscheinlich so - und das ist wieder eine von mir vorgeschlagene, aber keineswegs oktroyierte Erklärung -daß durch den Einbruch des Nationalsozialismus zweierlei zugrunde ging und ein Loch in den Menschen entstand, in das der Nationalsozialismus infiltrieren konnte. Dieses Loch entstand einerseits durch das Zerschlagen vieler proletarischer Organisationen. Dadurch wurden viele Organisierte zunächst richtungslos und führerlos. Vor allem aber geschah es durch das absolute Versagen der Kirchen. Wenn man die Kirchen diesbezüglich heute zur Rede stellt, so gibt es welche, die sagen: "*Mea culpa*, ich habe mich geirrt". Und es gibt junge - vor allem junge katholische - Gruppen, die daraus Konsequenzen ziehen und außerordentlich aggressiv sind gegen die Älteren. Die Älteren selbst behaupten, daß sie im Bewußtsein ihrer großen Verantwortung für weite Mengen des Volkes zunächst einmal den Versuch machen mußten, ob es nicht doch möglich wäre, mit Hitler zu paktieren und ihm auf diese Weise dieses oder jenes abzuringen. Sie sind bald, relativ bald erwacht und mußten sehen, daß das eine Fehlspekulation gewesen ist.

Aber es wäre falsch, bei der Besprechung des Widerstandes - und da sind wir nun - jene Personen zu übersehen, die *de facto* aus religiösen Kreisen gekommen sind. Es waren nicht die Großen oder nur ganz ausnahmsweise die Großen. Die Großen waren es vielleicht nur in Fällen der Euthanasie wie Graf Galen und ein paar andere. Sonst war es eine große Menge von Priestern, von Pastoren, von frommen Bibellesern - ich weiß nicht, wie die bei Ihnen heißen -; von denen sind viele ins KZ gekommen und viele umgekommen.

Dazu - und das muß ich gerade in einer proletarischen Republik wie dieser sagen - gibt es eine große Anzahl von Intellektuellen, von Studenten, von Lehrern, von Professoren, auch von Offizieren (obwohl das einzuschränken ist, aber auch von Offizieren). Sie waren unorganisiert, aber sie waren vorhanden. Es wäre in jedem Einzelfall wahrscheinlich zuerst festzustellen, wann ihnen diese Erkenntnis gekommen ist.

Aber all diese Gruppen zusammengenommen sind natürlich keineswegs so gewichtig wie die Hauptgruppe: die Arbeiter. Es waren kommunistische und sozialdemokratische Arbeiter. Der Unterschied war der, daß die Kommunisten es relativ leicht hatten, weil sie sich auf das Organisieren verstanden. Außerdem waren sie international. Sie konnten ihre "Rote Fahne" unter Umständen auch im Ausland drucken - zunächst in der Tschechoslowakei und weiß Gott wo, sie wurde nach Deutschland gebracht. Bei den Sozialdemokraten war es schwieriger, denn ihre Kader waren wirklich zerbrochen. Aber Sie sollen erkennen, daß es natürlich nicht Kommunisten allein waren, sondern auch große Mengen von Sozialdemokraten, die an diesem proletarischen Aufstand teilnahmen. Es wäre von meiner Seite - der ich kein Kommunist bin, auch kein sympathisierender - völlig falsch und unfair von mir, wenn ich Ihnen nicht bekennte, daß ich bei der großen Bewunderung des kommunistischen Widerstandes (der ungezählte Opfer gefordert hat: Im Ganzen wurden nach unseren Schätzungen etwa 130.000 Deutsche von Deutschen massakriert) einen Schönheitsfehler sehe, den Sie mir vielleicht erklären können (aber ich werde Ihnen die Erklärung nur aufgrund von Dokumenten abnehmen!), nämlich daß der kommunistische Widerstand zur Zeit des Molotow-Ribbentrop-Paktes aussetzte. Von da an war der Krieg ein imperialistischer Krieg für meine kommunistischen Freunde. Er setzte ein und wurde zum nationalen Freiheitskampf am 22. Juni 1941, als die Sowjetunion angegriffen wurde. Dieses Loch von beinahe zwei Jahren hätte ich für mein Gewissen gerne von Euch erklärt. [...]

Damit bin ich zu Ende mit dem, was ich zu berichten habe, und ich bitte den Vorsitzenden, seine Fragen zu stellen, damit es endlich zur Diskussion kommt. Ich habe schon zu lange gesprochen und ich bitte Sie um Entschuldigung.

(Beifall)

Prof. Girnus: Ich brauche nicht ausdrücklich Worte des Dankes formulieren - der Beifall, glaube ich, spricht für sich. Ich möchte nur folgendes sagen: Wenn Sie glauben, daß Sie zu lange gesprochen haben, so befinden Sie sich in einem Irrtum. Über diese Fragen kann bei uns gar nicht lange genug gesprochen werden, das sind Grundfragen unserer eigenen Orientierung, unserer eigenen Auseinandersetzung mit unserer Geschichte, die im Mittelpunkt unseres ganzen Denkens, Fühlens und Handelns stehen, an Schulen, an unseren Universitäten, in der Öffentlichkeit, und wir sind Ihnen sehr dankbar dafür, daß Sie neue Aspekte in diese Auseinandersetzung hinzugefügt haben. Ich glaube, Sie haben sehr dankbare Hörer gehabt.

Jetzt ist die Frage also: Wie wollen wir verfahren? Ich glaube, daß derjenige, der wünscht seine Meinung dazu zu äußern, zu diesen Fragen Stellung zu nehmen, das einfach tut.

Neumann: Es ergäbe sich noch die Frage zur Organisation, ob man nicht irgendwie eine Systematik hineinbringen sollte, indem man die einzelnen Themen, die ich behandelte, einzeln nimmt, denn sonst werden die Fragen einander zu sehr überkreuzen. Ich würde Ihnen vorschlagen, daß wir - ohne Ihnen vorgreifen zu wollen, Professor; entschuldigen Sie - vor Eröffnung der Diskussion uns darauf einigen, daß wir etwa fragen: Wer hat es getan? Wie konnte es dazu kommen? Wer hat es gewußt? Und: Was soll geschehen?

Denn, es ist uns allen ja wohl klar, daß die wichtigen Fragen am Ende liegen. Aber vielleicht haben ja noch irgendwelche Hörer Fragen zu dem ersten: Wer hat es getan?

Prof. Girnus: Ich möchte nur noch eine Bitte aussprechen: Daß wir uns so kurz wie möglich fassen bei unseren Darlegungen, damit möglichst viele Anwesende ihre Meinung sagen können.

Ich möchte nur eine Frage kurz beantworten, die Sie gestellt hatten: War der Prozeß Eichmann legal? Ich glaube, bei uns hat es überhaupt nie diese Fragestellung gegeben. Bei uns sind einmütig Regierung, Bevölkerung und Juristen stets der Meinung gewesen, daß der Prozeß gegen Eichmann legal war - ganz gleich, wo er stattfindet. Und ich als ehemaliger Widerstandskämpfer, der selbst elf Jahre in den Zuchthäusern und Konzentrationslagern des "Dritten Reiches" zugebracht hat, habe nur bedauert, daß nicht wir selbst die Richter sein konnten in diesem Fall.

Dr. Dieckmann: Ich wollte nur gewisse Bedenken anmelden gegen eine Aufteilung der Diskussion in bestimmte Sachgebiete. Ich glaube, wir werden schneller zu einem Ergebnis kommen, wenn wir diese Aufteilung nicht vornehmen. Wenn ich von mir selber reden darf, ich müßte sonst vielleicht fünf, sechs Mal sprechen und das möchte ich nicht.

Neumann: Es war von mir aus gesehen nur eine Anregung.

1. Sprecher: Ich möchte meinen, daß die vier oder fünf Fragen, die von Herrn Neumann angegeben worden sind, die entscheidenden Fragen sind, auf die wir auch selbst antworten möchten, und die wir auch selbst zu stellen pflegen.

Neumann: Dazu darf ich vielleicht nur noch an eines zur Geschäftsordnung erinnern. Ich habe die Absicht, Ihnen etwa eine halbe Stunde aus dem Marburger Band vorzuspielen, und es kann sehr wohl sein, daß Sie zu den Äußerungen, die Sie aus Marburg auf diesem Umweg - in sehr dilettantischer Weise, ich habe nur einen Privatapparat - hören werden, irgendwelche zusätzliche und gegnerische Äußerungen akustisch zu Protokoll geben wollen. Wir wollen mal sehen, wohin wir kommen.

2. Sprecher: Es wurde zum Ausdruck gebracht in den Ausführungen unseres Gastes, daß er sich schwer vorstellen kann, daß die Erscheinungen, die er in Westdeutschland im Zusammenhang mit der Reaktion auf seinen Vortrag - vor allem die negativen Erscheinungen - beobachtet hat, daß diese nicht auch bei uns auftreten können. Das heißt, daß diese Schwächen, die in Westdeutschland bestehen, auch in der DDR auftreten können, weil sie für die ganze Nation repräsentativ sind. Ich möchte dazu nur eine kleine Bemerkung machen im Zusammenhang mit den Ereignissen Anfang des Jahres 1959.

Sie werden sich erinnern, daß in den Weihnachtsfeiertagen 1959 in Köln die Synagoge geschändet wurde und daß daran anschließend eine ganze Reihe derartiger Exzesse, besonders von Jugendlichen in Westdeutschland ausgeübt, zustande kam.[13] Die Frage "Wie konnte es geschehen?" wurde damals besonders von der englischen Presse mit gestellt, und ich hatte die Gelegenheit, eine Reihe Presseausschnitte in deutscher Übersetzung zu lesen, und sie waren sehr bemerkenswert. Es wurde nämlich dort eine sehr interessante Analyse des westdeutschen Schulsystems, insbesondere des Geschichtsunterrichts, vorgenommen. Dabei wurde unterstrichen, daß nach 1945 (etwa einsetzend 1950) ein ständiges Streichen der Abschnitte über Judenverfolgung im Faschismus zu verzeichnen war. Während - und ich bin gerne bereit, Ihnen das zuzuschicken, weil Sie also Dokumente fordern; ich habe die Zeitung zuhause, damit man es auch nachsehen kann -, während in der "Sowjetzone" eine derartige (wie dort geschrieben wurde) Entwicklung nicht zu verzeichnen sei.

Ich selbst habe ein Geschichtsstudium abgeschlossen, und zwar habe ich eine Lehrerausbildung genossen. Wir haben uns gerade auch mit dieser Frage beschäftigt, und es gibt eine Reihe von Arbeiten - diese Staatsexamens-Arbeiten würden Ihnen bestimmt zur Verfügung gestellt - mit Untersuchungen zu dieser Frage in westdeutschen Schulbüchern. Ich meine, das ist eine sehr, sehr bemerkenswerte Frage bei der Erörterung der Frage, die Sie hier aufstellten, daß Sie sich nämlich nicht vorstellen können, daß diese Frage in einem Teil Deutschlands nicht vorhanden ist.

Ich möchte noch eins ganz kurz sagen: Sie erwähnten hier Ihre eigene Stellung zu dem Bericht, den Sie vom Warschauer Ghetto noch während des Krieges bekamen. Ich habe vor kurzem ein Buch gelesen, "Verbrennungskommando" hieß es von einem polnischen Autor, das wirklich eins der erschütterndsten Bücher ist, die meines Erachtens erschienen sind, und die derartig anklagend und ergreifend sind, daß man verstehen kann, daß der Autor erst 1959 dazu geschrieben hat. Und er begründet das, warum er erst 1959 geschrieben hat. Er schreibt in sein Tagebuch: Weil der Mann, der da dieses Todeskommando von Warschau kommandierte - dieser Nazioffizier hat den Namen Reinefarth[14] -, der ist heute Oberbürgermeister von Sylt und kandidierte damals für den Landtag von Schleswig-Holstein. Ich halte das für sehr interessant.

Ich darf vielleicht noch sagen, daß damals - im Zusammenhang mit den Erscheinungen 1959 - auch eine breite Umfrage in Westdeutschland begonnen wurde. Zum Beispiel hat der Ihnen ja auch bekannte Eugen Kogon damals im Hessischen Rundfunk eine Umfrage unter Jugendlichen nach ihren Kenntnissen über den Faschismus durchgeführt. Mir ist eine Antwort gegenwärtig, die ich hier noch sagen möchte (und es gab damals Hunderte solcher Antworten), die bezeichnend dafür ist, wie wenig man sich im westdeutschen Schulwesen vor allem von staatlicher Seite darum bemüht hat, die Lehrer dazu anzuhalten, den Schülern Aufklärung zu geben. Damals wurde gesagt von einem sechzehnjährigen Schüler in einem Aufsatz der Münchner Weilerschule[15] (die Süddeutsche Zeitung zitierte es): "Was hat Hitler also mit den Juden gemacht? Hitler hat den Juden befohlen, Hakenkreuze zu tragen und sie durften in bestimmten Geschäften nicht einkaufen gehen."

3. Sprecher: Es ist eigentlich schade, daß wir nur so wenig Zeit haben, um mehr zu diesen Grundfragen, die bei unserem Staat und besonders bei uns im Geschichtsunterricht in den Schulen als Schwerpunkte behandelt werden, zu sagen. Ich möchte also gleich an die letzten Worte von Herrn Neumann in seinem Vortrag anknüpfen. Man kann keineswegs einverstanden sein, wenn davon gesprochen wurde, daß die deutsche Jugend über diese Fragen nicht aufgeklärt sei. Ich möchte darauf hinweisen, daß man unbedingt hier Unterschiede machen muß, denn die Jugend der DDR wird über diese Schwerpunktfragen sehr wohl und sehr entschieden aufgeklärt.

Ich habe eine sehr erschütternde Tatsache feststellen müssen im Jahre 1959. Da fand in Westberlin, im Dahlemer Landhaus - U-Bahnhof Podbielski-Allee - eine Studentenveranstaltung statt. Sie wurde durchgeführt vom Bund Nationaler Studenten[16], und ich wurde damals zusammen mit einigen Studenten eingeladen - von Westberliner Studenten, mit denen wir öfter diskutierten -, um entsprechend auch dort auftreten zu können. Die Veranstaltung stand unter der Losung "Wir sind nicht die Letzten von Gestern, sondern die Ersten von Morgen". Sie wurde aufgrund von Protesten aus der Westberliner Öffentlichkeit kurz vorher untersagt, fand aber inoffiziell dennoch statt. Ich hatte Gelegenheit, mir einige Dinge anzuhören, und ich war erstaunt, daß dort junge Menschen von 18 bis 25 Jahren, die also im Jahre 1945 noch Kinder waren, auftraten mit ausgesprochener Nazi-Ideologie, mit Antisemitismus und vor allem natürlich als Antikommunisten. Von liberalen Zügen war überhaupt nichts zu spüren. Unsere Studenten, also die Kommilitonen aus Westberlin, die ansonsten auch Antikommunisten waren, aber mit denen wir uns zumindest unterhalten konnten, wurden, weil sie wagten, dort mal etwas zu sagen, zusammengeschrien, und es wurde ihnen Prügel angeboten; die Polizei mußte schließlich eingreifen.

Ich fragte mich da, woran mag es wohl liegen, daß in Westberlin so etwas möglich ist; daß ausgesprochene Nazis von 19, 20 Jahren mit einer Energie dort auftreten und solches Gedankengut propagieren dürfen? Daß es so etwas schon wieder gibt? Da kann man sich voll und ganz dem Dichter Bertolt Brecht anschließen, wenn er in der "Kriegsfibel" sagt: "Der Schoß ist fruchtbar noch, aus dem das kroch." Wenn wir dieses Dichterwort, das wirklich wahr ist, nehmen, haben wir auch den Unterschied zwischen diesen beiden deutschen Staaten und auch den Unterschied in der Beantwortung all dieser Fragen, die Sie heute abend hier aufgeworfen haben.

Den Grund können wir schon 1945, unmittelbar nach der Kapitulation suchen. Ich will nur ein ganz konkretes Beispiel in Berlin anführen: Da wurde unter Regie der amerikanischen Militärregierung hier in Berlin eine Zeitung herausgegeben für die Jugend, sie nannte sich "Horizont - Halbmonatsschrift für die deutsche Jugend" mit einer Auflage von 150.000; eine ziemlich große Zeitschrift, sehr luxuriös aufgemacht. In dieser Zeitung durften bereits im Jahre 1945 Stimmen geäußert werden in der Richtung, daß es unzweckmäßig sei und ganz unmöglich, wenn Fragen des Nazismus diskutiert werden, wenn beispielsweise über das Nürnberger Gericht etwas im Unterricht, in der Schule gesagt wird. Also, ich möchte nur diese kleine Tatsache erwähnen.

Im weiteren Verlauf wird von dieser Zeitung die Meinung geäußert, daß es ein Verbrechen sei, wenn bestimmte politische Richtungen mit bestimmtem politischem Programm der Jugend etwas einreden wollten. Man sollte - ich betone: im Jahr 1945, 1946, 1947! - gefälligst der Jugend die Freiheit lassen, sich selbst eine Meinung zu bilden und selbst die Wahrheit zu finden. Man hätte zumindest erwarten dürfen, daß Zeitschriften - offiziell herausgegebene Zeitschriften! - eine Beeinflussung der Jugend in der Richtung unterstützen, die dies nazistische Gedankengut beseitigt. Es ist aber eine Tatsache, daß von der amerikanischen Militärregierung - und das natürlich gilt für die französische und die englische - schon Entwicklungen unterstützt wurden, die nicht für eine konsequente Beseitigung des Nazismus eintraten.

Das betraf dann natürlich auch die ökonomischen Seiten - und das ist ja mit dem "Schoß" bei Bert Brecht gemeint -, da haben die amerikanische, die französische und englische Militärregierung Umwandlungen ganz einfach verhindert in der Folgezeit. Ich will da schließen, aber ich hätte noch eine ganze Menge dazu zu sagen.

4. Sprecher: Sie sind mir, Herr Neumann, zwar bestimmt an Erfahrung, vor allen Dingen aus der speziellen Zeit überlegen, weil ich die Zeit nicht erlebt habe. Ich kenne die Zeit auch nur aus den Schilderungen Erwachsener, meiner Eltern oder irgendwelcher Bekannter. Aber ich glaube, daß die Frage, warum gerade die Juden zur damaligen Zeit in dem bekannten Maße verfolgt wurden, meines Erachtens nicht vollständig beantwortet wurde. Ich sehe dabei einen anderen Aspekt: Der Nationalsozialismus entstand ursprünglich eben als sozialistische Bewegung oder als getarnte sozialistische Bewegung, die sich gegen gewisse Kräfte des Kapitals richtete. Als sich aber Teile - die nationalsozialistische Führung und das Kapital - stärker verbündet hatten, bestand doch die Aufgabe, nun zu zeigen, daß irgendwelche anderen Kräfte an der wirtschaftlichen Misere in Deutschland, die zur Zeit der Übernahme des Faschismus geherrscht hat (die Arbeitslosigkeit und ähnliches), daran schuld wären. Die These "Der Jude ist schuld", die damals aufkam, war solch eine Ausweich-These. Man stellte sich bewußt nicht mehr dem imperialistischen System, weil der Faschismus, der Nationalsozialismus eben Ausdruck der Großbourgeoisie war. Man konnte nicht mehr sagen, Schuld wäre das Kapital, auch das Wucherkapital. Schuld mußte irgendjemand sein, der irgendwie historisch im Ansehen der Menschen - und da möchte ich Ihnen vielleicht recht geben, daß sich das so herausgebildet hat - irgendwie belastet war, auf den man das Ganze abschieben konnte. Die Judenverfolgung diente hauptsächlich diesem Zwecke, denn anders könnte ich mir das nicht erklären, daß das so stark zur Staatsdoktrin erhoben wurde, und zum anderen, daß das immerhin zu solch einer Bewegung wurde.

Ein Zweites, das ich an Marburg richten möchte: Wenn von uns die Meinung vertreten wird, daß der Faschismus in Westdeutschland wieder entsteht, dann wird uns entgegengehalten, daß die eigentlichen Formen des westdeutschen Staates sich stark unterscheiden würden von dem faschistischen Staat, daß es zum Beispiel keinen Antisemitismus offiziell als Staatsdoktrin in Westdeutschland gäbe. Das mag richtig sein. Aber heutzutage sind die Voraussetzungen andere: Das Kapital - also die Kreise, die eigentlich früher hinter dem Faschismus standen - befindet sich heutzutage in einer anderen Situation und hat es nicht nötig, auf den Antisemitismus zurückzugreifen. Das, was Sie in diesem Zusammenhang gesagt haben, möchte ich unterstreichen, nämlich daß sozusagen als Ausgleich für den Antisemitismus von damals der Antikommunismus von heute getreten ist.

5. Sprecher: Wenn Fragen aufgeworfen werden wie: Warum waren es gerade die Juden? Wer waren die Täter? Wer wußte davon? Und: Wie soll es weitergehen? - dann genügt es doch meiner Ansicht nach nicht, wenn man dabei stehenbleibt, nur die Oberflächen-Erscheinungen zu betrachten. Das heißt mit anderen Worten: Wir können feststellen: Eichmann und seine Kumpane - ich denke beispielsweise an den Scharführer Sommer im KZ Buchenwald, und andere -, waren diejenigen, die das Messer in der Hand gehabt haben, die die Menschen direkt umgebracht haben - aber das nur festzustellen, genügt meiner Ansicht nach nicht. Das genügt, um die Opfer, die gebracht wurden, zu rächen. Es genügt aber nicht, um neue Opfer zu verhindern. Deshalb muß meiner Ansicht nach die Frage gestellt werden: Wer waren die Hintermänner? Wer hat diese Menschen dazu gebracht, solche Taten oder - sagen wir besser - Untaten zu vollbringen? Und hier kommen wir meiner Ansicht nach erst richtig an das Problem heran, nämlich beispielsweise über die Entstehung des Nationalsozialismus zu sprechen.

Man kann doch nicht einfach sagen: Dieses System ist irgendwie wie eine Strafe Gottes auf das deutsche Volk heruntergefallen. Ich meine, man muß herausarbeiten, welche gesellschaftlichen Kräfte dahintergestanden haben, daß eine solche Form der Herrschaft zustandekommen konnte. Und da bin ich der Ansicht, das wird gerade bei uns hier in der Deutschen Demokratischen Republik in sehr genügender Form getan. Wenn wir uns also hier klarmachen, daß es gesellschaftliche Kräfte, und zwar die Bourgeoisie in ihren extremsten Richtungen und Vertretungen gewesen ist, die diese Strömungen hervorgebracht haben, dann kommen wir etwas weiter zu dem Problem: Wie soll es weitergehen? Wenn wir nämlich sehen, daß es die gleichen Kräftegruppen heute sind, die in Westdeutschland wieder die ökonomische Macht in der Hand haben, dann berechtigt das uns meiner Ansicht nach sehr wohl zu der Frage: Besteht - wenn auch in anderen Formen und in anderer Ausdrucksweise - nicht doch die Möglichkeit des Wiedererstehens solcher Verhältnisse, wie sie unter dem Nationalsozialismus waren?

Ich bin also, wie gesagt, der Ansicht: Man muß genau untersuchen, wer waren die Hintermänner, wer waren sie und existieren sie heute noch? -, um damit auch gleichzeitig zu der Frage zu kommen: Wie muß man gegen diese Hintermänner kämpfen, damit solche Verbrechen, wie sie während der Nazizeit geschehen sind, sich nicht wiederholen können?

(Beifall)

Dr. Dieckmann[17]: Ich möchte an die Ausführungen der beiden letzten Vorredner anknüpfen. Ja, ich glaube in der Tat, zu diesen Dingen etwas zu sagen zu haben.

Unser verehrter Gast, Robert Neumann, hat vorhin angespielt auf die Tatsache, daß auch ich in Marburg einige Erfahrungen gesammelt habe. Offenbar hat er darüber in Marburg Ungenügendes gehört. Sie sprachen von den Bücherverbrennungen in der Nazizeit, und ich gebe Ihnen das dokumentarische Material, damit Sie sehen, was mir in Marburg passiert ist: Nämlich genau die Wiederauflage dessen, was wir zu Beginn der Nazizeit gehabt haben. Ich brauche hier darüber nicht zu sprechen, denn die Kommilitonen, die heute hier versammelt sind, sind ein Bruchteil derjenigen, die nach meiner Rückkehr von Marburg hier meinen Bericht gehört haben über diese Marburger Erlebnisse.

Ich habe hier nicht das Wort ergriffen, um zu diesen Vorgängen zu sprechen - die kennt man hier, die kennt man in Westdeutschland sehr gut. Ich bekomme bis zum heutigen Tage aus Westdeutschland Zuschriften über diese ganze "Affäre Marburg", die vollkommen unvergessen ist. Und die Tatsache - Sie sprachen von dem Echo Ihrer Vorträge im Nordwestdeutschen Rundfunk mit den 700 oder noch mehr Briefen auf vier, fünf Vorträge -, daß ich damals nach Marburg aus Westdeutschland über 2.000 Briefe und Telegramme bekommen habe von mir zum größten Teil vollständig unbekannten Leuten, war politisch außerordentlich aufschlußreich dafür, daß die Menschen durch diese Vorgänge (durch diesen an mir begangenen Lynchmordversuch) wach geworden waren, daß sie zum ersten Mal konfrontiert wurden mit der Tatsache, daß dieses ganze Geschmeiß, das unser Volk in so ein schreckliches Unheil gestürzt hat, noch durchaus lebendig ist; sie wurden konfrontiert mit der Tatsache, daß eine kleine Minderheit von Terroristen die gewaltige Mehrheit der anständigen Menschen wieder terrorisieren konnte und dabei zu genau denselben Methoden griff wie seinerzeit die Faschisten. Diese Leute, die das verstanden haben in Marburg, die brauchten nicht erst die "Spiegel-Affäre" und alles, was damit zusammenhängt. (Nebenbei: Die "Spiegel-Affäre" hat ja schon einen Vorgänger; das ist vollkommen unter den Tisch gefallen, nämlich das Vorgehen gegen die Zeitschrift "Pro" vor einigen Wochen in Westdeutschland. Daß man dieser Zeitung den gleichen Prozeß gemacht hat wie jetzt dem "Spiegel", hängt hoffentlich nicht damit zusammen, daß ich in dieser Zeitung "Pro" vor einigen Wochen auf deren Bitte einen Artikel veröffentlicht habe.

Ich kann nur sagen - und zwar im Zusammenhang mit diesen ganzen Problemen -: Ich bin doch tief berührt von der Tatsache, daß ich am laufenden Bande von Bürgern Westdeutschlands Zuschriften erhalte - ich habe heute noch einen Brief von einem Pfarrer aus Salzgitter erhalten - und in denen die Leute sagen: Es ist kaum mehr auszuhalten, was man uns hier ständig vorsetzt, diese systematische Verleugnung des wirklichen Wesens der sogenannten Demokratie, die es bei uns in Westdeutschland schon lange nicht mehr gibt. Dieser Pfarrer zum Beispiel, von dem ich sprach, schreibt mir (und er sagt: "Sie können das ruhig veröffentlichen"), er habe, nachdem die schwere Sorge um den Ausbruch eines Krieges wegen Kuba[18] von den Menschen genommen war, einen großen Dankgottesdienst veranstaltet und dabei gesagt, wem man - außer Gott dem Herrn - zu danken habe, daß der Friede noch einmal gerettet worden sei: Keinem anderen - das sagt ein westdeutscher Pfarrer in seiner Kirche, in seinem Dankgottesdienst! - als dem sowjetischen Ministerpräsidenten Chruschtschow. Und das ist kein Einzelfall. Wir wollen uns nicht täuschen, indem wir etwa denken, das ist jetzt die allgemeine Meinung, Auffassung und Stimmung in Westdeutschland - natürlich nicht. Aber so allmählich dämmert es doch.

Wir sprechen hier über diese schrecklichen Verbrechen, die begangen worden sind, nicht nur an den Juden, sondern auch an ungezählten anderen Menschen, nicht nur an Angehörigen von Minoritäten, sondern in einem noch gar nicht erfaßten Umfang auch an Menschen unseres Volkes. Die Zahlen, die Sie vorhin genannt haben - ich bin kein Freund von Zahlen; ob durch diese fürchterlichen Grausamkeiten der Nazis fünf Millionen Juden umgebracht worden sind oder vier oder sechs, das ist nicht entscheidend, sondern daß es überhaupt geschah, das ist das Schreckliche. Und das gleiche, genau das gleiche Unrecht ist all den anderen angetan worden, die dasselbe Schicksal erlitten haben, aus welchen Gründen immer. Ich glaube, das ist das Entscheidende, was wir festhalten müssen: Daß wir nicht die an den Juden allein begangenen Verbrechen in den absoluten Vordergrund treten lassen, sondern daß wir die Verbrechen in ihrer Gesamtheit sehen, um dann die Wurzeln dieser Verbrechen besser erkennen zu können.

Sie haben über alle diese Dinge hier sehr viel Kluges und sehr Weises gesagt; und die Tatsache, daß ich noch einige Jahre älter bin als Sie, soll nicht andeuten, daß ich etwa noch weiser sei; das könnte zu Fehlschlüssen führen. Aber einiges muß ich in diesem Zusammenhang hier doch noch zur wirklichen Klärung dieser uns allen doch auf den Nägeln, nein auf der Seele brennenden Fragen sagen. Hier haben einige Kommilitonen mit vollem Recht schon hingewiesen auf die Tatsache der Notwendigkeit des Vergleichs der Schulbücher in Westdeutschland mit den Schulbüchern in der Deutschen Demokratischen Republik. Den Anstoß zu diesem Vergleich hat der Besuch eines jüdischen englischen Unterhaus-Abgeordneten gegeben, der mich vor Jahren aufsuchte. Ich habe sehr viel Besuch aus dem englischen Unterhaus, auch aus allen Parteien, auch von den Konservativen. Und wir kamen in ein Gespräch und er - dieser Mann war vielfach in Westdeutschland gewesen und oft bei uns - sagte: "Ich habe da manche Erscheinungen gesehen, die mir sehr zu schaffen machen. Woran mag das liegen?" Ja, sage ich, man muß bei der Schule anfangen. Und dann haben wir diese ganzen Bücher systematisch gesammelt und haben sie unseren englischen Freunden im Unterhaus gegeben. Dort sind sie ausgewertet worden, und wenn Sie sich dafür interessieren, können Sie dieses ganze Material von uns, von unserem Volksbildungsministerium, mitnehmen. Ich glaube, das ist außerordentlich aufschlußreiches Material.

Unsere Jugend wird systematisch von der Schule an in all diesen Dingen unterrichtet und informiert, erhält Kenntnis (und nicht nur in der Schule, sondern unsere Menschen werden durch große Filme, durch unser Fernsehen und so weiter fortgesetzt mit diesen Dingen konfrontiert), oft so, daß, wie ich es aus Kreisen der Jugendlichen und von Studenten höre, daß es ihnen beinahe zuviel ist. Wir sind der Meinung, es kann noch nicht zuviel sein; aber darüber kann man streiten, über das Maß.

Und dann kommt noch ein anderes, wohl ganz Entscheidendes hinzu, und das möchte ich an einem persönlichen Erlebnis, einem der schwersten Erlebnisse meines Lebens hier einmal Ihnen kurz darstellen. Ich bin im Jahre 1948 Minister der Justiz in Sachsen geworden. Der erste große Prozeß, der während dieser meiner Ministerzeit durchgeführt wurde, war ein Prozeß, der in Görlitz stattfand. Die beiden Hauptangeklagten - der ehemalige Oberbürgermeister von Görlitz und ein anderer hoher Funktionär der NSDAP - wurden in diesem Prozeß zum Tode verurteilt. Ich hatte als Minister der Justiz diese Todesurteile in der sächsischen Regierung zu vertreten. Da ich ein persönlicher entschiedener Gegner der Todesstrafe bin, habe ich auch in diesem Fall nicht die Vollstreckung der Todesstrafe beantragt. Aber die Todesstrafe wurde dann vollzogen.

Bevor sie vollzogen wurde, erhielt ich den Besuch eines jungen Mädchens aus Hamburg. Das war die Tochter eines der zum Tode verurteilten Männer. Sie wollte ihren Vater besuchen und vorher mich dazu bewegen, ein Gnadengesuch für ihren Vater zu unterstützen. Ich habe ihr, als sie mir ihr Anliegen vorgetragen hatte, eine Akte gegeben und sie gebeten, diese Akte, die ich gerade an demselben Tage erhalten hatte, in einem anderen Zimmer zu lesen. Sie war sehr erstaunt darüber. Aber sie tat es und hat diese Akte durchgelesen.

Was war in aller Kürze Gegenstand dieser Akte? Folgendes: Zwei Jungs aus einem Dorf - ich kann nicht sagen, aus Thüringen oder dem Erzgebirge - von 14 und 15 Jahren, der eine ein Bauernsohn, der andere ein Handwerkersohn, hatten in der letzten Zeit des Krieges an einem Abend eine Frau in der Nähe eines Waldes vor ihrem Dorf gefunden. Vorher war ein Elendszug jüdischer Frauen - wahrscheinlich von Theresienstadt kommend - durch dieses Dorf unter SS-Bewachung geschleust worden. Eine dieser Frauen war am Wegrand liegengeblieben und hatte sich mit letzter Kraft in diesen Wald hineingeschleppt, eine Frau von 28 Jahren, glaube ich, und dort fanden sie diese beiden Jungs. Die beiden Jungs guckten sie sich an und glaubten festzustellen, daß sie eine Jüdin war. Was taten sie daraufhin? Sie holten sich Knüppel aus dem Walde und schlugen so lange auf diese Frau ein und auf ihren Schädel, bis sie kein Lebenszeichen mehr von sich gab. Da sie aber nicht überzeugt waren, daß sie schon ganz tot war, schleppten sie sie noch in einen nahegelegenen Bach und hielten sie solange mit dem Kopf unter Wasser, bis nun wirklich das letzte Leben aus ihrem Körper entwichen war.

Das war der Tatbestand eines Verfahrens, das gegen diese beiden Jugendlichen lief, die nun inzwischen 17 und 18 Jahre alt geworden waren; aber diese Straftat, diese schreckliche Tat wurde dann aufgedeckt. Diese Tochter, dieses junge Mädchen, die zu mir kam, war, wie ich schon gesagt habe, die Tochter eines der zum Tode Verurteilten. Dieser Mann war früher hier in Berlin Stellvertreter von Goebbels gewesen und hatte die letzte Verantwortung für die antisemitische und nazistische Erziehung der Jugend. Das junge Mädchen las diese Strafakte durch, kam mit der Akte wieder zu mir, legte sie auf den Tisch und sagte zu mir: "Herr Minister, nachdem ich das gelesen habe, kann ich nicht mehr um Gnade für meinen Vater bitten. Er muß die schreckliche Schuld, die er mit gesät hat in die Köpfe dieser Kinder hinein, die muß er wohl mit dem Tode büßen." Sie ist zu ihrem Vater gegangen und hat ihm berichtet von diesen Dingen, und der Vater hat ihr gesagt, wie ich dann später wieder von ihr hörte: "Ich hätte sowieso kein Gnadengesuch eingereicht, denn ich habe den Tod verdient." Die Haltung dieses Mädchens wird mir also zeitlebens im Gedächtnis bleiben.

Aber nicht deswegen allein habe ich Ihnen das hier gesagt, sondern deswegen: Wir haben diese Leute - die das Unmaß von Schuld tragen an der Vergiftung der Hirne und Seelen unserer jungen Menschen in der Nazizeit -, soweit sie unmittelbar und führend daran beteiligt waren, ihrer verdienten Strafe zugeführt. Wir haben auch dafür gesorgt, daß alle ehemaligen Mitglieder der NSDAP im Schuldienst und im Justizdienst ausgeschieden wurden. Das hat für uns anfangs fürchterliche Schwierigkeiten gegeben, denn 90 bis 95 Prozent der Lehrer und der Juristen waren Mitglieder der NSDAP. Wir haben also neue Kader schaffen müssen, und das war in der Anfangszeit außerordentlich schwierig. Wir sind auch ohne diese politisch belasteten Lehrer und Juristen fertig geworden, nur ohne sie konnte überhaupt das Neue hier aufgebaut und aufgerichtet werden. Und wäre man in Westdeutschland genau denselben Weg gegangen, dann brauchten wir heute hier nicht über diese Probleme uns so ernst zu unterhalten, wie wir das am heutigen Abend tun.

Es wäre noch unendlich viel dazu zu sagen. Ich will nur noch einige Bemerkungen machen. Ich habe in den letzten Tagen eine große öffentliche Kontroverse durchgeführt gegen Golo Mann, der in dem im Deschverlag erschienenen Buch - Sie kennen es ja - "Bestandsaufnahme 1962" einen sehr bemerkenswerten Artikel veröffentlicht hat, in dem ebenso viel Richtiges und Gutes wie grob Falsches steht. So sagt er zum Beispiel an einer Stelle, daß er - und er sagt: "Ich spreche das ohne Scham und Reue aus" - ein absoluter Anhänger Adenauers gewesen sei. Inzwischen habe er aber erfahren, daß die Adenauer-Politik die westdeutsche Bevölkerung in eine unentrinnbare Sackgasse geführt habe und so weiter und so weiter. Aber die letzten Konsequenzen zieht er nicht.

Und ich glaube, wir leben in einer Zeit, in der letzte Konsequenzen gezogen werden müssen. Ich gehöre nicht zu den Leuten (und habe nie zu ihnen gehört), die in der früher einmal beliebten Schwarz-Weiß-Malerei die Dinge dargestellt und gemalt haben. Ich weiß - nicht nur ich, sondern wir alle, die wir hier versammelt sind, wissen sehr genau -, daß bei uns nicht alles Weiß ist und daß manches anders sein könnte und manches anders sein müßte. Wir sind dabei, dafür zu sorgen, daß diese Schwächen, mit denen wir noch zu kämpfen haben, überwunden werden. Aber die Grundlage dafür, daß das geschieht, die ist bei uns festgelegt in der Jugend, schon in der Schule, schon in der Universität, in der Lehrlingsausbildung und wo immer sonst. Ich behaupte bis zum Beweise des Gegenteils (und ich bin in ständigem Gespräch mit unseren jungen Menschen seit über 17 Jahren, ich führe ein Forum nach dem anderen durch und habe mitunter 20 und 25 Diskussionsredner; es geht bei uns sehr lebhaft zu in diesen Foren -), ich behaupte, daß es bei uns, in unserer Jugend - es sei denn, irgendein Verrückter ist noch übriggeblieben - keine Antisemiten gibt. Unsere jungen Leute wissen gar nicht mehr, was das ist. Ich stoße immer wieder darauf und teste, ob da noch irgend etwas drin ist in den Hirnen. Nein, es ist nicht drin, damit haben wir aufgeräumt, und das ist eine ganz große Sache. Das wollen wir ruhig einmal sagen.

Und darum schmerzt es uns natürlich, wenn wir in einem Artikel (der erst ein Jahr alt ist) unseres verehrten Gastes lesen müssen: "In Adenauers Welt ist Entscheidendes besser als in der Welt Ulbrichts." Ich sehe nichts, was in Adenauers Welt besser ist als in der Welt der Deutschen Demokratischen Republik, gar nichts. Als ich vor einigen Jahren Gast auf dem Kirchentag in Frankfurt am Main war, haben mich die westdeutschen Journalisten bestürmt um Interviews, und ich habe sie ihnen gegeben. (Und damals konnte man "Die Welt", in der auch dieser Artikel erschienen ist, noch lesen, was ja heute kaum noch möglich ist. Heute kann man die "Süddeutsche Zeitung" lesen, die "Frankfurter Rundschau" und so weiter, aber "Die Welt" nicht.) Und damals hat "Die Welt" das wortwörtlich abgedruckt, was ich den Leuten gesagt habe.

Prof. Girnus: Das Band *(das Tonband mit der Aufzeichnung der Marburger Diskussion; d. Hg.)* war für mich auch insofern interessant, als bei mir selbst eine gewisse Scheu, auch zu diesen Fragen hier zu sprechen, dadurch beseitigt worden ist, weil ich feststellen konnte, daß der Diskussionsleiter selbst auch das Wort ergriffen hat.

Neumann: Das hat er sehr oft, oft, ja!

Prof. Girnus: Ja, und ich möchte Sie also bitten, mir zuzugestehen, daß ich das auch tue. Ich werde das von einem etwas anderen Aspekt tun, denn ich gehöre ja nun zu denjenigen, die mit eigenen Augen die Vernichtung gesehen haben. Ich glaube, wenn ich richtig rechne, habe ich jeden Tag meiner Haft etwa fünf

Ermordungen gesehen. Das gibt - insgesamt gerechnet - bei elf Jahren ungefähr 20.000 Menschen, die ich gesehen habe, wie sie von der SS und ihren Helfershelfern unter den kriminellen Häftlingen ermordet wurden.

Wer war unter diesen, die ermordet wurden? Darunter waren: Deutsche, Juden, sowjetische Staatsbürger, Polen, Franzosen. Und so habe ich von vornherein das Problem auch immer etwas anders gesehen und nach den Ursachen gefragt: Warum gegen die Juden, (insbesondere in Deutschland und in ganz Europa)? Warum überhaupt die Ermordung dieser Menschen in diesen Massen? Und wenn Sie mich fragen: Hatten Sie das vorher für möglich gehalten, bevor Sie das mit eigenen Augen mit angesehen haben? so ist es natürlich sehr schwer, heute, im Jahre 1962, noch eine sehr exakt dokumentierte Antwort darauf zu erteilen. Aber ich glaube der historischen Wahrheit absolut treu zu sein, wenn ich sage - und ich könnte Ihnen sogar Zeugen nennen, die zum Teil heute in Westdeutschland leben -, daß ich das schon 1932 für absolut möglich gehalten habe - auch die Grausamkeit dieser Verbrechen. Ich erinnere mich sehr deutlich, daß ich in meiner Heimatprovinz Ostpreußen, in einem Dorf mit Bauern, darüber gesprochen habe und ihnen das so ausgemalt habe, wie das kommen wird, wenn die Nationalsozialisten an die Macht kommen, daß die Frauen zusammengebrochen sind und geweint haben.

Nun werden Sie sagen, das ist sicherlich eine Ausnahme. Ja, wie bin ich dazu gekommen? Dann muß ich Ihnen sagen: Wie hat es angefangen? Auf diese Fragen müssen wir eine Antwort geben. Es hat nicht erst am 30. Januar 1933 angefangen. Es sind einige persönliche Erlebnisse, die ich hier erzählen möchte. Ich habe einen Freund gehabt, mit dem bin ich zusammen zur Schule gegangen auf einem humanistischen Gymnasium, wo ja von Humanismus fast gar nie die Rede war. Er ist heute in der Deutschen Akademie der Wissenschaften. Er ist auch in die Emigration gegangen nach England und ist dann zurückgekehrt zu uns in die Deutsche Demokratische Republik. Er war zwar nicht Jude dem Gesetze nach, denn er war evangelischen Glaubens wie schon seine Eltern; aber er war Jude der Herkunft nach. Und das genügte, um ihn in unserer Klasse zu verfemen. Die Studienräte waren es ja, die ihn schon verfemt haben, und dann die Mitschüler. Und ich sehe noch wie heute vor Augen, wie er blutig geschlagen worden ist als Kind auf dem Schulhof, weil er ein Jude war. Und das war unter der Weimarer Republik der Fall.

Ich will Ihnen ein anderes Beispiel nennen. Am 11. Juli 1931 tagte hier in diesem Saal der Senat der damaligen Friedrich-Wilhelm-Universität unter dem Vorsitz des damaligen Rektors, des Theologen Professor Dr. *(Gustav Adolf; d. Hg.)* Deissmann, und verhandelte gegen fünf Studenten, die Sozialisten waren. Die Akte liegt vor, sie kann eingesehen werden (ich habe das Ganze aber persönlich miterlebt). Es wurde gegen sie verhandelt, obwohl - wie der Rektor selbst feststellte - gegen sie nichts vorlag. Aber sie wurden dafür verantwortlich gemacht - weil sie eine leitende Funktion im Sozialistischen Studentenbund hatten -, daß sozialistische, demokratische und antifaschistische Studenten sich in den Räumen der Universität täglich zur Wehr gesetzt hatten gegen die Angriffe nationalsozialistischer Rabauken. Und unter diesen fünf Studenten waren drei Juden: Frischmann, Leo Dobrina und der uns allen wohlbekannte und hier sehr geschätzte Kurt Stern.[19] Ja - war das ein Zufall? Und der Rektor, ein Theologe, scheute sich nicht, aufgrund der Intervention des Nationalsozialistischen Studentenbundes - anderthalb Jahre vor der Machtergreifung Hitlers! -, in den Hof herunter zu gehen und stehend (stehend!) einen Protest der nationalsozialistischen Studentenorganisation gegen die Existenz marxistischer Studentenverbindungen an der Universität entgegenzunehmen. Und er erklärte dem Minister, er habe das getan, um der hochgradigen Erregung ein Ventil zu schaffen. (Da haben wir schon das "Ventil für die hochgradige Erregung"!) Mit Ausnahme von Kurt Stern wurden die Studenten relegiert, darunter die beiden jüdischen Studenten, darunter Leo Dobrina, der am nächsten Tag Selbstmord beging.

Und dann gehen wir weiter: Man braucht nur die Akten des Reichsgerichtes zu studieren, wie dort systematisch der Antisemitismus durch die Gerichtsurteile legalisiert wurde, und zwar schon zu einer Zeit, als Hitler noch gar nicht daran denken konnte, die Macht zu erobern. In einem Reichsgerichtsurteil wird eine "Stahlhelm"-Bande abgehandelt und freigesprochen, die grölend durch die Straßen gezogen ist - ich glaube, es war in Sachsen -, die Republik beschimpfte als eine "Judenrepublik" und die Fahne "Schwarz-Rot-Mostrich" beschimpfte. Die Richter sprachen sämtliche Angeklagten mit der Begründung frei, daß nicht bestritten werden könne, daß in dieser Republik jüdischen Staatsbürgern namhafte Stellen zur Verfügung stünden und sie erhebliche Macht ausübten.

Was sollte dann aus der Jugend werden, die in unseren Schulen und in unseren Hörsälen erzogen wurde von solchen Menschen? Die Herren Studienräte, die Herren Regierungsräte, die Herren Gerichtsräte waren in ihrer Mehrzahl Nationalisten, und der Antisemitismus ist nur eine besonders barbarische, grausame und verabscheuenswürdige Form des Nationalismus oder des Fremdenhasses. Bitte schön, was haben denn die Nationalsozialisten getan? Minderwertig seien die Juden, minderwertig seien die Polen, minderwertig seien die Franzosen, sagten sie.

Und wer steckt dahinter? Gutsbesitzer in Ostpreußen - ich spreche von meinen persönlichen Erfahrungen! Das waren doch Barbaren, das waren durch die Bank alles Antisemiten, auch wenn sie deutschnational waren. Sie brauchen sich heute in Westdeutschland nicht hinzustellen, als ob sie, weil sie deutschnational waren, etwa nicht schuld wären an der Entartung der deutschen Nation.

Und dann die Herren Offiziere! Das Offizierskorps wird sozusagen heutzutage etwas ausgenommen, weil es tatsächlich einzelne Offiziere gegeben hat, die sich dagegen gewandt haben. Aber der Geist des Herrenmenschentums, des Überlegenheitsdünkels - das ist ja die Ursache der Verachtung des Juden überhaupt! Ich möchte sagen, für mich - und ich glaube, für große Teile meiner Freunde hier in der Deutschen Demokratischen Republik - ist der Antisemitismus nichts anderes als ein Stück modernisierten Kannibalismus, und nichts anderes. Und so werden wir ihn auch behandeln. Wenn Herr Präsident Dieckmann gegen die Todesstrafe ist, dann kann ich ihm verraten, daß meines Erachtens gegen ein solches Verbrechen die Strafen gar nicht scharf genug sein können.

Und noch etwas: Ich war im Juli 1961 eingeladen zur Tagung der Nobelpreisträger und Gast in Lindau. Und dann sagte ich zu meiner Frau, die ich mit hatte: "Weißt Du, wir werden bei unserer Rückfahrt in Flossenbürg vorbeifahren" (denn in Flossenbürg habe ich drei Jahre meines Lebens verbracht, davon ein Jahr in Dunkelarrest, in demselben Arrest, in dem Canaris erschossen worden ist) "und wir werden Kränze niederlegen zum Gedenken an meine Freunde, die dort ermordet worden sind." Und wir sind dorthin gefahren und haben das getan. Und dann habe ich einen ehemaligen Zivilarbeiter aufgesucht, der in diesem Konzentrationslager beschäftigt war; und habe mich mit ihm unterhalten. Er hat mich eingeladen, wir haben eine Flasche Wein zusammen getrunken, und ich fragte: "Wo ist denn der und wo ist denn der?" Und ich sagte: "Wo ist denn der SS-Hauptsturmführer Schubert[20], der der Leiter des Steinbruches war?" "Ja", sagt er, "wissen Sie, der war von den Amerikanern zum Tode verurteilt worden." "Ja", sage ich, "das weiß ich, denn ein amerikanisches Militärgericht hatte eine Abordnung hier nach Berlin geschickt und mich unter Eid in dieser Angelegenheit vernommen. Dann haben die Amerikaner ihn nach einigen Jahren oder gleich ziemlich hinterher begnadigt zu 'lebenslänglich', dann nach einigen Jahren zu einer beschränkten Haftstrafe, und jetzt ist er frei." Und ich sage: "Was macht er jetzt?" "Ja, jetzt ist er der Direktor der Hessischen Basaltwerke." Sehen Sie, dieselbe Funktion hat er im Grund genommen inne, die er zu diesem Zeitpunkt innehatte. Und dann sagte ich weiter: "Wie ist das jetzt mit dem Steinbruch hier?" Es sind dort bekanntlich 76.000 Menschen (rund gerechnet - zufälligerweise besitzt man von Flossenbürg das Totenbuch und weiß die genaue Zahl) ermordet worden; es war ein Vernichtungslager. "Ja", sagte er, "den Steinbruch haben jetzt die Gewerkschaften übernommen, und der Bruchmeister ist wieder Herr Schnappauf." Ich sag: "Herr Schnappauf? Aber der war doch Mitglied der SS und hat doch viele Gefangene denunziert, die durch diesen Strolch ermordet worden sind." "Ja", sagt er, "aber bei den Gewerkschaften sitzt dieser Bursche jetzt."

Ich spreche nur über das persönliche Erlebnis in diesem Zusammenhang. Ich sagte Ihnen, ich habe das für möglich gehalten. Ich habe allerdings nicht für möglich gehalten, daß das deutsche Volk als ganzes solange die Ausübung solcher Verbrechen in seinem Namen dulden würde. Das habe ich nicht für möglich gehalten. Das ist für mich das Kernstück bei der ganzen Geschichte. Aber wenn Sie mich fragen: Würden Sie das jetzt heute für möglich halten, dann sage ich Ihnen - vielleicht werden Sie sehr schockiert sein -: Genau dasselbe ist wieder möglich in Deutschland, und zwar aufgrund der Lage in Westdeutschland.

Ich will Ihnen sagen, warum. Nicht nur, weil so ein Herr Schubert - SS-Hauptsturmführer! - wieder in seiner alten Position sitzt; das ist noch nicht einmal das Entscheidende. Das Entscheidende ist, daß die politische Stoßrichtung der Politik die gleiche ist. Ich bin Ostpreuße. Weiß Gott, als 1945 die Entscheidung der vier Mächte bekannt wurde über die Grenzziehung, hat mich das innerlich nicht kühl gelassen. Aber wenn ich dann sehe, daß in Westdeutschland ungestraft, ja ungehindert - nein: nicht ungehindert, sondern geduldet und gefördert durch offizielle Amtsstellen, Minister und die Regierung die gleichen Forderungen erheben, die Hitler an die Macht gebracht haben (nämlich die Liquidierung des Zustandes der Grenzen, wie sie 1928 bestanden); da können heutzutage die Liquidierung der jetzt bestehenden Grenzen gefordert werden! Und wenn ich dann das frenetische Janitscharen-Geheul der Zuhörer sehe, welcher Fanatismus in diesen Kreise gefördert wird, lebendig gehalten wird, aufgeheizt wird durch den Bundeskanzler selbst, dann sage ich: Wenn es diesen Leuten gestattet wäre, ihre Ziele zu verwirklichen, dann würden Millionen und Abermillionen Polen, Tschechen und Deutsche und die Juden mit dazu - denn der Antisemitismus ist das Korrelat der Reaktion und des Militarismus in Deutschland -, dann würden Millionen mit dem Stilett von hinten erdolcht werden von diesen Menschen.

Und da sage ich: Selbst die Frömmsten in Westdeutschland - sofern sie noch anständige Leute sind - sollten Gott auf den Knien danken, daß die Deutsche Demokratische Republik existiert, denn hier regieren wir. Hier regieren diejenigen ...

(lebhafter Beifall)

... hier regieren diejenigen, die mit Blut und Leben unter Beweis gestellt haben, daß sie ein Rechtsempfinden besitzen, und in Westdeutschland werden sie eingesperrt.

Entschuldigen Sie, daß ich etwas passioniert und leidenschaftlich wurde. Das geht uns ans Herz die ganze Geschichte. Aber Sie können sich darauf verlassen, meine Herrschaften in Westdeutschland, in England, in Frankreich: Das wird sich nicht wiederholen. Wir sind zwar ein kleiner Teil der Welt mit unseren 17 Millionen, und wenn wir allein zu entscheiden hätten, dann wüßten wir nicht, was geschähe. Aber mit uns stehen Hunderte von Millionen, und wer antastet die Ordnung und die Grenzen, die hier bestehen, der spielt mit seiner Selbstvernichtung, denn das ist der nukleare Weltkrieg.

Und deshalb möchte ich noch etwas sagen zu dem Molotow-Ribbentrop-Pakt. Ich halte den Pakt für wichtig. Wir - ich war damals gerade im Konzentrationslager frisch eingeliefert aus dem Zuchthaus in Amberg in Bayern - haben das natürlich heiß durchdiskutiert. Wir waren schon vor dem Bekanntwerden zu der Erkenntnis gelangt, daß das Versagen der Westmächte, das Sich-Versagen der Westmächte zu einer entscheidenden gemeinsamen Aktion die Sowjetunion zu diesem Pakt, der ja ein Nichtangriffspakt war, nötigte. Und ich habe einen ausgezeichneten Zeugen für die Richtigkeit meiner These: Winston Churchill schreibt in seinen Memoiren, daß unter den gegebenen Umständen die Sowjetunion keine andere Möglichkeit hatte.

Sie sagten aber, damit sei der Widerstand der Kommunisten gegen das Nazi-Regime unterbrochen worden. Das entspricht nicht den Tatsachen. Der Widerstand ist weitergeführt worden, sonst hätte ja während der Zeit vom August 1939 bis zum 22. Juni 1941 kein Kommunist, der Widerstand geleistet hat, verurteilt werden dürfen oder in das KZ eingeliefert werden können; aber wir haben davon nichts gemerkt. Und im Konzentrationslager selbst wurde dieser Widerstand auch weiter fortgesetzt. Wie Sie wissen, wurde dort ja auch Widerstand organisiert, bis hin zum bewaffneten Aufstand. Und wenn Sie sich darüber informieren wollen, dann lesen Sie bitte "Die lange Nacht" von Fritz Selbmann; denn das, was Fritz Selbmann geschrieben hat, kann ich vor Gericht beeidigen. Ich habe das selbst alles miterlebt, und ich bin eine der Personen, die in diesem Roman vorkommen.

6. Sprecher: Etwas hat mich in den Ausführungen von Herrn Dr. Neumann zu der Frage des Widerstands berührt. Und zwar fiel die Formulierung, er hielte es für notwendig, in einem proletarischen Staat den Anteil der Intelligenz am Widerstandskampf zu betonen. Ich möchte dazu folgendes sagen: Ich glaube, daß dieser Anteil der Intelligenz sehr hoch eingeschätzt wird. Vor 30 Jahren studierte an dieser Universität meine Mutter. Sie wurde 1934 verhaftet, weil sie jüdischen Mitstudenten illegal aus Deutschland geholfen hat. Und ihr Fall wurde an der Universität sehr schnell bekannt, weil sie die Tochter eines hohen preußischen Oberregierungsrats war und auch für die Gestapo ein außerordentlich seltenes Opfer geworden ist.

Wir wissen, daß hier an der Humboldt-Universität heute eine Reihe von Professoren lehren, die zum Tode verurteilt waren. Ich darf Ihnen Herrn Professor Alt[21] nennen, den Pädagogen; ich darf Ihnen den Physiker, Herrn Professor Havemann[22], ich darf Ihnen den Geschwulstforscher, Herrn Professor Giezelt nennen, und wir haben auch heute schon aus dem Munde von Herrn Professor Girnus einiges dazu gehört. Ich meine, daß wir sehr wohl den Anteil der deutschen Intelligenz und aller Schichten des deutschen Volkes am Widerstandskampf zu schätzen wissen. Wenige Straßen von hier ist eine Straße benannt nach den Geschwistern Scholl, die ja auch bürgerliche Kräfte, intellektuelle Kräfte des Widerstands waren. Und ich darf Sie darauf aufmerksam machen, daß es erst kürzlich in Westdeutschland (in Würzburg) um einen der bekanntesten Intellektuellen oder Künstler, Leonhard Frank - der durch seinen entschiedenen Kampf gegen den Faschismus auch hervorgetreten ist -, eine sehr peinliche Debatte um die Benennung einer Straße nach seinem Namen gab - zur gleichen Zeit, als in Suhl, der Bezirkshauptstadt im Süden unserer Republik, eine Straße nach Leonhard Frank benannt wurde.

Herr Professor Girnus hat schon gesprochen zu der Frage des Vertrages Ribbentrop-Molotow. Sie forderten Dokumente, und wir haben uns hier noch rasch bemüht, Ihnen ein Dokument zu besorgen, und ich darf nur ganz kurz daraus zitieren. Und zwar ist es die Erklärung des Zentralkomitees der Kommunistischen Partei zum Abschluß des Nichtangriffspakts zwischen der Sowjetunion und Deutschland vom 25. August 1939. Ich will bloß zwei Zitate bringen:

"Die durch den Pakt geschaffene außenpolitische und innenpolitische Lage stellt aber vor alle Antifaschisten, vor alle friedliebenden und freiheitsliebenden Deutschen große Aufgaben, die im verstärkten Kampf gegen die Nazi-Diktatur gelöst werden müssen."

An anderer Stelle:

"In dieser Stunde, da Hitler das polnische Volk und andere Völker aufs Äußerste bedroht, rufen wir alle deutschen Arbeiter, das ganze deutsche Volk auf, sich zusammenzuschließen und den Kampf aufzunehmen, um in der Stunde der höchsten Gefahr den Frieden zu retten. Stürzt Hitler das deutsche Volk trotz allem in die Katastrophe des Krieges, dann muß jeder Deutsche wissen, der Nationalsozialismus ist der Schuldige am Krieg."

Das zu der von Ihnen geforderten Antwort.

7. Sprecher: Es wurde vorhin in der Diskussion bereits gesagt, daß die ökonomischen Grundlagen, die für die Herausbildung des Faschismus maßgebend sind, in der Bundesrepublik nach wie vor noch bestehen. Aber man muß doch wohl in der heutigen Situation fragen: In wie weit ist das schon über die Grundlagen hinausgegangen? Ich meine: in wie weit ist das Maß nicht schon voll, inwieweit ist da nicht schon eine neue Qualität erreicht? Ich möchte das anhand einiger sehr aktueller Fakten belegen.

Ich meine beispielsweise den Auftritt von Bruno Apitz[23] in Duisburg, wo er aus seinem Buch "Nackt unter Wölfen" vorlesen wollte. Ein Buch, das wohl eines der hervorragendsten Dokumente des antifaschistischen Widerstandskampfes ist. Und was passierte da? Bruno Apitz wurde von Beamten der Kriminalpolizei von da entfernt und zur Sektorengrenze zurückgebracht, also von Organen des Staates - von Organen des Staates, das möchte ich besonders herausstellen dabei.

Neumann: Er ist wieder eingeladen worden!

7. Sprecher: Gut, ob er dann allerdings sprechen -

Neumann: Ich will das nicht verteidigen, nicht wahr. Ich wäre der erste gewesen, der für Apitz interveniert. Ich war leider unterwegs. Aber ich habe Apitz vorgestern gefragt, und er sagte mir, daß irgendwelche neuen Einladungen auch unterwegs sind. Genauso wie dieses Ost-West-Treffen in Hamburg zunächst von irgendwelchen Idioten sabotiert worden ist. Aber nachher hat man es wieder in Ordnung gebracht. So sind nun einmal die Wege der Demokratie.

(Unruhe im Auditorium)

7. Sprecher: Unabhängig davon, ob neue Einladungen kommen werden, möchte ich doch leise bezweifeln, ob die Bonner Stellen es dann ermöglichen werden, daß Bruno Apitz dort spricht.

Aber unabhängig davon: Ein weiterer Fakt, der die Situation in der Bundesrepublik wohl sehr treffend charakterisiert, ist wohl die Tatsache des jetzt auf der Tagesordnung stehenden Verbots der VVN.[24] Und diese VVN der Bundesrepublik ist wohl eine Organisation, die breiteste Kreise des antifaschistischen Widerstandskampfes erfaßt, also nicht nur Kreise der Arbeiterklasse, sondern auch Kreise der Intelligenz und kirchlich gebundene Kreise. Das ist also der zweite Fakt.

Und dann ist es allerdings - nach einem VVN-Verbot - auch nicht mehr sehr weit zu den Notstandsgesetzen - und was sich daraus alles ergeben könnte, das dürfte wohl auch dem letzten Menschen klar sein.

Ich wollte damit nur sagen, daß der Charakter des heutigen Staates Adenauer wohl schon sehr nahe an den Charakter eines faschistischen Staates heranreicht - wenn natürlich auch mit anderen Formen als das 1933 im Staate Hitler der Fall war.

Und deshalb möchte ich noch mal - und mir hat das sehr zugesagt, was die Kommilitonin zuletzt sagte, daß wir besonders die Rolle, die unsere Republik dabei hat - noch mal klarstellen: Beim heutigen Verhältnis, beim heutigen Kräfteverhältnis in der Welt und in Deutschland, kann man mit gutem Gewissen und mit sehr viel Zuversicht sagen, daß wir hier mit unseren Mitteln in der Lage sein werden, das doch zu verhindern; und daß wir auch von der Warte aus mit gutem Recht und mit gutem Gewissen sagen können, daß die DDR, wie sie heute und wie sie jetzt besteht tatsächlich der einzig rechtmäßige deutsche Staat ist.

8. Sprecher: Ich hatte mir vorgenommen, zu der pazifistischen Meinung 'Ich würde kein Gewehr mehr anfassen' *(gemeint ist eine Wortmeldung bei der Marburger Diskussion des 20. Studenten; d. Hg.)* etwas zu sagen, und es trifft sich gut, daß Sie eine derartige Feststellung treffen. Ich glaube, daß es bei uns eben eine Armee gibt, die einen neuen Charakter trägt und wo der Mensch bestimmt entscheiden muß, für wen er die Waffe in die Hand nimmt. Ich selbst bin Angehöriger der bewaffneten Organe und bin zum Studium hier an die Universität freigestellt. Und es ist mir eine besondere Ehre, daß den Marburger Studenten meine Meinung durch das Tonband übermittelt werden kann. Für die Politik, die durch verschiedene Diskussionsredner für die ernsthafte Situation in Westdeutschland hier charakterisiert wurde, tragen doch einzig und allein die Kräfte die Verantwortung, die es eben verhindert haben (vom Potsdamer Abkommen angefangen bis zur Notstandsgesetzgebung), der Situation in Westdeutschland eine bestimmte Zielrichtung zu geben. Wir in der Deutschen Demokratischen Republik haben mit der Vergangenheit gebrochen und sind durchaus nicht der Meinung, daß wir jetzt aufgrund der sozialistischen Verhältnisse nicht verpflichtet wären, die Waffe in die Hand zu nehmen. Wenn sich derartige Kräfte in Westdeutschland heute wieder breitmachen, sind wir geradezu verpflichtet, die Waffe in die Hand zu nehmen und unsere Errungenschaften in der Deutschen Demokratischen Republik eben mit der Waffe in der Hand, mit unserem Leben zu verteidigen. Da gibt's gar keine andere Frage. Und ich glaube, daß man auch hervorheben muß, daß es für uns nicht nur eine Ehre ist, unsere Errungenschaften zu verteidigen, sondern zugleich auch eine Pflicht, für die Erhaltung des Friedens zu kämpfen.

Prof. Girnus: Vielleicht darf man noch hinzufügen, daß sich unsere Regierung prinzipiell bereit erklärt hat, die Armeen in Deutschland vollständig abzuschaffen, wenn das beide Teile tun.

9. Sprecherin: Ich möchte noch einmal eingehen auf die Frage der kollektiven Schuld, die ja an sich von Ihnen abgelehnt wurde, wenn ich Sie recht verstanden habe. Ich würde vielleicht in der Frage "kollektive Schuld" die Formulierung ablehnen und ihr einen anderen Sinn geben, etwa den der kollektiven Verantwortung. Und da spielt die Generation oder das Alter überhaupt keine Rolle mehr. Der junge Mensch bei uns ist genauso verantwortlich für die geschichtliche Zeit 1933 bis 45 wie der alte Mensch, der sie miterlebt hat, ob in Mitwisserschaft oder nicht in Mitwisserschaft, das will ich mal beiseite gestellt haben. Und deshalb ist es außerordentlich notwendig - und das vielleicht auch für die Marburger Studenten, deshalb spreche ich an sich -, daß man sich nicht auf den Standpunkt stellen kann: "Schön, ich habe nicht gelebt und ich werde es besser machen." Sondern man muß - und das vielleicht für die Westdeutschen -, sagen: "Wie geht es weiter?"

Ich finde, mit Reden und Diskussionen geht es offensichtlich nicht weiter, und mit einer "Spiegel-Affäre" geht es auch nicht weiter. Und damit, daß Herr Adenauer im Bundestag sagt: "Meine Damen und Herren, ertragen Sie mich, ich muß Sie ja auch ertragen" - das hört sich meiner Ansicht nach für die Zuhörer vielleicht sehr lustig an; aber die Sache ist ja viel zu tragisch, als daß man darüber lachen könnte. Und ich finde, wenn sich die Marburger Studenten, die ja durchaus einen gewissen Horizont haben, und darüber hinaus sehr viele Studenten zu wesentlich entscheidenderen Punkten, als nur immer darüber zu reden, sondern auch mal zu handeln, zusammensetzen würden, dann würden wir wahrscheinlich einen Schritt weiterkommen.

Prof. Girnus: Danke schön! Wenn ich Sie recht verstanden habe, dann meinen Sie, daß kollektive Verantwortung auch für diejenigen gilt, die das gar nicht erlebt haben, daß also jeder Deutsche für sein ganzes Volk und für seine ganze Nation mitverantwortlich ist, für Vergangenheit, Gegenwart und Zukunft. Ja?

9. Sprecherin: Ja!

Prof. Wieland Herzfelde[25]: Ich habe zwar vor einem halben Jahrhundert hier studiert, aber meine Kommilitonen nehmen es mir vielleicht nicht übel, wenn ich auch ein paar Worte sage.
Es ist auf dem Marburger Band unter anderem gesagt worden, daß man nicht nur ein Gewissen haben darf, sondern daß man auch Wissen haben muß. Ich glaube, es war Professor Dr. Ritter, der dies sagte, oder war das -

Neumann: Ein Lehrer war das!

Prof. Wieland Herzfelde: Ein Lehrer! Ich glaube, diesen Satz unterstreichen wir vollkommen. Hier werden Sie vielleicht gemerkt haben, Herr Neumann, daß einiges von diesem notwendigen Wissen bei uns gründlich verbreitet wird - auch bei der Jugend, aber nicht nur bei der Jugend, sondern im ganzen Land mit allen Mitteln. Ich glaube, daß aber mit Wissen allein nun auch noch nicht alles getan ist.

Es kommt dann noch eine andere Sache, daß nämlich diese ganzen Marburger Gespräche eines vollkommen vermissen lassen, nämlich die Erkenntnis, wo die Grenzen des Individuums liegen. Ein Individuum kann - in den seltensten Fällen ist es - ein Held oder ein Märtyrer sein; von Brecht stammt der Satz, der so oder fast so lautet - ich zitiere auswendig: - "Arm ist das Volk, das Helden braucht." Diesen Satz hätte man auch antworten müssen demjenigen, der fragte, ob er denn nun hätte Märtyrer sein müssen. Man darf es nicht so weit kommen lassen, daß Märtyrer notwendig sind.

(lebhafter Beifall)

Und erlauben Sie mir nun - es ist ziemlich spät - eine Art Sprung. Aber Sie werden gleich merken, es ist wieder zur Sache. Es wurde hier schon darauf hingewiesen, daß es eine andere Eigentümlichkeit dieses Gesprächs in Marburg ist, daß im wesentlichen eigentlich immer von der Zeit '33 bis '45 gesprochen wurde, eine zweifellos ganz besondere Epoche in der deutschen Geschichte, aber eben doch leider ein *Stück* deutsche Geschichte. Und wenn ich die junge Vorgängerin eben richtig verstanden habe, meint sie dies gerade: Weil es unsere Geschichte ist, müssen wir sie kennen und müssen daraus Lehren ziehen, und nicht etwa, daß Sie verantwortlich sind für das, was irgendwelche Ur-Ur-Urväter getan haben in den Bauernkriegen oder wann immer. Aber wir müssen wissen, was sie getan haben, um zu wissen, was wir tun müssen, weil wir nur so erkennen können, aus welchem Boden wir gekommen sind und wie der aussieht und welche sonderbaren gefährlichen Strukturen er hat.

Es wurde auch die Frage aufgeworfen nach dem Antisemitismus im Zusammenhang mit den vielen "Antis", die es bei den Nazis gab (und doch nicht nur Anti-Semitismus gab es da) - es wurde also die Meinung geäußert, die Nationalsozialisten wären einmal gegen das Kapital gewesen. Ich möchte doch darauf hinweisen: Das waren Sie nie. Aber das nur am Rande. Aber diese vielen Ismen, die da mehr oder weniger mörderisch auf verschiedene Teile der Minderheiten und Mehrheiten sich ausgewirkt haben, die haben eben auch ihre Geschichte. Es läuft jetzt zum Beispiel das Stück "Die Tage der Kommune" von Brecht hier in Berlin. In diesem Stück ist ein Ereignis behandelt, worin binnen kurzer Zeit 40.000 Menschen erschossen wurden in Paris. Ich erinnere daran, daß in diesem Zusammenhang sich die deutschen und die französischen Erbfeinde großartig verstanden haben, nämlich in Bezug auf die Notwendigkeit, 40.000 Arbeiter zu erschießen und den Rest von Paris auszuhungern - also nachdem sie Paris ausgehungert hatten. Und ich glaube, es ist notwendig zu fragen: Was ist denn mit dem Antisemitismus? Der kam ja nicht auch geschichtslos daher. Er hatte eine lange Geschichte. Man braucht ja bloß ein paar Feuchtwanger-Romane zu lesen, wenn man es schon nicht als Geschichtsstudent erfahren will. Aber es wäre doch noch zu erinnern an den bekannten Fall Dreyfuß.[26]

Auch in diesem Fall war das Interessanteste für mich als Mitverantwortlichem für etwas, was vor meiner Zeit noch lag, daß das quer durch die französische und durch die deutsche Nation zu einem Riß führte, zwischen Anhängern der Verurteilung Dreyfussens und Bekämpfern dieses schändlichen Urteils. Also, es handelt sich um Phänomene, die über das Nationale hinausgehen. Und ich möchte sogar sagen, daß sie heute über Europa hinausgehen.

Die Gefahr ist ja nicht eine deutsche, die Gefahr ist nicht einmal nur eine europäische, es ist eine internationale Gefahr. Sie geht durch die große Internationale aller Erdbewohner als Riß - so wie zum Beispiel beim Fall Dreyfuß ein Riß durch die französische und die deutsche Nation ging.

Nun ist aber auch hier die Frage gestellt worden, auf die einiges geantwortet wurde und vielleicht doch nicht genug, die Frage: Was tun? Also, daß die Jugend über die Tatsachen unterrichtet werden muß, daß ein Geschichts- und Schulunterricht und auch eine öffentliche Presse existieren muß (die Presse ist hier auch etwas sanft weggekommen, nämlich kaum erwähnt), das müßte sich ja von selbst verstehen. Aber es versteht sich leider nicht überall von selbst, weil dem ein sonderbares Wörtchen entgegensteht, nämlich das Wörtchen "Freiheit". Mit dem Wort "Freiheit" wird mörderisch operiert, und das ist eine Gefahr, die man deutlich aussprechen muß. Es wird nämlich hauptsächlich operiert damit in dem Sinne, daß auch die Mörder von gestern die Freiheit haben müssen, heute und morgen wieder welche zu sein - und das ist eine furchtbare Freiheit, die man ihnen in der Weimarer Republik bereits eingeräumt hat und die heute in vielen, vielen Ländern den Mördern von gestern und von heute und von morgen eingeräumt wird. Gegen diese Freiheit sind wir. Unter anderem, um diesen Mißbrauch von Freiheit zu verhindern, brauchen wir auch eine Diktatur: Wir brauchen eine Unterdrückung derjenigen, die diesen Mißbrauch predigen und praktizieren möchten lieber heute als morgen. Das ist die zweite Sache, die ich sagen wollte.

Und schließlich möchte ich noch auf eins hinweisen. Bekanntlich hat Albert Schweitzer einmal einen Aufruf erlassen, der schon beinahe in Vergessenheit geraten ist, wo er von Strontium 90 und einigen anderen Dingen sprach[27], von denen wir inzwischen genaueres erfahren haben. In diesem Aufruf macht er darauf aufmerksam, daß die Niederschläge dieser lebenszerstörenden Reste - ich bin kein Chemiker, ich weiß nicht genau, wie man diese Dinge bezeichnen soll, was da mit dem Atomstaub niederkommt -, untersucht werden. Das ist dann sehr bagatellisiert worden von verschiedensten Seiten. Ich erinnere mich nur an einen gewissen Herrn Jordan, Professor in Hamburg[28]. Aber auch ansonsten hat man das Gefühl, daß jetzt dieser Atomstaub überhaupt kaum mehr jemanden interessiert, sondern bloß der Atomkrieg. Nun ist aber das Eigentümliche, daß dieser Atomkrieg erstens gar kein Krieg wäre, sondern ein Gattungsselbstmord; zweitens aber auch, daß man dann, wenn er mal ausgebrochen ist, bestimmt nichts mehr dagegen machen kann, nämlich nur abwarten, bis er aufhört. Da hilft nicht mal mehr Heroentum. Heroentum gegen die Atombombe ist eine sehr sonderbare Vorstellung. Aber was man tun muß, ist, daß man den Krieg im Frieden bekämpft; man kann damit aber nicht weiterkommen, wenn man immer so tut, als ob man gar nicht Krieg plante. Die größte Lüge der modernen Zeit, die es zu enthüllen gilt, ist die, daß die Verteidigung der Freiheit und die Verteidigung des Abendlandes vorliege, wo in Wirklichkeit der Mißbrauch der Freiheit zur Vernichtung des Nicht-Abendlandes - wobei man Amerika sonderbarerweise zum Abendland zählen soll - geplant ist.

Diese Friedensfeindlichkeit ist das, was dem Verhalten der Marburger Studenten zugrunde liegt, und es ist auch das, was den Grausamkeiten während des Hitler-Krieges vorher schon zugrunde lag: Das waren Revanchepolitiker von Anfang an, und in dieser Hinsicht unterscheiden sie sich überhaupt nicht von den Revanchepolitikern von heute.

Es ist aber ein Unterschied - das möchte ich unserem jungen Freund sagen: Noch herrscht der Faschismus in der Bundesrepublik meiner Ansicht nach nicht, aber er ist bereits in einem Zustand, wo es unter Umständen schon größter Kämpfe bedarf, um zu verhindern, daß er herrschen wird, an einem der kommenden Tage oder Jahre.

(Beifall)

Prof. Girnus: In bezug auf die Freiheit, halten wir uns an das, was mein verehrter Landsmann Herder gesagt hat - ich glaube Ihre Zustimmung zu finden -: "Freiheit kann nur Freiheit zur Humanität und nicht zur Bestialität sein. Dann verliert die Freiheit ihren Sinn."

Prof. Kamnitzer: Ich glaube, daß wir doch Deutschland auch in der Jetztzeit eine besondere Verantwortung zuschreiben müssen. Nicht nur weil zwischen Rhein und Elbe sich wieder zusammenbraut, was mit so großen Opfern erledigt worden ist, sondern auch weil auf deutschem Boden sich die Nahtstelle zwischen den beiden großen Welt-Systemen in Europa befindet. Wir sind gewissermaßen der neuralgische Punkt in Mitteleuropa, ob wir es wollen oder nicht, und wir haben uns vor allem deshalb die Frage vorzulegen: Wie kann man es verhindern, daß in einem Volk - und zwar in unserem Volk - ein Monster wie Eichmann, ein Nachfolger von Eichmann, wieder an die Schalthebel der Macht gelangt?

Ich erinnere mich noch, als mich ich darüber mit dem Chefredakteur des "Stern" in Hamburg unterhielt und auf die Symptome des *comeback*, der Wiederkehr solcher Gestalten verwies, daß er mir sagte: "Professor Kamnitzer, Sie sind von einem Trauma besessen. Ich verstehe durchaus, mit Ihrer Herkunft und mit Ihren Erfahrungen, daß Sie eine solche überspannte Furcht haben. Aber diese Menschen, die Sie mir da nennen" - sie hörten auf den Namen Dr. Globke[29] und Bräutigam damals - "die werden eben aussterben, und hier in unserem demokratischen Staat werden auch diese Überreste der Vergangenheit friedlich und schiedlich beseitigt werden."

Nun heute, ich glaube anderthalb Jahre später, ist die schleichende Machtergreifung zu einer fast offenen Machtübernahme in der Bundesrepublik geworden. In einem Volk von 50 Millionen Bürgern hat man für die Schlüsselstellungen im Staat, in der Wirtschaft und in der Armee, in der Justiz und im Schulwesen nur diejenigen gefunden, die braunen Dreck am Stecken oder am Leib oder am Frack haben. Das ist eine Meisterleistung - unter 50 Millionen Bundesbürgern!

Und, ich glaube, die "Spiegel-Affäre" ist ja nicht für uns in sich selbst eine Sensation, die uns gewissermaßen auch - soweit wir auch Publizisten sind - einen gewissen Kitzel hervorlockt, sondern diese "Spiegel-Affäre" ist ein Alarmsignal. Angefangen, wenn man will, hat es mit dem Verbot der Kommunistischen Partei - das ist das ewige Gesetz, nachdem sie angetreten! -, und heute sind wir schon so weit, daß sich kein Bundesbürger seiner Freiheit sicher ist, der es auch nur wagt, gegen die atomare Aufrüstung zu reden oder zu schreiben.

Aber man sagte uns, als wir - auch durch die freundliche Vermittlung von Robert Neumann - uns sehr fair in Hamburg unterhielten, wir seien von einem Trauma besessen. Und ich glaube, eine der wesentlichen Gefahren, der sich auch unsere Freunde ausgesetzt sehen, soweit sie Radikaldemokraten sind, das ist - verzeihen Sie, Robert Neumann - die Gutgläubigkeit: die Ansicht einer vermeintlichen Wahrheit, die da lautet: Das sind doch eigentlich Zufälle; das sind irgendwo kleine Episoden. Während wir, die mit Recht die gefahrvollen Symptome einer sehr fortgeschrittenen Entwicklung sehen, bezichtigt werden, daß wir einen Teufel an die Wand malen und der Teufel ist gar keiner. Wir sind sozusagen eingebildete Kranke. Und gerade aus der bundesdeutschen Intelligenz muß dieses Trauma von unseren eingebildeten Vorstellungen herauseskamottiert werden.

Das zum einen. Zum anderen - und damit komme ich auch zum Schluß -: Gleichzeitig würde ich sagen, daß wir uns finden müssen. Auch in Deutschland sind wir alle einer Meinung, denn weder ein Sozialist oder Kommunist kann derzeit, in einer Situation, in der es nötig ist, die Gefahren abzuwenden, sozusagen die gesamte andere Seite für sich gewinnen noch umgekehrt.

Aber vorher müssen wir doch dafür sorgen, daß wir erträgliche und verträgliche Verhältnisse in Deutschland erhalten, damit wir einen Wettstreit auf allen

Gebieten - nicht zuletzt auf geistigem Gebiet, damit auch der Lebensform auf unserem Boden; selbstredend friedlicher Natur - herstellen können.

Und ich möchte auch, um beim Thema zu bleiben, nur ganz kurz dazwischen fügen: Kriegsvorbereitung und Judenfeindschaft und Judenverfolgung gehören zusammen wie das Amen zum Gebet.

Aus allen Gründen besteht unsere Hauptaufgabe darin, Menschen in beiden Teilen Deutschlands dafür zu gewinnen, daß die Aufrüstung auf deutschem Boden nicht weitergeht, sondern daß sie gestoppt wird und daß sie vermindert wird; daß beide deutsche Staaten auf atomare Ausrüstung verzichten; daß sie sich beide zu militärischer Neutralität bekennen; daß die beiden deutschen Staaten - und darauf lege ich besonderen Wert -, eine Verständigungsarbeit leisten. Denn ein Staat, der die Grenzen, der das Hoheitsgebiet des anderen nicht anerkennt, der gibt ganz deutlich kund, daß er auf dem Weg ist, diesen anderen Staat in sich einverleiben zu wollen. Und ich glaube, wenn man das Programm der Bundesregierung kennt, ist das nicht eine Unterstellung, sondern eine Tatsache.

Mein Plädoyer geht also dahin: Trotz aller Meinungsverschiedenheiten sollte man sich auch in den Kreisen der deutschen Intelligenz auf diesem Verständigungs- und Abrüstungsprogramm finden. Da will ich nicht ausschließen, daß es andere sehr interessante, wichtige Angelegenheiten gibt, die es zu besprechen und vielleicht sogar zu bereinigen gibt. Aber die Zeit ist sehr kurz. Die Zeit ist so kurz, daß vieles, was uns als geistige Menschen besonders nahe geht, gar nicht abgeklärt werden kann, ehe wir nicht bei uns in Deutschland verträgliche Verhältnisse haben.

Ich brauche in diesem Kreise eigentlich nichts zuzufügen, aber weil Robert Neumann und seine Frau als Gast hier sind, muß ich es tun: daß das, was ich hier ganz kurz gekennzeichnet habe, nichts anderes ist, als die ständigen Vorschläge der Regierung der Deutschen Demokratischen Republik, und eine andere deutsche Regierung, die hier nicht einschlägt, die führt Böses im Schilde.

(Beifall)

Prof. Girnus: Gibt es noch Wortmeldungen oder sind Sie der Meinung, daß wenn das Thema auch nicht erschöpft ist - das Thema kann niemals an einem solchen Abend erschöpft sein; seit 17 Jahren kämpfen wir um diese Probleme und ringen wir um diese Probleme -, daß wir doch uns dem Ende nähern sollten. Wenn Sie dagegen anderer Meinung sind, dann werden wir uns voll und ganz Ihrem Votum fügen. Wünscht jemand noch irgendwelche Bemerkungen zu tun? Das scheint nicht der Fall zu sein. Ich glaube nicht, voreilig zu handeln, wenn ich jetzt Herrn Robert Neumann, unserem verehrten Gast, das Wort erteile.

Neumann: Meine Herrschaften, es ist spät geworden. Ich habe eine einzige Bitte an Sie: Verwechseln Sie mich nicht mit Herrn Adenauer. Ich bin's nicht. Die Dinge, die Sie gesagt haben, und in der Form, wie Sie sie gesagt haben, zeigen, welche Tragödie die Trennung von West- und Ostdeutschland unter vielen anderen Tragödien bedeutet, daß Ihr nämlich offensichtlich von Westdeutschland so wenig wißt wie Westdeutschland von Euch.

(Protest aus dem Auditorium)

Die meisten Dinge, die Ihr hier sagt, sind für unsereinen eine absolute Selbstverständlichkeit. Es gibt da überhaupt keine Meinungsverschiedenheiten darüber. Wenn Ihr wüßtet, wie sehr es das tägliche Brot von unsereinem ist, gegen die Geschichtsbücher, wie sie in Westdeutschland sind, zu kämpfen, was man auf diesem Gebiet unternimmt, wie zäh dieser Kampf ist. Nur geht es bei uns nicht mit einer Verordnung, um Sie sachlich zu informieren. Es ist so, daß die Geschichtsbücher nicht Sache des Staates, sondern Sache der Länder sind. Die einzelnen Länder haben Kultur- oder Kultusministerien. Zufällig bin ich mit dem größten Geschichtsbuch-Verleger befreundet[30], trotz großer politischer Differenzen (er ist ein sehr konservativer Mann und ich sehe in den Mechanismus seiner Bemühungen hinein, bessere Geschichtsbücher zu produzieren). Es ist so, daß ein Geschichtsbuch, das sagen wir mit 18 oder 28 Druckseiten über den Komplex Judenverfolgung und Judenvernichtung anfängt, zahlreiche Länderministerien zu passieren hat, sehr viele Schreibtische; auf jedem dieser Schreibtische wird ein bißchen weggestrichen, und zum Ende bleiben acht Zeilen übrig. Das ist ein Fehler in der deutschen Verfassung, die aber auch ihre Vorteile hat - im allgemeinen ist es eine sehr gute Verfassung, ich wollte, es gebe so gute Demokraten wie es eine gute demokratische Verfassung gibt. Es ist also eine große Schwierigkeit mit diesen Geschichtsbüchern.

Was die Neonazis anlangt: Ihr habt vollkommen recht. Wir kämpfen gegen diese Leute, ununterbrochen, aber es ist eine Hydra: Wo wir einen Kopf abschlagen, wachsen drei Köpfe nach.

10. Sprecher: Aber nicht bei uns.

Neumann: Ich spreche von der Bundesrepublik. Es ist eine offene Frage, ob man diese zum Teil sehr kleinen Organisationen, von denen es Dutzende und Dutzende gibt, verbieten soll, oder ob es nicht die richtigere Politik ist, die leben zu lassen, wachsam, und zu sehen, was man nachher tut. Ich kenne Argumente, die für ein Unterdrücken sprechen, und es gibt auch Argumente für die andere Seite - das läßt sich so einfach nicht sagen.

Was Ihr über die "Spiegel-Affäre sagt und was Euch mit Pessimismus erfüllt, erfüllt mich mit Optimismus, weil ich es anders sehe. So wenig wie ich der Hüter des Adenauer bin, so wenig bin ich der Hüter des Augstein. Ich liebe den "Spiegel" nicht. Die Wichtigkeit der Funktion des "Spiegel" in Deutschland ist die Notwendigkeit der Funktion, und zwar, daß es in diesem Land mit der guten demokratischen Verfassung und den wankelmütigen Demokraten nötig ist, eine wirksame Opposition zu haben. Diese wirksame Opposition liefert der "Spiegel" zum Teil, Augstein tut das - oder auch seine Freunde tun das - keineswegs aus edlen Motiven. Es ist hier nicht ein Engel, der zu Fall gebracht wird; was zu Fall gebracht wird, ist die Idee der Pressefreiheit - eine sehr schlimme Sache. Aber was mich mit Optimismus erfüllt ist, daß die Reaktion darauf - von links bis recht weit nach rechts - sehr viel stärker gewesen ist als wir, die wir die Situation in Deutschland kennen, jemals erwartet hätten. Ich betrachte den Proteststurm, der durch Deutschland gegangen ist in Konsequenz der "Spiegel-Affäre", als enorm wichtiges Phänomen. Als ein Phänomen aus der letzten Zeit, das mich am meisten für die Zukunft Deutschlands ganz im allgemeinen hoffen läßt - trotz vieler anderer böser Phänomene, die ich gesehen habe.

Glauben Sie deshalb nicht, daß ich irgend etwas weiß wasche. Es ist mein tägliches Brot, gegen genau die Dinge zu kämpfen, die Sie alle hier angeführt haben und denen ich infolgedessen nicht widersprechen will.

Ich danke Ihnen sehr. Ich habe von all diesen Dingen eine ganze Menge gelernt. Ich werde dieses Band nach Marburg bringen. Es wird mich sehr interessieren, wie die Marburger Studenten darauf reagieren.

Prof. Girnus: An uns ist es, im Gegenteil, unserem verehrten Gast zu danken, vor allen Dingen dafür, daß er hierher gekommen ist, um Freunde und gemeinsame Kämpfer zu suchen für eine gute, gerechte, edle und humane Sache.

Und wenn vorhin hier im Anschluß an einige Worte einiger Debatten-Redner in Marburg der Satz fiel: Kein Gewissen ohne Wissen, dann möchte ich sagen: Es gilt vielleicht in noch höherem Maße heute die Umkehrung, und sie stammt nicht von mir; ich gebe nur eine kleine, neuere Deutung. Sie stammt von einem bewunderungswürdigen Humanisten: François Rabelais: Science sans conscience n'est que ruine de l'arme - und wir können heute sagen, bei der Bedeutung, die das Wissen gewonnen hat, heute, bis in die tiefsten Tiefen des Kosmos, des Mikrokosmos, des Atomkerns, - wir müssen sagen: science sans conscience n'est que ruine de l'humanité -: Wissen ohne Gewissen führt zur Vernichtung der Menschheit. Die Nazisten haben auch mit raffinierter wissenschaftlicher Exaktheit gemordet und haben sich der IG Farben dazu bedient, weil kein Gewissen gegenüber dem Volk und der Menschheit vorhanden war.

Und dazu möchte ich, der ich seit 33 Jahren Lehrer und Hochschullehrer in Berlin bin, insbesondere unsere Studenten hier noch einmal aufrufen: Sie mögen die gewagtesten Differentialgleichungen lösen; Sie mögen über die verzwicktesten Probleme der arabischen Dialekte oder anderer Sprachen nachdenken; Sie mögen eine Dissertation auf den Tisch der Fakultät legen, die die Bewunderung aller Kenner erregt - das ist nicht das Höchste. Das Höchste ist, daß Sie auch wissen, was Sie mit dem Wissen zu tun haben. Wissen ohne Gewissen führt zur Zerstörung der Menschheit und der Menschlichkeit.
(Beifall)
Gestatten Sie bitte, hochverehrter Herr Neumann, daß ich im Namen von Magnifizenz Prof. Dr. Schröder Ihnen hier zum Andenken an unser Zusammensein überreiche: zunächst einmal einige Exemplare der wissenschaftlichen Zeitschrift der Humboldt-Universität und eine kleine gedrängte Geschichte der Humboldt-Universität, wo auch einige Seiten über den Widerstand enthalten sind; und im Namen des Rektors und des Senats der Universität Ihnen die Medaille der Humboldt-Universität überreiche -
(langanhaltender Beifall)
- mit den besten Wünschen für den Erfolg Ihrer humanen Bestrebungen und natürlich auch mit den besten Wünschen für Ihre Gesundheit, denn davon hängt letzten Endes doch wieder alles ab.

Neumann: Meine Herrschaften, bei dieser Gelegenheit pflegt man zu sagen, daß man es nicht erwartet hat. Ich habe es aber wirklich nicht erwartet. Ich danke Ihnen von ganzem Herzen dafür.

Prof. Girnus: Das Forum ist geschlossen.

Anmerkungen

1 Wilhelm Girnus, geb. 1906 in Allenstein (Ostpreußen), 1925-1929 Studium der Malerei und Kunstgeschichte in Kassel und Breslau sowie der Literatur in Königsberg und Paris; 1929 Mitglied der KPD; Mitglied der Reichsleitung der Roten Studenten; 1933 verhaftet, KZ Oranienburg. 1934 Flucht, 1935 erneut verhaftet und zu fünf Jahren Zuchthaus verurteilt, verbüßt in Plötzensee, Brandenburg und Amberg, danach KZ Sachsenhausen und Flossenbürg; 1946 SED, 1946-1949 stellvertr. Intendant des Berliner Rundfunks; 1949-1953 stellv. Chefredakteur "Neues Deutschland"; 1953 Promotion über Goethe; 1953-1957 Sekretär des Ausschusses für Deutsche Einheit; 1957-1962 Staatssekretär für Hoch- und Fachhochschulwesen; 1962-1971 Prof. f. allg. Literaturwissenschaft an der Humboldt-Universität; ab 1962 Vizepräsident der Deutsch-Französischen Gesellschaft; 1964-1981 Chefredakteur von "Sinn und Form - Beiträge zur Literatur"; gestorben 1985.

2 Heinz Kamnitzer, geb. 1917 in Berlin, 1927-1933 Askan. Gymnasium, 1931 Sozialistischer Schülerbund; 1933 inhaftiert, anschließend Flucht nach England; 1935/36 Hilfsarbeiter und Tischlerlehrling in Palästina; 1936 Rückkehr nach London, 1939/1940 Chefredakteur von "Inside Nazi Germany"; 1946 Rückkehr nach Berlin, SED; 1950-1954 Prof. f. Geschichte; 1953-1955 mit Alfred Meusel und Leo Stern Hrsg. der "Zeitschrift für Geschichtswissenschaft"; ab 1955 freischaffender Schriftsteller mit Arbeiten bes. über Arnold Zweig; ab 1967 Vizepräsident, ab 1970 Präsident des PEN-Zentrums DDR (Nachfolger von A. Zweig), Oktober 1989 Rücktritt.

3 "Mit fremden Federn" (1927, Neuaufl., 2. Bde., 1955/57) und "Unter falscher Flagge" (1932) sind die Titel zweier Parodienbände, die Robert Neumann verfaßt hat.

4 Am 10. November, also sechs Tage vor der Diskussion.

5 Anspielung auf die verhinderte Veranstaltung mit dem Volkskammepräsidenten Dr. Dieckmann.

6 Neven-du-Mont: Jürgen Neven-du-Mont, 1956 - 1962 Chefreporter des Hessischen Rundfunks; erregte besonderes Aufsehen mit seinem Fernsehbericht "Hitler und Ulbricht: Fehlanzeige", der deutlich machte, wie wenig Schüler über die jüngste deutsche Geschichte wußten; in Folge des Berichts ergingen neue Richtlinien für den zeitgeschichtlichen Unterricht.

7 Prof. Alexander Mitscherlich, gründete 1949 die Abteilung für Psychosomatische Medizin an der Universität Heidelberg, die er ab 1952 leitete.

8 Siehe Kap. I, Fußnote 8.

9 Beweisdokument PS 3901 im Nürnberger Prozeß gegen die Hauptkriegsverbrecher, Bd. XXXIII, S. 531ff. Der Text ist abgedruckt in: Reinhard Kühnl (Hg.), Der deutsche Faschismus in Quellen und Dokumenten, Köln 1975, S. 160ff.

10 bei den Nürnberger Kriegsverbrecherprozessen.

11 Otto Meißner, Jurist; geb. 13.3.1880 in Bischweiler (Elsaß), war 1919 Vortragender Rat im Büro des Reichspräsidenten, das er seit 1920 leitete (ab 1923 als Staatssekretär). 1934 - 45 war er Chef der Präsidialkanzlei, seit 1937 im Rang eines Staatsministers. 1945 verhaftet, wurde er im "Wilhelmstraßenprozeß" 1949 freigesprochen; verstarb am 27.5.1953 in München.

12 Hjalmar Schacht: Bankier, wurde 1916 Direktor der Nationalbank für Deutschland, von 1924 - 1930 Reichsbank-Präsident: 1930 - 32 unterstützte er die Harzburger Front, dann die Bildung einer Reichsregierung unter Kanzler Adolf Hitler; wurde 1933 unter Hitler wieder Reichsbankpräsident (bis 1939), von 1934 - 1937 zugleich Wirtschaftsminister, 1937 - 1944 Minister ohne Geschäftsbereich. 1944 - 45 wegen seiner oppositionellen Haltung im KZ; 1946 in den Nürnberger Kriegsverbrecher-Prozessen freigesprochen, von den deutschen Behörden bis 1948 inhaftiert; seit 1953 Mitinhaber des von ihm gegründeten Privatbankhauses Schacht & Co. in Düsseldorf; verstarb 3.6.1970 in München.

13 Während der Weihnachtsfeiertage 1959 wurden aus verschiedenen Städten der Bundesrepublik antisemitische Ausschreitungen gemeldet. An der wenige Wochen zuvor eingeweihten Kölner Synagoge brachten zwei Mitglieder der Deutschen Reichspartei (DRP) Hakenkreuze und Parolen wie "Deutsche fordern: Juden raus" an. Auch das Denkmal für die Opfer des Nazi-Regimes am Kölner Hansaring wurde geschändet. Als am Silverstertag ähnliche Aktionen aus Bayern und Hessen bekannt wurden, wurde die Polizei dieser Länder angewiesen, jüdische Kultstätten besonders zu sichern. Die rechtsradikale DRP, die sich der Form halber von den Ausschreitungen ihrer Anhänger distanzierte, hatte damals etwa 16.000 Mitglieder.

14 Heinz Reinefarth, 1903 in Gnesen geboren, war nach einem Jura-Studium von 1931 - 1942 als Rechtsanwalt und Rechtsberater der SS tätig. Von 1942 - 1945 stand er als Ministerialdirigent im Dienst des Reichsinnenministeriums, Hauptamt Ordnungspolizei. Reinefarth erklärte später dazu, daß er als Reserveoffizier damit zwangsläufig den Dienstrang eines Polizeigeneralmajors erhalten habe. Am 20. April 1944 wurde er Höherer SS- und Polizeiführer und Führer des "SS-Oberabschnitts Warthe" mit Sitz in Posen. Am 30. Juli 1944 wurde er zum SS-Gruppenführer und Generalleutnant der Polizei befördert. Im August 1944 nahm er mit seinen Verbänden an der Niederschlagung des Aufstandes in Warschau teil. Später wurde er Festungskommandant in Küstrin, wo er gegen ausdrücklichen Befehl die Zivilbevölkerung evakuierte, deshalb inhaftiert wurde und später hingerichtet werden sollte, was durch das Kriegsende verhindert wurde. Nach dem Krieg arbeitete Reinefarth zunächst wieder als Rechtsanwalt, 1951 wurde er auf sechs Jahre zum Bürgermeister von Westerland/Sylt gewählt, 1957 noch einmal für zwölf Jahre. 1958 zog er über die Landesliste GB/BHE (später GDP) in den Landtag von Schleswig-Holstein ein; er war zu diesem Zeitpunkt bereits Kreistagsabgeordneter und Mitglied des Kreisausschusses Südtondern sowie Mitglied des Landesvorstands des GB/BHE. Im August 1958 wurde er auf eigenen Wunsch vom Bürgermeisteramt beurlaubt, weil die Staatsanwalt gegen ihn eine Ermittlungsverfahren wegen des Verdachts der Beteiligung an der

rechtswidrigen Tötung von mindestens 10.000 Menschen beim Niederschlagen des Aufstandes in Warschau eingeleitet hatte. Das Verfahren wurde im Oktober ohne Ergebnis eingestellt. Reinefarth blieb Bürgermeister und Mitglied des Landtages, wo er Experte für Polizeifragen seiner Fraktion war. Ende 1961 hob der Landtag Reinefarths Immunität auf, weil ein neues Verfahren gegen ihn eingeleitet worden war, das sich auf das Kriegstagebuch der 9. Armee der deutschen Wehrmacht stützte.

15 Weilerschule in München: heute Grund- und Hauptschule.

16 Bund Nationaler Studenten: Abk.: BNS, hatte zwischen 1956 und 1960 ca. 400 aktive Mitglieder an den westdeutschen Hochschulen und sorgte bundesweit für Schlagzeilen. Dem Anfang der 60er Jahre länderweise verbotenen BNS gehörten u.a. der spätere NPD-Vorsitzende Martin Mußgnug und der "Nation Europa"-Herausgeber Peter Dehoust an; mehr zum BNS s.a. bei Th. Assheuer / H. Sarkowicz: Rechtsradikale in Deutschland. Die alte und die neue Rechte, C.H. Beck, München 1990, S. 73.

17 Johannes Dieckmann, geb. 1893 als Sohn eines Pfarrers in Fischerhude bei Bremen; November 1918 Vorsitzender eines Soldatenrates, Eintritt in die DVP, 1929-1933 Abgeordneter des Sächsischen Landtages, 1945 Mitbegründer der LDPD; 1948-1950 Justizminister in Sachsen; 1949-1969 Präsident der Volkskammer, 1963 Professor; gestorben 1969.

18 Höhepunkt der Auseinandersetzung zwischen den USA und Kuba und zugleich der UdSSR. Die Krise wurde ausgelöst durch die Lieferung weitreichender sowj. Raketen an Kuba und den Bau von Abschußrampen auf der Insel. Zeitweilig bestand die Gefahr eines nuklearen Zusammenstoßes der beiden Weltmächte. Der sowjetische Staats- und Parteichef Chruschtschow erklärte sich Ende Oktober bereit, Kennedys Forderungen zu erfüllen.

19 Kurt Stern, geb. 1907, vor 1933 führendes Mitglied der "Roten Studenten", Teilnahme an den Internationalen Brigaden im Spanischen Bürgerkrieg, Rückkehr aus der Emigration 1947 in die SBZ, politisch und literarisch tätig, u.a. mit seiner Frau Jeanne als Drehbuchautor antifaschistischer Filme.

20 Girnus Ausführungen über einen SS-Hauptsturmführer Schubert enthalten zahlreiche Fehler, die bei den weiteren Diskussionen aufgeklärt wurden. Zur Klärung des von Girnus angesprochenen Sachverhalts ein Auszug aus Kurt Hirschs "Rechts von der Union" (Seite 344): *"Dem vormaligen Blockführer im Konzentrationslager Sachsenhausen Wilhelm Schubert genügte es nicht, Gefangene einfach zu ermorden: Er trampelte sie zu Tode, ertränkte oder erdrosselte sie, preßte so lange Wasser in ihren Körper, bis sie starben. Wegen Beteiligung an der Ermordung von 18.000 sowjetischen Kriegsgefangenen wurde er 1947 von einem Tribunal der sowjetischen Militärverwaltung in Deutschland zu lebenslangem Zuchthaus verurteilt. Nach seiner Entlassung aus sowjetischer Kriegsgefangenschaft kam er 1956 als »Heimkehrer« in die Bundesrepublik. Gemeinsam mit dem berüchtigten seinerzeitigen Rapportführer Gustav Sorge mußte sich der einstige SS-Oberscharführer Schubert vor dem Schwurgericht in Bonn verantworten und wurde im Februar 1959 wegen Mordes in 46 Fällen sowie achtfachen Mordversuchs zu 46mal lebenslanger Haft verurteilt."*

21 Robert Alt, geb 1905, 1924-1933 Mitglied der SPD; 1933 Eintritt in die KPD; 1933-1941 Lehrer an der jüdischen Volksschule und Dozent am Jüdischen Kindergärtnerinnen-Seminar in Berlin; während der NS-Herrschaft rass. und pol. verfolgt; 1941 verhaftet, bis 1945 im KZ (zuletzt in Auschwitz); einer der wenigen Überlebenden des KZ-Schiffs "Kap Arkona".

22 Robert Havemann, geb. 1910 in München, Eintritt in die KPD 1932, Mitglied der illegalen Widerstandsgruppe "Neu beginnen", 1943 vom Volksgerichtshof zum Tode verurteilt, Vollstreckungsaufschub im Zuchthaus Brandenburg, 1949-1963 Mitglied der Volkskammer, 1950-1964 Direktor des Physikalisch-chemischen Instituts der Humboldt-Universität und Ordinarius für physikalische Chemie; siehe u.a. Robert Havemann, Dialektik ohne Dogma? Naturwissenschaft und Weltanschauung, Reinbek 1964. 1964 wurde Havemann seiner Partei-, Staats- und Lehrämter enthoben.

23 Bruno Apitz, Schriftsteller; 1900 - 1979, seit 1927 Mitglied der KPD, 1936 - 45 im KZ, hatte großen Erfolg mit seinem Roman aus der Zeit der nationalsozialistischen Judenverfolgung "Nackt unter Wölfen". "Während das Buch in der DDR als Inbegriff des sozialistischen Realismus und Humanismus gilt", urteilte Wolfgang Emmerich in seiner "Kleinen Literaturgeschichte der DDR" (Luchterhand Verlag, Darmstadt 1981, S. 93), "hat die zeitgenössische Kritik in der Bundesrepublik aggressiv antikommunistisch reagiert. Ein renommierter Kritiker qualifizierte den Roman (mit seiner übrigens authentischen Fabel!) als »rührselige Geschichte mit Lesebuch-Didaktik« ab, dessen »Motiv von offensichtlicher Sentimentalität« strotze und dessen Konflikt »so lebensfremd wie unaufrichtig« sei. Und eine Frankfurter Zeitung empörte sich über den Rowohlt Verlag, der 1961 eine bundesdeutsche Taschenbuchausgabe des Romans herausbrachte. Die spannende Verfilmung (1963) konnte hierzulande bis 1968 nur in geschlossenen Vorstellungen gezeigt werden. Kurz, der Kalte Krieg reagierte uneingeschränkt."

24 Die "Vereinigung der Verfolgten des Naziregimes", später umbenannt in VVN-Bund der Antifaschisten, stand bereits im Beschluß der Bundesregierung vom 19. September 1950 auf der Liste derjenigen Organisationen, deren Mitglieder nicht dem öffentlichen Dienst angehören durften. Siehe Ernst Heinrich von Bernewitz/Konrad von Bonin, Das Grundgesetz verstehen, Didaktisches Sachbuch zu Verfassungsrecht und Gesellschaftswirklichkeit, Reinbek 1976, S. 93. Zum Verbotsantrag des Bundesinnenministers Dr. Schröder beim Bundesverwaltungsgericht in Berlin siehe das Weißbuch des Präsidiums des VVN "In Sachen Demokratie" (verantw. für den Inhalt: Max Oppenheimer, Frankfurt/M), Ludwigsburg 1960.

25 Wieland Herzfelde, eigentlich Herzfeld, Publizist und Schriftsteller, geb. 1896 in Weggis (Schweiz), Bruder von John Heartfield, gründete 1917 den Malik-Verlag, in dem Zeitschriften der kriegsgegnerischen Künstler und der Berliner Dada-Gruppe erschienen und der bald auch zum Verlag für kommunistische und sozialistische Literatur wurde. 1933 Emigration nach Prag, dort Herausgeber der Exilzeitschrift "Neue deutsche Blätter"; 1939 Emigration über die Schweiz in die USA. 1949 Rückkehr in die DDR, Literatursoziologe in Leipzig.

26 Das militärgerichtliche Verfahren gegen den französischen Artilleriehauptmann jüdischer Abstammung Alfred Dreyfuß verursachte eine tiefgreifende innenpolitische Erschütterung in Frankreich; Dreyfuß wurde im Dezember 1894 in einem regelwidrigen Verfahren des Landesverrats zugunsten des Deutschen Reiches für schuldig befunden und zu lebenslänglicher Deportation verurteilt, wobei im Prozeß stark antisemitische Hintergründe wirksam wurden. Als sich die Beweismittel gegen Dreyfuß als gefälscht herausstellten, wurde er begnadigt; gleichwohl führte die Affäre zu einer Auseinandersetzung zwischen der militaristischen Rechten (klerikal und antisemitisch eingestellt) und der politischen Linken, die dann Anfang des 20. Jahrhunderts zur Trennung zwischen Kirche und Staat in Frankreich führte.

27 Albert Schweitzer erhob 1957 warnend seine Stimme gegen Atomversuche; seine Appelle erschienen 1958 unter dem Titel "Friede oder Atomkrieg" als Buch, das 1982 (mit einem Vorwort von Erhard Eppler) in 2. Auflage bei C.H. Beck in München erschienen; W. Herzfelde bezieht sich in seiner Äußerung auf das Kapitel III "Friede oder Atomkrieg", und zwar v.a. auf S. 58.

28 Ernst Pascual Jordan, Physiker, 1957 - 1961 Mitglied des Deutschen Bundestags für die CDU; formulierte mit M. Born und W. Heisenberg die Matrizenmechanik und wurde so zum Mitbegründer der Quantenmechanik. Jordan war der einzige namhafte Physiker, der sich 1957 gegen das "Göttinger Manifest" (gegen Wiederaufrüstung und Atomwaffen) wandte und der später nicht gegen die Nutzung der Kernkraft stimmte.

29 Hans Globke, 1889 - 1973, Jurist; wurde bekannt durch den zusammen mit seinem Vorgesetzten Stuckart verfaßten Kommentar zu den Nürnberger (Rasse-)Gesetzen; er legte das Blutschutzgesetz enger aus als die Rechtsprechung und andere Kommentatoren. Globke diskriminierte in der Kommentierung nicht nur rechtlich verbotene, sondern auch politisch unerwünschte Beziehungen zwischen Personen "mit jüdischem Bluteinschlag und deutsch-blütigen Personen". Bis zuletzt war Globke im "Dritten Reich" an der Schaffung der Rechtsgrundlagen für die Judenverfolgung beteiligt. Globke trat nach dem Krieg der CDU bei und beendete seine Laufbahn als Staatssekretär (1953 - 1963) im Bundeskanzleramt unter Adenauer.

30 Gemeint ist Ernst Klett.

Podiumsdiskussion

Robert
Neumann

Hans
Conzelmann

Wolfgang
Abendroth

SOLL

die Universität Marburg mit der Universität Ost-Berlin sprechen?

— Der Westdeutsche Rundfunk bringt am 22. Mai eine Sendung zu diesem Thema! —

Donnerstag, **14.** Mai, 20 h c. t., im neuen Audi Max, Biegenstr.

Clausthaler Wingolf / Humanistische Studenten Union
in Verbindung mit: FAU, LSD und SDS

Graphische Werkstätte W. J. Becker, Marburg an der Lahn

IV. "Die Klischees auf beiden Seiten abbauen"

Diskussion im Oberseminar Politikwissenschaft / Prof. Abendroth an der Philipps-Universität Marburg am 23. November 1962

Prof. Abendroth: Es geht lediglich darum, daß Herr Robert Neumann ganz kurz einleiten wird. Er hat eine Diskussion über das gleiche Thema in Ostberlin durchgeführt, und zwar anhand der Diskussion, die wir in Marburg hatten. Er wird uns hier das Tonband dieser Diskussion - natürlich nur in Auszügen, da es ein sehr langes Tonband ist - vorführen, auf daß wir über die Ergebnisse der Diskussionen dort hier untereinander und zwar möglichst qualifiziert diskutieren. Aber ich möchte nicht weiter vorausnehmen und bitte Herrn Robert Neumann nun, uns zu berichten.

Neumann: Professor, Kommilitonen,

Professor Abendroth hat die ersten vier Seiten dessen, was ich Ihnen sagen wollte, schon gesagt, infolgedessen kann ich kürzer sein. Er sagte Ihnen, ich habe also an der Humboldt-Universität genau das Referat gehalten, das ich vor mehr als einem Jahr hier hielt. Ich habe dort auch gewisse Stellen aus der Marburger Diskussion vorführen können, einfach deshalb, weil diese Leute in Ostdeutschland sehr genau mitschneiden, was der Norddeutsche Rundfunk macht und der Norddeutsche Rundfunk hat ja damals hier diese Diskussion mitgeschnitten. Die Stellen der Marburger Diskussion - das müssen Sie für Ihre Diskussion wissen -, die ich dort im Rahmen meines Referates vorgeführt habe, waren:

Erstens: Die Intervention eines Marburger Lehrers, der Hitlers Krieg an der Ostfront mitgemacht und ein Gelübde abgelegt hat, nie wieder eine Waffe anzurühren. Das tat ich zur Korrektur der Vorstellung unserer Freunde drüben, als wären alle unsere Lehrer hier Ex-Nazis oder Feiglinge, die ihren Schülern nichts über das "Dritte Reich" erzählen;

dann eine Auseinandersetzung Dr. Ritters - der, glaube ich, heute nicht gekommen ist - mit einem Studenten, die klar beweist, daß es außer dem Arbeiter-Widerstand auch zum Beispiel einen der Bekennenden Kirche gegeben hat und wie der aussah;

dann die Intervention einer Dame aus dem Auditorium: Man habe gewußt, bewies sie beredt und mit Leidenschaft, und: Die schuldigen Männer wie

Heyde/Sawade würden hier abgeschirmt. Mir ging es dabei darum, den Freunden drüben zu beweisen, daß es hier Leute gibt, die nicht schlafen;

und zum weiteren Beweis die ungemein scharfe Replik Prof. Abendroths auf die Behauptung eines Studenten, es stehe den Jungen nicht zu, an ihren schuldhaft mitwisserischen Eltern Kritik zu üben, und auf die Anregung eines anderen Studenten, der vorschlug, die Juden müßten doch eigentlich nicht in Deutschland leben, sondern könnten auswandern nach Israel.

Nun, die Sache an der Humboldt-Universität dauerte vier Stunden. Das Konzentrat, das Wichtigste - 80 Minuten, es sei denn, daß das inzwischen ein wenig gekürzt worden ist - führe ich Ihnen vor; nicht mehr, damit Ihnen Zeit zur Antwort bleibt, aber auch nicht weniger. Denn unter den Diskussionsbeiträgen sind sehr wichtige; darunter einer von Dr. Johannes Dieckmann, der dort im Auditorium saß und die Gelegenheit wahrnahm, über seine Marburger Erfahrungen zu sprechen; auch einer von Professor Girnus, einer von Professor Kamnitzer und sonst allerlei. Nun, Sie werden es hören. Das spielt Ihnen also meine Frau zunächst einmal vor, den ganzen Block. Bitte, machen Sie sich Notizen über die dann folgende Diskussion.

Es folgt die Dokumentation des Diskussionsabends in Ostberlin.

Prof. Abendroth: Meine Damen und Herren, ich schlage vor, jetzt mit der Diskussion zu beginnen. Ich glaube, daß ja die Diskussion an der Humboldt-Universität sehr gut, sehr eindrucksvoll, aber auch in mancher Beziehung sehr aufschlußreich war. [...]

Ich glaube, daß es das Beste sein wird, wenn wir die Diskussion mit denjenigen Punkten beginnen, bei denen in der Diskussion drüben an der Humboldt-Universität entweder nach unserer Meinung falsche Dinge gesagt wurden oder Widersprüche aufgetaucht sind. Es war ja wunderbar eindrucksvoll zu sehen, daß auch in einer Diskussion drüben doch offensichtliche Meinungsdifferenzen hier aufgedeckt werden können, die uns auch einen Ansatz zu unserer Aussprache bieten. Aber ich glaube, das Beste ist, wir beginnen zunächst mit den Punkten, in denen Sie glauben, daß man falsche Bewertungen von geschichtlichen Tatsachen oder falsche Tatsachen-Feststellungen von Diskussionsbeteiligten drüben finden kann. Ich denke, es gibt da einige Punkte, die Sie finden können. Und nun bitte ich um Wortmeldungen. [...]

Reinhard Kühnl[1]**:** Mein Hauptfach ist Wissenschaftliche Politik. Einer der Studenten der Humboldt-Universität wollte die Entstehung des Antisemitismus innerhalb der NSDAP ergründen, und er hat unter anderem gesagt, der Nationalsozialismus sei ursprünglich eine sozialistische Bewegung gewesen und erst, als die Führung der NSDAP ein Bündnis mit dem Kapitalismus geschlossen habe, sei die Notwendigkeit aufgetaucht, daß jetzt ein anderer schuld sein mußte an der ganzen Misere: nicht mehr der Kapitalismus, sondern die Juden. Also, der Antikapitalismus sei sozusagen umfunktionalisiert worden in den Antisemitismus.

Das ist im Wesentlichen unrichtig, denn erstens läßt sich dagegen einwenden, daß die NSDAP schon vor ihrem Bündnis mit dem Kapitalismus - also im wesentlichen vor den Jahren '28, '29 - radikal antisemitisch gewesen ist; und zweitens läßt sich dazu sagen, daß auch diejenige Gruppe innerhalb der NSDAP, die wirklich echte Kämpfer gegen den Kapitalismus gewesen sind - nämlich die Strasser-Leute - durchaus auch radikale Antisemiten gewesen sind. Ein richtiger Aspekt ist vielleicht in dieser Erklärung enthalten, nämlich derjenige, daß sich nach dem Bündnis der NSDAP-Führung mit dem Kapitalismus die ganze agitatorische Wucht auf die Juden richtete, die vorher sozusagen geteilt war auf zwei Objekte, nämlich gegen die Juden und Marxisten einerseits - das war ja für die Nationalsozialisten im Wesentlichen dasselbe - und gegen die Kapitalisten andererseits. Jetzt, nach dem Bündnis mit dem Kapitalismus wurde also die ganze Wucht dieser Agitation auf die Juden und Marxisten gelenkt. [...]

Student: Ich bin Historiker. Ich glaube, etwas sehr viel anderes hat der Kollege von Ostberlin auch gar nicht sagen wollen. Er hat sich da etwas krumm ausgedrückt. Aber gerade der Begriff der Funktionswandlung zeigte deutlich, worum es ihm dabei ging, welches die Funktion des Antisemitismus nach dem Bündnis mit dem Kapitalismus - wie Sie sagten - gewesen sei.

Axel Azzola[2]: Ich bin Politologe. Ich glaube, daß -

Prof. Abendroth: - und Reserveleutnant der Bundeswehr!

Axel Azzola: Ja. - Ich glaube, daß der Nationalsozialismus sich nicht hätte entwickeln können ohne den Fruchtboden dessen, was man Konservative Revolution zu nennen pflegt. Und soweit mein Wissen reicht, habe ich festgestellt, daß den weitesten Kreisen dieser Konservativen Revolution Dinge wie eben der Antisemitismus eigen war. Das heißt, positiv argumentierte man für die Erhaltung des typisch deutschen Wesens, der typisch deutschen Merkmale. Daraus resultierte sofort die Gegenstellung gegen das, was als fremd empfunden wurde.

Prof. Abendroth: Vielleicht, einfach zum Abschluß dieses Aspektes noch eine kurze Bemerkung von mir: Der Antisemitismus, die antijüdische Reaktion ist ja in Deutschland sozusagen das Korrelat kleinbürgerlicher Oppositionsstimmungen gegen das Vordringen des industriellen Kapitalismus von vornherein gewesen und immer wieder in solchen Situationen virulent aufgetreten, die krisenhaften Charakter zeigten, in denen sich der Kleinbesitzer bedroht glaubte oder sich dann auch neue Mittelschichten - in Wirklichkeit sind das Arbeitnehmerschichten mit Mittelschichten-Ideologie - in ihren Privilegien gegenüber den anderen Arbeitnehmern bedroht fühlten.

Ich erinnere etwa an den Tatbestand, den Sie alle kennen, daß der gute Stoecker[3] - ausgezogen, die Sozialdemokratie in der Arbeiterklasse zu schlagen, und zwar mit dem Versuch, den Antikapitalismus durch Antisemitismus zu ersetzen - zwar bei den industriellen Arbeitern keinen Erfolg hatte, aber durchaus eine lebendige und virulente Kleinbürgerbewegung auf die Beine stellen konnte, die dann so um sich griff, daß dann später - etwa im Tivoli-Programm 1892 - sogar die Konservativen die antisemitische Formel in ihr Programm aufnahmen. Ich erinnere etwa für die neuen Mittelschichten an den Tatbestand, daß, als der spätere Deutschnationale Handlungsgehilfenverband als Deutscher Handlungsgehilfenverband mit einer hysterisch antisemitischen Ideologie entsteht, die dann als Grundideologie bis zum Ende - auch in der Zeit, in der der Deutschnationale Handlungsgehilfenverband der stärkste Angestelltenverband innerhalb der christlichen Gewerkschaften war - aufrechterhalten wurde, die aber immer nur dann radau-antisemitischen Charakter annahm, wenn ökonomische Krisensituationen bestanden. Und ich möchte vor allen Dingen daran erinnern, daß ein nach Amerika emigrierter deutscher Gelehrter, nämlich Massing[4], ein ausgezeichnetes Buch zur Aufhellung dieser Tatbestände geschrieben hat, eine "Vorgeschichte des politischen Antisemitismus", das die Fakten soziologisch analysiert zusammenstellt.

So ist der Antisemitismus sicherlich zum Teil sozusagen aus der Situation geborene Ideologie - barbarische Ideologie! - kleinbürgerlicher Restschichten, die sich bedroht fühlen, virulent in Krisensituationen. Aber ebenso zum Teil - das können Sie dann im Fortgang der Geschichte durchaus sehen - ist der Antisemitismus dann Manipulationsmittel zur Sammlung kleinbürgerlicher Schichten zu gegenrevolutionären Zwecken in den Händen der Träger der ökonomischen und teilweise auch der politischen Macht. Das war er bereits vor dem Nationalsozialismus. Genau das Gleiche repetiert sich dann in der Geschichte des Aufstiegs der nationalsozialistischen Bewegung. Das sollte man differenziert sehen und analysieren, und ich glaube, wenn man das differenziert sieht und analysiert - und dabei auch durchaus den Klassencharakter solcher Stimmungen lokalisiert und genau feststellt -, dann kommt man wahrscheinlich gerade in Deutschland zu den Ansätzen einer einigermaßen richtigen Theorie des Faschismus, die dann auch den Faschismus abgrenzen kann gegenüber anderen konterrevolutionären, reaktionären Erscheinungen in der Entwicklung der deutschen Staaten.

Aber das nur als Zwischenbemerkung zu diesem Problem. Und jetzt bitte ich, die Kritik an Widersprüchen und Fehlfeststellungen fortzusetzen. Vielleicht zunächst mal Herr Drechsler.

Hanno Drechsler[5]: Ja, mein Fach ist ebenfalls Wissenschaftliche Politik. Falsch war meiner Meinung nach die Einschätzung des deutsch-sowjetischen Paktes durch die Kommilitonen in Ostberlin und die Frage der Fortführung des Widerstandes der Kommunistischen Partei in der Periode des deutsch-sowjetischen Paktes. Abgesehen von der Frage, inwieweit der deutsch-sowjetische Pakt für die Sowjetunion eine historische Notwendigkeit war in der damaligen Situation - das würde ich bejahen -, ist durchaus zuzugeben, daß in dieser Phase des deutsch-sowjetischen Paktes der Widerstand von den Kommunisten in Deutschland tatsächlich weitergeführt worden ist, mit großer Aktivität. Und der Beweis der Ostberliner ist richtig, denn es sind ja damals viele, viele Kommunisten weiterhin wegen ihrer antifaschistischen Tätigkeit in die Konzentrationslager eingeliefert worden.

Was aber die Kommilitonen dort nicht gesagt haben, ist, daß dieser Widerstand der Kommunisten in Deutschland sich *contra voluntatem* des Zentralkomitees der Kommunistischen Partei Deutschlands und überhaupt der Komintern vollzogen hat. Als Gegenbeweis den Beschluß des Zentralkomitees der Kommunistischen Partei Deutschlands vom 25. August 1939 anzuführen, ist zumindest sehr irreführend, denn die Wendung setzt ein in dem Moment, als die Sowjetunion zusammen mit Hitler-Deutschland Polen angreift. In diesem Moment vollzieht die Führung der Kommunistischen Partei Deutschlands eine Schwenkung der Art, daß es nun nicht mehr heißt (wie vor Kriegsausbruch): "Kampf den faschistischen Aggressoren - Hilfe für die Polen", sondern jetzt heißt es: "Kampf den imperialistischen Kriegstreibern in England".

Man sollte die Kommilitonen in Ostdeutschland doch einmal darauf hinweisen, daß es sehr komisch ist, daß eben nach der Zeit vom 25. August 1939 bis zum 22. Juni 1941 in den Werken eines Wilhelm Pieck und eines Walter Ulbricht eine Lücke ist - haben diese beiden Herren in dieser Zeit gar nichts geschrieben? Oh doch, sie haben sehr viel geschrieben, aber das wurde verheimlicht. Zum Beispiel hat Ulbricht in Stockholm damals in der Wochenzeitung "Die Welt" diesen berühmten Hilferding-Artikel geschrieben, der eben den ostdeutschen Kommilitonen bewußt nicht bekannt gemacht wird und der darin gipfelt, daß man sagt, das deutsch-sowjetische Bündnis gegen die imperialistischen Kriegstreiber müsse erhalten und verteidigt werden; der darin gipfelt, daß es heißt, England sei der reaktionärste Staat der Welt; und der schließlich doch noch so weit führt, daß Ulbricht dort erklärte, in Deutschland kämpfen kommunistische, sozialdemokratische und nationalsozialistische Arbeiter für die Erhaltung dieses Bündnisses, und wenn jetzt Gegner dieses Bündnisses aus den staatlichen Positionen in Deutschland entfernt werden, dann sei das nur richtig und sei zu unterstützen. Wer zu lesen versteht, weiß, daß das nichts anderes hieß, als jene Sozialdemokraten und Kommunisten, die Widerstand führten, faktisch der Gestapo auszuliefern.

Das müßte auch erwähnt werden, wenn es darum geht zu fragen: Haben die Kommunisten den Widerstand gegen den Faschismus weitergeführt? Und es ist nicht von ungefähr, daß Walter Ulbricht auf den 16. Plenum des ZK der SED in diesem Jahr - als er den "Grundriß zur Geschichte der deutschen Arbeiterbewegung" erläuterte und begründete - darauf hinwies, es sei in den Darstellungen der DDR-Historiker über den Widerstand gegen Hitler doch die Rolle des ZK der KPD vernachlässigt worden. Das heißt also, es wurde nicht gesagt, daß Walter Ulbricht sozusagen diesen Widerstand angeführt hat - das können diese Historiker weiß Gott auch schlecht sagen, weil sie die Tatsachen kennen. [...]

Karl Lingelbach[6]: Meine Fächer, die ich studiert habe, sind Geschichte, Politik und Pädagogik.

Ich möchte diesen Punkt nur noch ergänzen und sagen, daß das hier gerade genau richtig dargestellt worden ist.

Eine Parallele zu den deutschen Verhältnissen geben die Verhältnisse in Frankreich, wo es zu der grotesken Situation gekommen ist, daß nach dem Einmarsch der deutschen Truppen zunächst aufgrund dieses Bündnisses Ribbentrop-Molotow alle demokratischen Zeitungen in Paris verboten wurden mit Ausnahme der "L'Humanité"[7], und es war tatsächlich so, daß die PCF ihren Widerstand gegen die faschistischen Eindringlinge selbstverständlich fortsetzte, aber auch hier gegen die ausdrücklichen Befehle ihrer obersten Stellen und gebremst von Thorez, der nach Belgien geflohen war. [...]

Prof. Abendroth: Ja, vielleicht dazu noch eine ganz kurze Bemerkung: Ich habe ja persönlich, im Unterschied zu Ihnen, diese Situation sehr genau erlebt, und zwar als Häftling im Zuchthaus. Ich habe also die Fraktionskämpfe dieser Periode im Zuchthaus kennengelernt wie dann auch durch Berichte von Freunden von draußen. Es ist gar kein Zweifel, daß die illegale Tätigkeit gegen das "Dritte Reich" in der Zeit des Paktes, vor allen Dingen durch die Mobilmachung, erheblich gemindert wurde.

Aber ich möchte sagen - zur Ehre der deutschen kommunistischen Arbeiter und Intellektuellen - der Widerstand wurde nicht gemindert wegen des Paktes (obwohl sie verwirrt und durcheinandergewürfelt waren und zum großen Teil sehr kritisch waren), sondern gemindert wurde durch die Veränderung der technischen Situation, was man auch nicht verschleiern sollte, denn durch die Masseneinberufung waren einfach die Kontakte zerrissen. Und durch den Tatbestand des Kriegsausbruches waren auch weitgehend die Kontakte ins Ausland zerrissen. Auch das muß man sehen. Die kommunistischen Arbeiterfunktionäre wie die kommunistischen Intellektuellen haben, ohne jeden Zweifel, weitergekämpft mit dem gleichen Heroismus wie vorher, zunächst technisch behindert. Sie haben das nicht nur in den Zuchthäusern, sondern auch außerhalb der Zuchthäuser getan. Ich erinnere an die Geschichte etwa der Schumann-Gruppe in dieser Periode (die Schumann-Gruppe operierte im sächsischen Gebiet) und die Geschichte zahlreicher ähnlicher Gruppierungen in anderen Landesteilen Deutschlands, die das weiß Gott ausreichend unter Beweis stellt.

Die Schwankung oben hat gleichwohl verhängnisvoll und verwirrend gewirkt. Ich selbst habe in dem Zuchthaus, in dem ich saß, schon vom Tage des Paktes an einen sehr energischen Kampf unter den politischen Häftlingen gegen diese Politik des Paktes begonnen. Ich gebe heute zu, daß ich dabei die Dinge falsch sah.

Nach meiner Meinung war der Pakt vom Standpunkt der Sowjetunion aus unbedingt erforderlich. Daran kann es keinen Zweifel geben. Nach dem schamlosen Verrat Englands und Frankreichs an der Tschechoslowakei mußte die Sowjetunion damit rechnen, daß die hinhaltenden Hin- und Hermanöver vielleicht in ähnlicher Weise auf ihre Kosten gehen würden. Daran besteht nach unserer heutigen Kenntnis der wirklichen Fakten wohl kaum noch ein Zweifel. Insofern wurde ja Churchill richtig zitiert (ich akklamiere sonst selten Herrn Churchill). Aber es ist ebenso wenig zweifelhaft, daß durch das stalinistische Manöver der völligen Zerstörung des Selbständigkeitsbewußtseins in den kommunistischen Parteien und vor allen Dingen in denjenigen Leitungen der kommunistischen Parteien, die wie Ulbricht und Wehner damals an der Spitze standen, daß durch diesen Kampf nun wirklich Verwirrung eintrat bei den Leitungen. Wie die Leitungen in Frankreich versagt haben, haben Sie, Herr Lingelbach, sehr richtig gezeigt. Am groteskesten war die Situation bekanntlich in der Schweiz, nämlich bei den Manövern, die damals die Nicol'sche Partei in Genf durchführte; aber ähnliche Grotesken gab es zahlreich. Also liegt hier sicherlich kein Ruhmesblatt des Stalinismus und der stalinistischen Führung vor. So notwendig der Pakt war, so falsch war die Gesamtpolitik der Stalinisten.

Es liegt hier aber gleichwohl - und da gebe ich den ostdeutschen Kommilitonen völlig recht - ein Ruhmesblatt der deutschen kommunistischen Arbeiter, der deutschen kommunistischen Intellektuellen vor, die in einer Verlassenheit sondergleichen - nach dem Pakt -, in einer Verzweiflungssituation, wie sie wirklich sonst sehr schwer vorstellbar ist in der Geschichte, den Mut hatten, den

Kampf für die Humanität und gegen die Hitlerbarbarei, den bewußt defätistischen Kampf gegen ein verbrecherisches Regime fortzusetzen. Das zu dieser Frage, aber ich möchte nun zu weiteren Problemen kommen.

Frau Dr. Abendroth: Ich bin promovierte Historikerin.

Ja, vielleicht noch ein Wort, wie falsch der Pakt war und welche Verwirrung er gestiftet hat bei den kommunistischen Widerstandskämpfern. Das erklärt sich auch daraus, daß ja die Kommunisten nicht nur in ihren ZK-Beschlüssen - die Stalinisten - den Widerstand stoppen wollten, sondern daß sie ihre eigenen Oppositionellen aus ihren Arbeits- und Zwangslagern aus der Sowjetunion ausgeliefert haben an die deutschen Zuchthäuser und dadurch die Verwirrung noch größer gemacht haben.

Prof. Abendroth: Sehr schön. Ich glaube, das war eine sehr wichtige Ergänzung. Ich selbst habe in meinen Zuchthaus auch solche Rückkömmlinge erlebt, die von der Sowjetunion damals - ich mache das nicht dem sowjetischen Volk, sondern der stalinistischen Führung zum Vorwurf - an Hitler ausgeliefert wurden. "Als Ausländer ausgewiesen" hieß das auf deutsch, um dort ins Zuchthaus zu kommen, und Sie können sich denken, welche moralische Wirkung diese Situation bei uns in den Zuchthäusern damals gehabt hat. Aber Sie können gerade daran ermessen, daß die Tatsache, daß die große Mehrheit der politischen Gefangenen nicht einen Moment geschwankt hat, den Kampf fortzusetzen - wie auch die große Mehrheit derjenigen, die noch draußen waren und nicht gefangen -, daß diese Tatsache ungeheuer viel über die Tradition des Widerstandskampfes aussagt, denn in dieser Periode hieß "Widerstandskämpfer sein" normalerweise Angehöriger des linken Flügels der deutschen Arbeiterbewegung sein; und wir wollen nicht verschweigen, daß 75 Prozent der politischen Gefangenen dieser Periode nicht nur Angehörige der linken Gruppen der deutschen Arbeiterbewegung, sondern organisierte Mitglieder der Kommunistischen Partei Deutschlands gewesen sind.

Aber jetzt hielte ich es für gut, daß wir vielleicht andere Probleme, die Fehlbewertungen enthalten, analysieren.

Student A: Ich bin Germanist und Historiker und mache etwas Politikwissenschaft.

Ich möchte einen interessanten Widerspruch noch anführen, der mir aufgefallen ist und der leider nicht auf dem Tonband hier abgespielt worden ist, den aber Herr Kühnl zitiert hat. Ich meine, der hängt indirekt auch mit diesem ganzen Fragenkomplex noch zusammen. Herr Kühnl sagte, daß ein Student gesagt habe, es sei vor allem notwendig, daß man sich der großen Gefahr bewußt werde, die in der These liege, daß man den Faschismus abwirtschaften lassen müsse. Und nun frage ich, inwieweit das mit der drüben an der Humboldt-Universität offiziell - glaube ich jedenfalls - noch zur Lehre gehörenden Interpretation der Haltung der KP-Führung (die ja von Moskau aus dirigiert wurde) in Einklang zu bringen ist, die im Jahre 1933 ja die These vertreten hat, Hitler wirtschaftet sehr schnell ab und dann haben wir eine revolutionäre Umschwungperiode und dann werden wir unsere Ziele verwirklichen können. [...]

Kurt Kliem[8]**:** Mein Fach ist auch Politik und möchte zu dieser Frage noch etwas sagen. Die kommunistische Parteilehre hat bis in das Jahr 1934/35 hinein auch in Ansatzpunkten eigentlich keine einigermaßen zutreffende Theorie vom Faschismus gehabt. Es wird in der ganzen Krisenzeit der Weimarer Republik hindurch ununterbrochen vom "bestehenden faschistischen System" oder vom "bestehenden Faschismus" gesprochen, so daß man also scherzhaft vom Halb-, Dreiviertel- oder Vollfaschismus sprechen kann. Auf jeden Fall wird noch lange vor der Machtergreifung Hitlers ständig davon gesprochen, daß der Faschismus da sei, und zwar als besonders gefährliche Spielart des Faschismus, die man besonders schnell und gründlich zerschlagen müsse: eben der Sozialfaschismus, worunter man die Sozialdemokratie verstand. Diese Fehleinschätzung führte dazu, daß der Machtantritt Hitlers im Januar 1933 gar nicht zunächst als so tiefgreifendes Ereignis begriffen wurde, sondern es galt gewissermaßen in dieser Theorie als die Machtübernahme durch einen anderen Hausknecht oder Büttel des Kapitalismus, und es wurde gar kein so wesentlicher qualitativer Unterschied begriffen. Noch im Dezember 33 (das letzte, was mir darüber bekannt ist) wird vom (wenn ich mich nicht irre) ZK der KPD - es kann aber auch sein, daß es eine EKKI-Resolution war ...

Hanno Drechsler: Dezember 33 ist EKKI.

Kurt Kliem: ... also vom Exekutivkomitee der Kommunistischen Internationale wird noch davon gesprochen, daß die revolutionäre Situation in Deutschland sich weiter verschärfe. Es wurde also die völlig unberechtigte Illusion weiter genährt, als ob der Bruderkampf - so wurde das ja begriffen - innerhalb der Faschisten, der zunächst zur Zerschlagung der Sozialfaschisten geführt hatte, jetzt dem unterdrückten Proletariat die Augen geöffnet habe, um zum einzig wahren Freund und der einzig wahren Organisation der Arbeiterklasse, eben der Kommunistischen Partei, zu stoßen und damit die Revolution zu beschleunigen. Von diesen merkwürdigen Vorstellungen hat man sich dann erst 1934/35 getrennt.

Wenngleich, glaube ich, festzuhalten ist, daß auch heute noch - wie ja aus einigen Formulierungen wie etwa "der Faschismus ist da" oder "Faschismus in Westdeutschland steht unmittelbar vor der Machtübernahme" hervorzugehen scheint - unter Faschismus alle jene Herrschaftsformen verstanden werden, die nicht kommunistisch sind und die nicht im ganz klassischen Sinne demokratisch sind. Alles andere, was dazwischen ist und was also nicht mit dem puren Idealbild der Demokratie übereinstimmt, wird dann schon mit irgendeinem Bindestrich-Faschismus-Etikett versehen.

Ich glaube, daß hier eine der Schwächen in der Argumentation an der Humboldt-Universität liegt, nämlich daß man alles und die verschiedensten Dinge unter Faschismus begreift und sich dadurch auch wieder für eine Analyse der westdeutschen Entwicklung selbst die Augen verschließt.

Prof. Abendroth: Ich würde vorschlagen, daß wir diese Gesamtanalyse, nämlich in Richtung auf Faschismustheorie und Einschätzung der westdeutschen wie auch Einschätzung der DDR-Situation, jetzt noch einen Moment zurückstellen.

Für wichtig halte ich, daß wir uns vielleicht noch einmal ganz kurz über das Problem verständigen, das hier mit Recht von einem Diskussionsbeteiligten an der Humboldt-Universität - ich glaube, es war Girnus - sehr scharf betont wurde, daß man den Anfängen widerstehen müsse und nicht etwa die Machtergreifung durch irgendeinen Faschismus abwarten dürfe, denn sei sie da, und so sei es außerordentlich schwer, ohne ungeheure Opfer wieder in bessere Verhältnisse zu kommen. Daß das gesagt wurde, ist sehr verdienstlich und zeugt von einer Einsicht, der wir uns, glaube ich, auch nicht verschließen dürfen.

Aber wie steht es denn dabei mit der Haltung der Kommunisten damals? Ich glaube, da dürfen wir nicht so ganz undifferenziert vorgehen. Es ist vollständig richtig, daß die Kommunisten damals die Situation 1933 vollkommen verkannt haben, sonst wäre die Theorie nicht möglich gewesen, daß sich im Grunde nichts geändert habe und eine revolutionäre Situation bestehe, die die Jahre 1933 und 1934 durchzieht und die offensichtlich utopisch und völlig unsinnig war. Es ist auch richtig, daß es einmal die Sozialfaschismustheorie gab und daß diese ganze Sozialfaschismustheorie - die ja nun wirklich zum alten Eisen gehört, auch dort drüben jetzt als altes Eisen anerkannt wird - zu diesem Irrtum und zu diesen Fehlreaktionen beigetragen hat.

Aber es wäre nicht richtig zu behaupten - und das müssen wir wieder zur Ehre der Wahrheit auch zugestehen -, daß die Kommunisten in den Entscheidungssituationen nicht gesehen hätten, daß sie Entscheidungssituationen waren, wenigstens für einen Moment. Am 20. Juli 1932[9] wie am 30. Januar 1933 haben trotz einer völlig utopischen Politik der Kommunisten vorher - mit einer völlig falschen Theorie gegenüber der Sozialdemokratie - die Kommunisten damals vorgeschlagen zu kämpfen. Wer es ablehnte zu kämpfen, das waren nicht die Kommunisten, sondern diejenigen, die man vorher als Sozialfaschisten beschimpft hat. Das ist ein Tatbestand, den wir niemals verschleiern dürfen und sehen müssen. Das ist keine Rechtfertigung der kommunistischen Politik vorher - wie hier vollkommen richtig kritisiert wurde -, aber es ist ein Tatbestand, der auch der Erwähnung bedarf und der es wirklich ermöglicht, zuzugestehen, daß auch solche Menschen drüben, die treue Parteikommunisten sind, *bona fide* die richtigen Thesen heute hier vertreten.

Aber jetzt - ich schlage vor, die Faschismustheorie-Debatte nun nehmen wir gleich wieder auf - glaube ich, es sind noch einige punktuelle Dinge vorher zu erledigen.

Kurt Lenk[10]: Meine Gebiete sind politische Soziologie und Philosophie. Ernst Bloch, über dessen Theoreme man sehr unterschiedlicher Meinung sein kann, hat zu einer Zeit, als er noch Professor in Leipzig war, einmal einen Aufsatz geschrieben, der heißt "Freiheit - politisch gefaßt", in dem er sich auch mit dem Ökonomismus beschäftigte und ihn dahingehend charakterisiert hat, daß er sagte: "Der Ökonomismus der marxistischen Theorie gleicht der Annahme, daß sich die kapitalistische Krähe die Augen selbst aushacke!" Ich glaube, daß bei der Einschätzung dessen, was 1933 passiert ist, seitens des Zentralkomitees der kommunistischen Partei eine Form des Ökonomismus eine Rolle spielte, die dazu führte, daß man einerseits den Faschismus dämonisierte - das heißt, ihn aus seiner historischen Verwurzeltheit in viel älteren und (es wurde mit Recht gesagt) in Theoremen auch der Konservativen Revolution herauslöste und ihm sozusagen unhistorisch alles das in die Schuhe schob, was es an sich zu differenzieren galt. Und das konnte dazu führen, daß man dem Faschismus so etwas inputierte wie ein Agonie-Stadium des Kapitalismus. Das trieb dann derart Blüten, daß man glauben konnte - wie vorhin gesagt wurde -, daß innerhalb der nationalsozialistischen Partei die Arbeiter so etwas wie einen Klassenkampf inszenieren könnten, nach 33, nach der Machtergreifung der nationalsozialistischen Partei!

Also, ich glaube, daß hier eine Theorie des Ökonomismus - wie sie ja schon angelegt ist in einer Version der marxistischen Theorie, etwa beim späten Kautsky - durchaus mit im Spiele war, was dann auch zu einer Fehleinschätzung der faschistisch-nationalsozialistischen Phase der Entwicklung der kapitalistischen Gesellschaft führen mußte.

Prof. Abendroth: Ich danke Ihnen, aber damit sind wir in der Gesamtproblematik der allgemeinen Faschismusdiskussion. Und da wir nun mit zwei Diskussionsbeiträgen da hineingestoßen sind, schlage ich vor, daß wir dann doch hier fortsetzen, obwohl ich an sich einige andere Probleme vorweggenommen sehen wollte. Aber die können wir dann später erledigen. Also, ich bitte hier jetzt fortzufahren in dieser Problematik. Wie steht es eigentlich mit dem Verhältnis Faschismus - Spätkapitalismus im Allgemeinen? Und dann müssen wir natürlich konkret fragen: Wie steht es mit diesem Verhältnis in unserer Situation im Besonderen? Ich bitte Sie um Äußerungen: Ist das hier richtig gesehen worden in der Diskussion?

Student Enke: Meine Studienfächer sind Rechtswissenschaften und Wissenschaftliche Politik.

Zum Faschismusproblem muß man doch auch einmal ganz konkret sehen, welcher Natur der deutsche Faschismus gewesen ist und welche Kräfte ihn besonders gefördert haben. Es ist ja nicht zu übersehen, daß etwa im Jahre 1932/33 Einflüsse aus dem Großgrundbesitz - insbesondere auf den Reichspräsidenten Hindenburg selbst - ausgeübt worden sind, die eine Rolle bei der Machtübernahme durch die NSDAP gespielt haben. Hier ist ein Ansatzpunkt der Kritik für eine These, die auch in der westdeutschen Linken oft vertreten wird, nichtsdestoweniger aber wohl doch nicht größer und richtig ist, nämlich die These von den völlig gleichen gesellschaftlichen Grundlagen, gesellschaftswirtschaftlichen Grundlagen, heute und in der Zeit vor 1933. Erst neuerdings hat ja Ralf Dahrendorf das eigentlich schon gar nicht mehr neue Argument in dem Buch "Bestandsaufnahme" erörtert, daß bis 1945 eben die feudalen Kräfte - der Großgrundbesitz - in Deutschland noch eine sehr erhebliche Rolle gespielt haben, und daß erst seither in Deutschland und auch in der Bundesrepublik von einer ernstzunehmenden gesellschaftlich-wirtschaftlichen Rolle des Großgrundbesitzes, der feudalen Kräfte, wohl nicht mehr gesprochen werden kann.

Es erhalten sich da zweifellos gewisse Traditionen etwa in der Bürokratie, das konnte man vielleicht, wenn man die Dinge etwas weit spannt, etwa noch in der "Spiegel-Affäre2 merken. Aber was man hauptsächlich in der "Spiegel-Affäre" merken konnte, ist doch ein ausgesprochen liberaldemokratisch-bürgerlicher Protest, der getragen wurde weitgehend von solchen Kreisen, die doch eben dieser liberaldemokratisch-bürgerlichen Gesellschaftsschicht entstammen, so etwa jetzt der großen Zahl von Dozenten von Universitäten. Das zeigt doch, daß hier das Faschismusproblem zumindest ein Stück anders steht als es 1932/33 der Fall war.

Hanno Drechsler: Ja, wenn ich vielleicht noch eine Bemerkung dazu machen darf im Anschluß an das, was mein Kollege Kliem gesagt hat. Es ist in der Tat nicht so, daß man eventuell nur die Idee vertreten könnte, die Kommunisten waren aufgrund, sagen wir: ihrer marxistischen Theorie einfach nicht in der

Lage, den Faschismus vor 1933 richtig zu analysieren und sind es deshalb heute auch nicht. Die Kommunistische Partei war in der Tat nicht zu dieser Analyse fähig, aber das lag eben unter anderem auch daran, daß all das, was in der Kommunistischen Partei marxistisch zu denken imstande war, nun im Jahre 1928 zuletzt aus der Partei hinausgedrängt worden war. Und wenn man heute in Ostdeutschland fragt: "Welche Analysen gab es damals?", dann sollte man zum Beispiel einmal nach dem Namen von August Thalheimer fragen, jenem Mitbegründer der Kommunistischen Partei und Mitkämpfer von Rosa Luxemburg, der 1928 in der kommunistischen Parteiopposition saß und eine ganz hervorragende Faschismusanalyse gemacht hat. Eine Faschismusanalyse, die eben nicht auf den Ergüssen Stalins fußte - Faschismus und Sozialdemokratie sind Zwillingsbrüder -, sondern der fußte auf jenem "Achtzehnten Brumaire des Napoleon Bonaparte"[11], den seinerzeit Marx geschrieben hat. Und auf der Grundlage dieser Analysen ist dann auch in der Zeit des Faschismus selbst etwa von Marxisten wie, sagen wir, Otto Bauer 1938 in dem Buch "Zwischen zwei Weltkriegen" eine hervorragende Analyse angefertigt worden. Aber hier sehen wir, daß all diese Dinge drüben ja gar nicht zugänglich sind und nicht der Wahrheit gemäß interpretiert werden, und daß man heute leider in der Faschismusanalyse noch an derselben Stelle steht - in der SED und auch die SED-Historiker - wie die Kommunistische Partei im Jahre 1932.

In Ergänzung möchte ich sagen, daß noch am 15. Mai 1933 das Organ "Die Internationale" schrieb: "Die Faschisten sind Eintags-Könige, und dem Faschismus wird die proletarische Revolution auf dem Fuße folgen." Man überlege sich eine derartige Fehleinschätzung! Und sie zeigt sich heute in demselben Maße wieder darin, daß man alles - ich will nicht sagen: was nicht unbedingt idealdemokratisch ist - aber alles das, was reaktionär ist, versucht, unter dem Begriff "Faschismus" zu subsumieren. Und damit schafft man tatsächlich eine Nacht, in der alle Katzen grau sind, und bezeichnet dann also Adenauer letzten Endes als Faschisten.

Prof. Abendroth: Ich danke Ihnen. Vielleicht wäre es notwendig, zu dieser Problematik einmal ganz konkret zu versuchen, den Faschismus als Phänomen zu beschreiben und in seinen Klassengrundlagen zu analysieren, um von dort aus vielleicht zu einer Analyse unserer Situation zu kommen. Aber, Frage an Sie: Was ist denn eigentlich 1933 passiert und wodurch unterscheidet sich qualitativ das faschistische Regime (und sein Aufstieg) von den reaktionären und antidemokratischen Herrschaftsformen, die wir zweifellos vorher in Deutschland gehabt haben. Denn niemand wird heute auf den Gedanken kommen, was von 1930 bis 1933 da war - nämlich die durch Notstandsbestimmungen scheinlegalisierte Diktatur des Präsidenten und seiner Regierungen - als Demokratie zu bezeichnen. Trotzdem war es nicht Faschismus, darüber sind wir uns alle klar - aber wo liegt der qualitative Unterschied, der doch drüben - wie uns heute sehr deutlich wurde - auch heute nicht konkret gesehen wird?

(anhaltendes Schweigen)

Hanno Drechsler: Ich weiß nicht, ob es richtig ist, wenn wir - es ist nämlich schon sehr spät - jetzt tatsächlich dieses Problem angreifen. Deshalb auch dieses Schweigen, nehme ich an. Ich würde vorschlagen, ob man nicht hier in der Runde fragt, welche Diskussionsbeiträge zu welchen Themen noch da sind, und von daher dann eine gewisse Systematik unseres Diskussionsverlaufes festlegt. Daß eben alle anderen hier ihre Probleme loswerden, zu dem, was sie auf dem Herzen haben.

Prof. Abendroth: Aber dann bitte ich Sie, nur noch ganz konkret in ein paar Stichworten zu sagen, wo das Problem Ihrer Meinung nach liegt.

Hanno Drechsler: Soweit man das sehr kurz sagen kann, würde ich also zumindestens in Abgrenzung - und es ist ja nur in Negation zu anderen, eben in der Diskussion von den ostdeutschen Kommilitonen vertretenen Standpunkt möglich - nicht so, daß der Faschismus sozusagen die reifste Frucht des Kapitalismus allein ist, sondern dazu noch andere Bedingungen notwendig sind, und zwar Bedingungen einer ganz konkreten geschichtlichen Lage. Die hier jetzt zu analysieren für die Zeit am Ende der Weimarer Republik, das würde sicher zu weit führen. Aber ich meine, daß es sehr entscheidend ist, daß tatsächlich - und sofern würde ich sogar partiell zustimmen - in einer Spätphase der kapitalistischen Entwicklung reaktionäre Tendenzen und Bewegungen (sagen wir im 20. Jahrhundert) in der Tat nicht mehr nur konservative und autoritäre Regierungen an die Macht bringen (wie das meinetwegen auf der Grundlage anderer gesellschaftlicher Bedingungen, sagen wir des 19. Jahrhunderts, noch der Fall war), sondern in der Tat in jenem Zeitalter (das wir oft das Zeitalter der modernen Industrie nennen) tatsächlich dann nur eine totalitäre Bewegung (um diesen etwas zweideutigen Begriff einmal zu verwenden) in der Lage ist, die Herrschaft ungeteilt auszuüben.

Prof. Abendroth: Daß es dazu der Mobilisierung ...

Hanno Drechsler: ... natürlich der Massen gehört ...

Prof. Abendroth: ... und zwar mit dem Korrelat antihumanitärer Zielsetzung bedarf.

Hanno Drechsler: Ja. Und dabei ist allerdings den ostdeutschen Interpreten entgegenzuhalten, daß es nicht so ist, daß Faschismus und Antisemitismus - wie da gesagt wurde, ich glaube sogar von Staatssekretär Girnus - notwendig, oder er sagte, zwei Seiten ein und derselben Medaille sind. Ich würde im Gegenteil eher dem Kommilitonen recht geben, der auch dort gesprochen hat, daß heute dieser Antisemitismus in der Tat gar nicht mehr nötig ist, sondern zum Teil umfunktioniert wurde; daß wir heute dem Antikommunismus diese Rolle zuweisen in allen reaktionären Tendenzen, die bei uns heute zum Ausdruck kommen ...

Prof. Abendroth: ... wobei der Antisemitismus höchstens noch eine Abfangrolle und nicht mehr ...

Hanno Drechsler: Genau. Ich glaube nicht, daß ein neuer Faschismus etwa in den westeuropäischen Ländern (auch in der Bundesrepublik) wieder in brauner Farbe kommen muß, wieder mit dem Hakenkreuz (es gibt ja andere Symbole und es hat ja in der geschichtlichen Erfahrung bereits andere Symbole für faschistische Staaten gegeben, denken wir doch an Österreich, dort war es ein anderes Kreuz). Und man wird auch diesen neuen Faschismus wahrscheinlich nicht mehr kommen sehen mit dem Antisemitismus. Aber eines wird sicher sein: Dieser Wolf Faschismus kommt wieder im Schafspelz, das heißt also, mit Losungen und mit Ressentimenthaltungen, die im Volke vorhanden sind. Das ist in der Tat nicht mehr in dem Maße der Antisemitismus, sondern das sind andere Ressentiments.

Prof. Abendroth: Ich danke Ihnen, und ich glaube, daß der Beitrag sehr wesentlich war. Und nun bitte ich um Fortführung der Diskussion.

Student B: Ich studiere Germanistik und Wissenschaftliche Politik. Mir scheint in der letzten Äußerung ein äußerst wichtiger Punkt und ein äußerst wichtiges Charakteristikum des deutschen Nationalsozialismus berührt zu sein, den ich vor allem in der speziellen Form der politischen Manipulation sehe, das heißt: in der sublimen und ganz bewußt organisierten Aufhebung jeder klar abgrenzbaren Verantwortlichkeit durch organisatorische Fehlaufbauten, Zwischenschiebungen und dergleichen mehr. Das scheint mir ganz entscheidend zum deutschen Faschismus dazu zugehören. Und das bedeutet natürlich weiter, daß die Inhalte dieser Manipulationsmethode mehr oder weniger beliebig auswechselbar sind.

Student C: Ja, auch hierzu. Es ist ganz interessant, daß der Nationalsozialismus auch mit der Parole "Antikapitalismus" an die Macht gekommen ist. Ich erinnere hier nur an das berühmte Wort von Strasser im Reichstag. Man hat also diese antikapitalistischen Sehnsüchte, die durch die Krise in breiten Bevölkerungskreisen auch entstanden sind, manipuliert und hat sie benutzt, um eine totalitäre Herrschaftsform aufzubauen. Und das widerspricht im Grunde ja auch den Thesen, die zum Teil in der Diskussion dort vertreten wurden, nämlich daß letzten Endes der Kapitalismus und der Faschismus völlig eins sind.

Reinhard Kühnl: Also, in dieser Frage kommt es darauf an, zeitlich zu differenzieren. Ihre Äußerung würde gelten etwa bis zum Jahr 1926/27. Für die folgenden Jahre gilt sie nicht mehr. In den folgenden Jahren tauchte in der offiziellen Propaganda der NSDAP kaum noch ein wirklich radikal antikapitalistisches Schlagwort auf, sondern dieser antikapitalistische Akzent ist ganz übergegangen auf die linken Gruppierungen (also Otto Strasser und die Schwarze Front, die dann ja auch deswegen hinausgedrängt wurden). Bei Goebbels sind gewisse agitatorische Elemente durchaus noch eine Zeitlang vorhanden. Aber das kommt einfach daher, weil er in Berlin agitieren mußte; und in Berlin - also im norddeutschen Bereich der NSDAP - waren die Strasser-Parolen jahrelang in dieser Weise dem Volke vorgesetzt worden, sodaß Goebbels noch eine Weile in diesem agitatorischen Element weitermachen mußte, um überhaupt beim Volk anzukommen. Aber bei Goebbels war es wirklich nur ein agitatorisches Element und in keiner Weise ernst gemeint. Goebbels konnte auch ganz anders.

Frau Dr. Abendroth: Noch etwas dazu. Ich bin ja vielleicht als eine der wenigen damals zur Schule gegangen, und ich habe 1936 Abitur gemacht. Wir mußten nazistische Schriften lesen. Da wir aber eine Lehrerin hatten, die der Bekennenden Kirche angehörte und sehr unwillig das tat, las sie mit uns von Gottfried Feder "Brechung der Zinsknechtschaft"[12], und das war gar nicht so selten. Die meisten Leute haben sich darum gedrückt, ihren Schülerinnen antisemitische Parolen vorzuwerfen. Die waren damals schon, jedenfalls bei der weiblichen Lehrerschaft, soweit sie nicht hundertprozentige "Nazissen" waren, schlecht beleumdet wegen der wirklich widerlichen "Stürmer"-Zeitung. Sie lasen auch, soweit sie christlich waren, nicht mit uns das Rosenberg'sche Buch[13] und sie lasen auch nicht mit uns den "Kampf", denn damals standen da Teile drin, die nicht diskutiert werden durften auf den Schulen, zum Beispiel die ganze Kolonialismusthese, da wurde uns offiziell in der Oberprima erzählt: Das dürfen wir jetzt nicht diskutieren. Aber dieses antikapitalistische Problem, nämlich Gottfried Feder, das wurde diskutiert und nicht nur bei uns alleine, und es war '36 oder

35/36. Es wurde also jedenfalls auf unterer Ebene doch noch damit weiter propagiert.

Student D: Ich bin an sich Germanist, aber auch ein bißchen Historiker, und ich möchte das lebhaft unterstützen, was eben meine Vorrednerin gesagt hat und auch ein klein wenig aus eigener Kenntnis. Diese These, daß das antikapitalistische Ressentiment keine Rolle mehr gespielt habe, die ist historisch völlig falsch. In der Wirklichkeit hat sie noch eine große Rolle gespielt. Es mag durchaus sein, daß man auf einer gewissen Ebene das zurückgesteckt haben mag, vor allen Dingen, weil man ja nun tatsächlich auch ein gewisses politisches Bündnis mit den Deutsch-Nationalen etwa eingegangen ist. Aber im Alltag, vor allen Dingen in den niederen Rängen, um das zu betonen, ist das außerordentlich stark noch zum Tragen gekommen, und zwar in den ganzen Jahren 32, 33, 34, 35, das darf man nicht unterschätzen. Damit hat man tatsächlich große Mengen der Bevölkerung eingefangen und auch noch bei der Stange gehalten, zweifelsohne. Es wäre falsch, wenn Sie nur davon ausgehen, was bestimmte Leute in bestimmten Augenblicken geschrieben oder formuliert haben. [...]

Reinhard Kühnl: Also, ich muß wieder einmal dafür eintreten, daß man hier zeitlich ganz säuberlich abgrenzt. Bisher war die Rede von der Zeit vor 1933. Und hier liegt nun der entscheidende Wendepunkt gegen Ende der Zwanziger Jahre, 1926, 27 oder auch 28. Von diesem Zeitpunkt ab hat in der nationalsozialistischen Propaganda dieses Element keine Rolle mehr gespielt, und zwar einfach deshalb nicht, weil eben die nationalsozialistischen Stimmen zu den Wahlen ja nicht mehr von der Arbeiterschaft gekommen sind, das hat der Hitler schon 1926 begriffen und hat es seinem Umkreis auch mitgeteilt und hat sich deshalb radikal umgestellt. Nach 1933 hat man dieses Element zum Teil wieder aufgenommen, weil man ja nun nicht mehr darauf verzichten konnte, die Arbeiterschaft als Wähler zu bekommen, wie man vor 33 verzichtet hatte; nach 33 versuchte man vielmehr nun mit diesem sozialen Slogan auch die breiten Schichten der Bevölkerung wieder anzusprechen; man mußte sich ja jetzt mit denen auch arrangieren. Aber vor 1933, in diesen Jahren, hatte die nationalsozialistische Führung grundsätzlich darauf verzichtet, die Arbeiterschaft als Wählerreservoir zu gewinnen und hat deshalb mit ihren Parolen Kleinbürger angesprochen und hat deshalb auf Antisemitismus gemacht und nicht auf Sozialismus.

Prof. Abendroth: Ich glaube, über eins sind wir uns bei dieser Beziehung einig, daß nämlich tatsächlich die Machtergreifung auf ein Bündnis der Wirtschaftsführung mit der NSDAP beruht; daß die faktische Politik der NSDAP in diesem

Bündnis verblieb und im Programm dieses Bündnisses, nämlich der Krisenbehebung durch Großaufrüstung treu blieb und damit manipulierte. Darüber sind wir uns schon klar.

Aber wir haben noch eine Fülle weiterer Probleme zu diskutieren. Probleme, die wir vielleicht ganz kurz vorweg nehmen sollten mit der Analyse der Bundesrepublik. Wir sind uns darüber klar - das auch hier wieder zur Einleitung - daß es eine Menge von Phänomenen gibt, die in der Diskussion drüben gar nicht ganz unrichtig geschildert sind. Aber die Frage ist, ob sie richtig *eingeordnet* sind.

Wir haben uns weiter auch mit dem Phänomen der Rolle der DDR selbst, wie sie dort gesehen wird, knapp zu beschäftigen. Und ich glaube, wir sollten uns jetzt auf diese beiden Fragengruppen konzentrieren. Zunächst aber: Fragengruppe Bundesrepublik.

Frau Dr. Abendroth: Ja. Dabei liegt bei uns ein Handikap vor. Die Leute, mit denen Herr Neumann gesprochen hat und die wir hier gehört haben, waren alles offizielle Leute. Es waren alles Leute, die *die* Linie vertraten. Wir hier in der Mehrheit, die wir hier sitzen, wir sind keine Leute, die die offizielle Politik der Bundesregierung in jedem Falle vertreten, sondern wir sind zum großen Teil in der Opposition zu vielen Dingen, die da angesprochen sind. Insofern, das sollten wir wirklich sagen - sonst verschiebt sich das alles, sonst, wenn das Band nämlich nach Osten ausgestrahlt werden sollte, kriegen die ein ganz verkehrtes Bild -: Wir müssen uns also mit der offiziellen Linie auseinandersetzen. Wir wissen, wenn wir eine Zeitung aufschlagen oder eine Zeitschrift und selbst in wissenschaftlichen Publikationen, die man von drüben kriegt, zieht sich das wie ein Roter Faden durch; es ist fast schon nicht mehr leserlich, weil es einem davor graust vor diesem Roten Faden, daß wir ein bestimmtes Klischee vorgesetzt kriegen: Wir sind Faschisten, wir sind Kriegshetzer, und jede noch so vernünftige wissenschaftliche Analyse wird daher für uns unleserlich, weil wir uns ständig mit etwas auseinandersetzen, was für unser Gefühl nicht der Wirklichkeit entspricht.

Ich habe mal zu einem Herrn gesagt, der hier eine Diskussion mit meinem Mann geführt hat, aus Leipzig kam der Herr; der wurde uns geschickt statt eines anderen Herrn, und zwar war Herr Arzinger eingeladen. Stattdessen kam ein Herr, dessen Namen mir entfallen war, der uns gar nicht bekannt war (Herr Arzinger telegrafierte einen Tag vor der Diskussion ab und der andere Herr wurde uns präsentiert). Nun, mein Mann hat damals mit ihm diskutiert. Zu diesem Herrn, der dann nachmittags bei uns im Hause war, habe ich gesagt: "Mit uns irgendwo einer Meinung sein, ist kein Kunststück, denn wir sind ja Oppositionelle, das weiß die Bundesregierung, und das wissen Sie auch.

Schicken Sie uns doch mal *Ihre* Oppositionellen, mit denen möchte ich gerne mal diskutieren!" Darauf haben wir betretenes Schweigen gehabt.

Und dadurch, daß wir hier als Oppositionelle erstens, daß wir das überhaupt sprechen dürfen, ohne nach links und rechts zu gucken; zweitens, daß das auf Band aufgenommen wird und daß das gesendet wird - das zeigt, daß wir doch noch immerhin eine, wir können ruhig sagen (gelegentlich mit Einschränkungen), aber doch noch so etwas haben wie eine freiheitliche Demokratie. Das wollte ich nur dazu sagen.

(Beifall)

Prof. Abendroth: Ja, ich glaube das Problem ist ganz richtig angeschnitten. Niemand von uns wird bestreiten, daß wir noch Freiheitsrechte haben, denn wir können hier diskutieren. Solange wir das können, haben wir Freiheitsrechte. Das andere Problem ist: Sind diese Freiheitsrechte wirklich in dem Maße bedroht und so bedroht, in der Form bedroht - in der man es drüben sieht - und entsteht aus dieser Gefahr der Bedrohung wirklich, möglicherweise unter bestimmten Bedingungen (sicherlich nicht aktuell) wieder auch die Gefahr der totalen Inhumanität, wie sie uns im Nationalsozialismus entgegengetreten ist?

Axel Azzola: Ich sehe eine Gefahr der Bedrohung der Freiheit in einer schleichenden Diffamierung des Andersdenkenden. In der Denunziation des Andersdenkenden als Krypto-, Pseudo-Kommunisten, Helfershelfer und so weiter. Das, was in der politischen Tagesdiskussion Westdeutschlands mit den ersten Bundestagsdebatten einsetzte und bis zum heutigen Tage unvermindert (selbst im letzten Wahlkampf in Hessen oder in Bayern) nachgelesen, nachgehört werden kann. Neben dieser Gefahr besteht gleichzeitig eine Art legalisierte Überziehung unseres Staates mit Restsyndromen, dargestellt durch Menschen, die sich unter Umständen ihrer geistigen Heimat als Fortsetzer nahezu faschistischer oder - *expressis verbis*: - faschistischer Ideologien zum Teil gar nicht mehr bewußt sind. Es sind Leute, die im Wesentlichen der nationalsozialistischen Ideologie und Propaganda derart auf dem Leim gegangen sind, daß sie heutzutage noch diese Propaganda als den wahren Kern begreifen wollen, ohne daß diese Propaganda der wahre Kern gewesen wäre.

Wir haben es also in gewisser Beziehung - mit Einschränkungen - zu tun mit der Situation von 1919, als ein neuer Staat gegründet wurde, die Institutionen aber durch Menschen aufgefüllt wurden, die vorher den alten Staat repräsentiert hatten - mit dem Unterschied, daß wir damals keine auswärtigen Mächte im eigenen Reich hatten, die das Vorhergehende verdammten, zurückdrängten, verurteilten, was wir 1945 (doch mindestens in gewissen Grenzen) erlebt haben und was auch seine Folgen gehabt hat und haben mußte. Man kann das am Besten vielleicht, es ist gefährlich zu sagen - aber eine Analyse der herrschenden Lehre im Machtinstrument dieses Staates in bezug auf Fragen, wie Grenzziehung, politische Stoßrichtung, wird dazu führen, daß von hier auch wiederum, auf dem Umweg der Erziehung, Einflüsse geltend gemacht werden, die besser vergessen werden sollten.

Karl Lingelbach: Ich möchte an einem Beispiel, das was Herr Azzola sagte, demonstrieren. Ein Beispiel, das auch drüben bei den Kommilitonen in der Humboldt-Universität immer wieder herangezogen wurde, nämlich das der Geschichtsbücher, nur - wie mir scheint - in völlig falscher Einordnung. Es wurde da von Dieckmann und auch von vielen anderen immer wieder so hingestellt: In den Geschichtsbüchern der DDR ist alles schön und gut, da wird der Faschismus, der Nationalsozialismus richtig und korrekt und in seiner ganzen Gefährlichkeit dargestellt; dagegen in den Geschichtsbüchern der Bundesrepublik wird er, wenn nicht verschwiegen, so doch in seiner Auswirkung vielfach völlig falsch oder verschleiert dargestellt oder als harmlos hingestellt; oder sogar, wie es hier immer wieder durchklang, wurde gesagt, in diesen Geschichtsbüchern wird der Jugend gewissermaßen ein beinahe faschistisches Weltbild angeboten. Da ist auch ein Kern Richtiges drin, möchte ich zunächst einmal ganz klar sagen, aber es liegt eben anders als es sich die Leute drüben offensichtlich vorstellen. Wenn wir uns unsere Geschichtsbücher ansehen, dann fällt uns auch hier (das kann man beinahe bei allen Geschichtsbüchern sagen) unangenehm auf, daß eben Strukturen auftauchen eines überkommenen Obrigkeitsstaates. Nicht aber, wie es offensichtlich dort drüben dargestellt wurde, daß ausgesprochen faschistische Ideologien oder etwa daß rassistische Vorstellungen in diesen Geschichtsbüchern auftreten sollten - das kann man bei Gott von keinem einzigen der in diesem Lande bestehenden Geschichtsbücher sagen.

Nur um das an einem Beispiel einmal deutlich zu machen: Ich unterrichte selbst Geschichte, da fallen mir solche Sachen auf, die offensichtlich noch aus der Zeit vor 1914 bis jetzt in die Geschichtsbücher hineingezogen werden, daß etwa bei Friedrich Barbarossa in der Belagerung von Mailand von der "welschen Tücke" geredet wird, wie die Mailänder diesen großen Heros, diesen großen abendländischen Kaiser versuchten, übers Ohr zu hauen und ähnliche Scherze, nicht wahr? Aber das ist nicht ausgesprochen eine faschistische Ideologie, die den Kindern dort klargemacht werden soll, sondern es sind einfach überkommene Dinge, die jetzt noch in diesen Geschichtsbüchern auftauchen, die uns auch zu schaffen machen. Ich wollte nur sagen, an diesem Beispiel zeigt man, wie das, was hier mit Recht beanstandet wird, noch in eine völlig falsche Richtung und jener völlig falschen Weise kritisiert wird.

Neumann: Darf ich da ein Wort der Richtigstellung sagen? Ich glaube, dieser Beitrag wurde in erster Linie resümiert und nicht wirklich gespielt. Was die Leute dort sagten, soweit ich mich erinnere, ist, daß zum Beispiel die Frage der Endlösung, die dort sehr ausführlich behandelt wird, zunächst nach 1945 in der Bundesrepublik relativ ausführlich behandelt wurde und dann in folgenden Auflagen derselben Bücher immer mehr und mehr zusammengeschrumpft ist, bis schließlich nurmehr acht Zeilen über ein so großes Thema da waren, während über irgendwelche Siege oder dergleichen Seiten und Seiten gebracht wurden.

Karl Lingelbach: Dem kann man nur unbedingt zustimmen.

Prof. Abendroth: Also, das Problem ist hierbei die Verharmlosung auch des Terrors des Faschismus, und die Verharmlosung der Identifikation imperialistischer allgemeiner Politik mit faschistischer Inhumanität, die wahrscheinlich - und das werden wir denen drüben zugeben müssen - heute bei künftigen, ähnlichen Entwicklungen eine notwendige Identifikation ist. Das Problem ist also nicht, ob hier unmittelbar nationalsozialistische Propaganda gemacht wird (sozusagen von offiziösen Stellen) - das wird niemand behaupten, auch drüben wohl kaum jemand behaupten, sondern das Problem ist, ob die Bedingungen für eine Wiederherstellung solcher Strukturen auch sozialpsychologisch in dieser Anknüpfung an imperialistische Gesinnung einerseits, an obrigkeitsstaatliche Strukturen andererseits wieder geschaffen werden. Und das weitere Problem ist, ob die personellen Bedingungen für eine solche Re-Identifikation - nicht notwendig des Nationalsozialismus, sondern anderer faschistischer Inhumanität - nicht dadurch wirklich gegeben sind, daß in führenden Strukturen der Bundesrepublik, in führenden Machtpositionen der Bundesrepublik Männer sitzen, die an der totalen Inhumanität des "Dritten Reiches" ihren gebührenden Anteil getragen haben. Wobei sich fragt, ob hier ernstlich widersprochen werden kann. Widersprochen werden kann allerdings der These, daß das bereits Faschismus sei - das ist es nicht.

Frau Dr. Abendroth: Die Geschichtsbücher sind ja nur insofern interessant, als man damit den Unterricht und den Schulbetrieb hier im Westen kontrollieren will. Ich könnte annehmen, daß die im Osten, in der DDR, glauben, alle Lehrer halten sich auch an diese Geschichtsbücher, genauso wie ihre Lehrer sich an ihre Geschichtsbücher halten müssen. Das ist aber ja nicht der Fall, wie ich aus dem Geschichtsunterricht unserer Kinder sagen kann, und nicht nur aus dem Geschichtsunterricht, sondern: Die Lehrer haben dieses Buch da als Leitfaden und die Kinder sollen danach repetieren, aber sie lernen doch auch noch vieles andere. Ich weiß, daß meine Tochter im Geschichtsunterricht das Buch eines verfolgten Polenkindes vorgelesen oder gelesen hat, ein polnischen Juden. Es war das Buch eines kleinen polnischen Juden, der diese ganzen schrecklichen Dinge selbst miterlebt hat und sehr instruktiv das Ganze als erlebtes Tagebuch schildert. Der Titel ist mir entfallen. Und auch sonst sollte man doch da also einem Irrtum vorbeugen, daß das, weil es in den Geschichtsbüchern oder auch in anderen Büchern so aussieht, notwendig mit der Schulwirklichkeit übereinstimmen muß.

Prof. Abendroth: Nur Gegenfrage: Darf man die Illusion haben, daß die Situation der Freiheit des Lehrers und die Situation der genügenden eigenen, kritischen Haltung des Lehrers - die in vielen Fällen sicher zum Ausdruck kommt - die Durchschnittssituation ist?

Axel Azzola: Es wird behauptet, daß in einer Marburger Privatschule ein Historiker, ein Geschichtslehrer, der seinen Kindern etwas eingehender über den Nationalsozialismus und seine Ausdrucksformen unterrichten wollte, diese Schule auf Druck der Eltern verlassen mußte. Das würde also zeigen, daß die Privatschule sich von diesem Lehrer hat trennen müssen, nachdem massiver Druck der Eltern gegen diesen Lehrer ausgebrochen war.

Prof. Abendroth: Wieder eine Sondersituation - aber das Problem ist ja breiter und das Problem betrifft keineswegs nur die Geschichtsbücher. Ich glaube, daß diese Diskussion über die Geschichtsbücher schon wesentlich war und das Kernproblem berührt. Es geht eben nicht um das Problem, daß zweifellos Randsituationen der Freiheit in der Bundesrepublik existieren, in breitem Maße noch existieren; sondern es geht um das Problem, ob Grundstrukturen tatsächlich da sind, die eine Gefährdung bedeuten und eine neue Zuwendung zu neuer, sicherlich anders formulierter Inhumanität möglich erscheinen lassen. Und da ist andererseits das Grundproblem der Macht-Situationen, der Inhaberschaft faktischer Macht in der Ökonomie, in der staatlich organisierten Gesellschaft (also in der Bürokratie, in der Gerichtswelt und so weiter, in der Armee und dergleichen mehr). Und diese Gefährdungssituation, glaube ich, wird niemand von uns leugnen wollen.

Das andere Problem ist: Ist die Einschätzung dabei richtig?

Frau Dr. Abendroth: Ich hab' das überhaupt nur gesagt, damit man eine Möglichkeit sieht, die beiderseitigen Klischees abzubauen, und es ist nicht generell so. Es ist zwar eine Haupttendenz, aber es sind auch Nebentendenzen, und man müßte diese Nebentendenzen stärken, auf daß man wieder persönlich miteinander vernünftig, ohne irgendwelche Linien miteinander sprechen kann.

Wolfgang Kienert: Ich bin Biologe und studiere Deutsch und Biologie. Ich möchte fragen, nachdem wir jetzt ziemlich ausführlich über den Faschismus gesprochen haben, über Rückstände und auch Neuansätze, welche Konsequenzen sich nun konkret für den Antisemitismus ergeben? Wir hatten vorhin schon gesagt, daß der Antisemitismus und der Faschismus nicht konform gehen müssen, und heute auch nicht mehr konform gehen würden. Welche Fragen würden sich für den Antisemitismus, wenn wir das ausschalten, jetzt in Deutschland ergeben?

Prof. Abendroth: Vielleicht ein Wort dazu. Daß das Problem der Initialzündung "Antisemitismus" für antihumanitäre, terroristische Massenbewegungen in Westdeutschland ein zweitrangiges Problem geworden sind - und hier kommen wir an eine sehr wichtige Frage - das liegt an einem ganz einfachen Tatbestand: nämlich an der "erfolgreichen" Endlösung der Judenfrage durch den deutschen Faschismus. Also muß ein neuer deutscher Faschismus, wenn er entstehen sollte, sich natürlich einer anderen Initialzündung zuwenden.

Ein ganz gefährliches Problem hierbei scheint mir darin zu stecken, daß wir gerade in dem Versuch der Nicht-Bewältigung der Vergangenheit durch vorgegebene Schein-Bewältigung der Vergangenheit allzu häufig dazu neigen - es ist ein großes Verdienst von Herrn Robert Neumann, das auch damals in seinem Referat hier klar gemacht zu haben -, dieses Problem der Inhumanität im Problem des Antisemitismus ganz einfach zu isolieren. Das geht nicht. Adolf Hitler - und das "Dritte Reich" - hat die Zentralbarbarei gegen die Juden gewandt. Adolf Hitler und das "Dritte Reich" haben nicht nur Millionen Juden, sondern auch andere Millionen ermordet. Als die Mordwelle in Deutschland beginnt, nämlich 1933, sind zwar auch hie und da Juden die Opfer, aber unter der Vorgabe des Antisemitismus waren zunächst diejenigen Deutschen die Opfer, die gegen die Barbarei kämpfen wollten. Und dann hat dieser gleiche Faschismus in den anderen Ländern, die er erobert hat, die Massenliquidation auch anderer Bevölkerungsschichten betrieben: die Massenliquidation durch Einkassieren als Fremdarbeiter, durch Ruinieren des Landes und durch Liquidierung von Menschen - in den Vergasungslagern wurden ja nicht nur die Juden vergast.

Wir dürfen also das Problem des Antisemitismus zwar als eines der zentralen Probleme der Barbarei in Deutschland sehen, aber wir dürfen nicht das Gesamtproblem des organisierten Mordes, der Räuber-Gesinnung gegen andere Nationen (wie sie durch den Imperialismus hochgetrieben wurde und sich dann im Faschismus entladen hat) auf diese Problematik beschränken. Käme es wieder zu Entladungen solcher Art, so ist der Manipulations-Ausgangspunkt mangels vorhandener Juden ein anderer. [...]

Anmerkungen:

1 Reinhard Kühnl, geb. 1936, zum damaligen Zeitpunkt wiss. Hilfskraft bei Prof. Abendroth, Promotion 1965, seit 1971 Prof. f. wissenschaftliche Politik an der Universität in Marburg; 1973 Gastprofessur in Tel Aviv, zahlreiche Veröffentlichungen zum deutschen Faschismus; siehe sein Beitrag in Kap. IX.

2 Axel Azzola, geb. 1937, Promotion 1966, seit 1971 Professor für Öffentliches Recht und Staatsrecht an der TH Darmstadt

3 Adolf Stoecker, ev. Geistlicher und Politiker, geb. 1835 in Halberstadt, war 1874 - 1889 Hof- und Domprediger in Berlin, versuchte - religiös orthodox und politisch streng konservativ - die sozialdemokratische Arbeiterschaft in christlichem und vor allem monarchisch-nationalem Sinn zu beeinflussen. Gründete 1878 die Christlichsoziale Arbeiterpartei. Während sein Einfluß unter den Arbeitern begrenzt war, wirkte er stärker auf den Mittelstand, wobei er das Judentum als Hort des Liberalismus bekämpfte. Wurde als Mitglied des preußischen Abgeordnetenhauses (1879 - 1898) und des Reichstags (1881 - 1893) Führer der ultrakonservativen Kreuzzeitungspartei.

4 Paul W. Massing, Vorgeschichte des politischen Antisemitismus, Frankfurt/Main 1959 (engl. 1949).

5 Hanno Drechsler, geb. 1931, 1961-1963 wissenschaftlicher Assistent bei Professor Abendroth, 1963-1970 Dozent für wiss. Politik in Gießen, 1970-1992 Oberbürgermeister von Marburg; Promotion bei Wolfgang Abendroth; siehe: ders. Die Sozialistische Arbeiterpartei Deutschlands. Ein Beitrag zur Geschichte der deutschen Arbeiterbewegung am Ende der Weimarer Republik. Meisenheim 1964.

6 Karl Lingelbach, geb. 1930, 1969 Promotion in Marburg, seit 1972 Professor für Erziehungswissenschaften in Frankfurt/Main.

7 "L'Humanité": 1904 als Organ der französischen Sozialisten gegründete Zeitung; wurde 1921 Zentralorgan der französischen KP; erschien 1939 - 1944 als Untergrundzeitung.

8 Kurt Kliem promovierte 1957 bei Abendroth über das Thema: "Der sozialistische Widerstand gegen das Dritte Reich, dargestellt an der Gruppe "Neu Beginnen"; Professor für wissenschaftliche Politik a.D., seit 1985 Landrat des Kreises Marburg-Biedenkopf.

9 Am 20. Juli 1932 setzte der Zentrumspolitiker Franz von Papen (seit 1. Juni 1932 als Nachfolger Brünings Reichskanzler) aufgrund einer Vollmacht des Reichspräsidenten das noch als Minderheitsregierung amtierende SPD-Kabinett Otto Braun in Preußen ab und übernahm als Reichskommissar die Regierung Preußen.

10 Kurt Lenk, geb. 1929, 1964 Habilitation bei Wolfgang Abendroth, ab 1966 Professor für politische Wissenschaften in Erlangen, ab 1972 in Aachen.

11 Gemeint ist die Schrift "Der Achtzehnte Brumaire des *Louis* Bonaparte" von Karl Marx aus dem Jahr 1852; s. dazu Marx-Engels-Werke, Band 8.

12 Forderung des Politikers Gottfried Feder (1883 - 1941), der damit starken Einfluß auf das Programm der Deutschen Arbeiterpartei ausübte; der Partei trat er noch vor Hitler bei. 1924 - 36 war er für die NSDAP als Wirtschaftsexperte Mitglied des Reichstags, 1933 - 34 Staatssekretär im Reichswirtschaftsministerium und 1934/35 Reichskommissar für das Siedlungswesen. Sein Einfluß war schon mit dem Sturz des sozialrevolutionären Kreises um G. Strasser gesunken und verminderte sich weiter, als sich seine rigorosen antikapitalistischen Theorien als Hemmschuh beim Werben Hitlers um die Unternehmer erwies.

13 A. Rosenberg, Der Mythos des 20. Jahrhunderts, 1930.

V. "Wir müssen die drüben zwingen, ihre stalinistischen Schlacken zu liquidieren"

Diskussion im Auditorium Maximum der Philipps-Universität Marburg am 14. Mai 1964

[...] **Prof. Abendroth:** Es gelingt uns häufig - und das ist das, was eben Herr Girnus nicht zur Kenntnis genommen hat - in Einzelfällen solche Übel abzustellen. Herr Krüger[1] hat seinen Hut nehmen müssen, allerdings nicht mehr der gleiche Bundesvertriebenenminister Krüger, der unwiderlegt gesagt hat, daß er sich an Todesurteile nicht so genau entsinnen könne, weil man Todesurteile als Richter in dieser Zeit routinemäßig abgewickelt hat. Er ist dafür nicht - das müssen wir nun wieder den Leuten aus der DDR zugeben - strafrechtlich zur Rechenschaft gezogen worden. Er hat noch nicht einmal seine nun materiell guten Positionen verloren und noch nicht einmal - vom Standpunkt mancher Verbände in der Bundesrepublik Deutschland und mancher Parteien in der Bundesrepublik Deutschland - seine Ehre verloren, obwohl er - (wohlgemerkt: heute noch!) wagt, derartige Äußerungen von sich zu geben. Aber Herr Girnus hat nicht vermerkt, daß Herr Krüger gehen mußte.

Übrigens muß ich bei einem Herrn Girnus in Schutz nehmen, leider. Der Schubert, den er hier meinte, ist nicht der Schubert, der lebenslang im Zuchthaus sitzt, sondern ein anderer Schubert. Und da behält er leider Recht. Und wohlgemerkt, das ist ein Beispiel dafür, wie man diskutieren muß: Wenn wir sehen, daß wir uns bei einer Äußerung geirrt haben, sind wir so frei, es zuzugeben. Und dadurch, daß wir so frei sind, es zuzugeben, sollen wir lernen, denen drüben auch die Notwendigkeit des Zugebenkönnens aufzuerlegen durch unser Beispiel.

(Beifall)

Wohlgemerkt: Es ist richtig: Solche Männer in Führungspositionen gibt es noch heute allerorts, und auch Paragraph 116 des Richtergesetzes (der Richtern mit allzuvielen Todesurteilen bei uns die Chance gab, sich pensionieren zu lassen, auch wenn sie Schreibtischmörder *par excellence* gewesen sind; und es sind leider nicht sehr wenige Richter, die in dieser Lage sind) hat diesen Tatbestand nicht verändert, das wissen wir. Es gibt sie allerorts an allen Ecken. Aber Herr Girnus irrt, wenn er glaubt, wir könnten das nicht kritisieren. Und Herr Girnus irrt, wenn er glaubt, man könne das nicht ändern.

(Beifall)

Da wir es ändern können, können wir auch helfen, die drüben zu zwingen, ihre stalinistischen Schlacken zu liquidieren.

(Beifall)

Wir wissen zwar - um das vorweg zu sagen -, daß es völlig unsinnig wäre und uns nicht ansteht, etwa Stalin als die grauenvollste Entartungsform des sowjetischen Regimes (die ja doch längst überwunden ist, wenn auch nicht in allem überwunden) mit Hitler gleichzusetzen. Es wäre verbrecherisch, wenn wir eine solche Gleichsetzung betreiben würden. Wir wissen, daß Stalin keine Millionen vergaste. Wir wissen, daß Stalin keine Weltkriege angezettelt hat. Und wir wissen, Hitler hat es getan, und er hat es getan mit Unterstützung durch unsere Bildungsschichten. Aber Verbrechen hat Stalin durchaus begangen. Und die Freiheit des Denkens hat Stalin durchaus auf lange Zeit zurückgedrängt und vorübergehend liquidiert. Und diese Beschränkung der Freiheit des Denkens, die besteht in der DDR - wenn auch nicht mehr so rigoros wie vor wenigen Jahren - doch noch fort. Also müssen wir helfen, hier aufzubrechen durch offene Diskussion und unser Beispiel.

Prof. Maus[2]: Ja, aber offene Diskussion wo? Hier in Marburg oder auch drüben? Ist es drüben möglich, daß man offen diskutiert? Oder - selbst wenn es möglich wäre - hat sich das bis hierher schon durchgesprochen? Könnte es nicht so sein, daß eine Diskussion, eine Begegnung von Marburgern und Berlinern, drüben nicht recht zustande kommt einfach deshalb, weil *wir* hier uns ein falsches Bild machen, weil wir hier nun nicht als Pionier, sondern als Kreuzritter der abendländischen Kultur nach drüben gehen und umgekehrt nun auf ein gegnerisches Kreuzritterheer vielleicht nicht, aber immerhin auf Gegner stoßen, die nun ihrerseits sich mit allen Mitteln bemühen, eine solche Einheit, weltanschauliche Einheit uns entgegenzuhalten? Das heißt also, daß auf beiden Seiten so massive Vorurteile bestehen, daß bei allem guten Bemühen von vornherein eine solche Begegnung im Grunde unnütz wäre. Was meinen Sie, Herr Conzelmann?

Prof. Conzelmann: Ich meine, das Risiko einer solchen Einseitigkeit ist wieder das demokratische Risiko. Wenn drüben keine derartige, offene, unbefangene Diskussion möglich sein sollte - ich lasse das völlig offen - dann bedeutet das für uns noch lange nicht, daß wir sie verweigern. Gerade nicht.

(Beifall)

Außerdem: Wenn wir nach Berlin gehen würden, dann nicht als Kreuzritter, um zu bekehren. Wir wissen ganz genau, daß es das Programm des Kommunismus ist, zu bekehren, zu überzeugen und die Welt für sich zu gewinnen. Das wissen wir ja. Das bedeutet für uns nicht, daß wir jetzt das Gegenprogramm eines westlichen Kreuzzuges entwerfen, sondern wir gehen nun mal hinüber, um uns zu informieren, um zu wissen, was da drüben gespielt wird, um also die nötigen Informationen auch für uns selber zu bekommen. Und, wie gesagt: Das Risiko gehen wir ein, eben weil wir in der völligen Offenheit diskutieren, ohne irgendwelche Bekehrungsabsichten. Ob sich eine Bekehrung einstellt, das kann niemals Programm sein, sondern dafür haben wir nichts einzusetzen als die Offenheit unserer Diskussion auf unserer entschlossen demokratischen Basis, die eben das Risiko der Divergenz auch unter uns einschließt.

Außerdem dürfen wir, glaube ich, eins nicht vergessen, was Herr Neumann gelegentlich einflocht: daß Sie drüben sich von uns bedroht fühlen. Das ist ganz einfach wahr, das wird von uns systematisch gezüchtet, durch unser Säbelgerassel.

(Beifall)

Und auch das muß in Rechnung gestellt werden, wenn wir jetzt Haltung gegen Haltung verrechnen wollen.

Prof. Abendroth: Ich möchte dazu nur eins sagen, wieder in voller Zustimmung zu ihm.

Prof. Conzelmann: Darf ich bemerken: Das ist nicht vorher abgesprochen!

(Lachen)

Prof. Maus: Das ist die Konvergenz der Differenzen.

Prof. Abendroth: Man sollte diskutieren, auch wenn man weiß, daß von drüben Schallplatten abgespielt werden, schon um drüben Information zu bieten und dadurch doch die Schallplattenaufleger zum Überdenken über Schallplatten zu bringen, auch wenn sie es zunächst nicht zugeben. Aber das, was dabei zunächst der beste Anknüpfungspunkt ist, sind nach meiner Meinung durchaus konkrete Probleme, und *last not least* jenes Problem, das Herr Neumann so gut in seiner Briefträgerrolle hineingespielt hat.

Noch ist es ja so, daß auch in unserer, sozusagen offiziösen Ideologie ein *consensus omnium* darüber besteht, daß man sich nicht in aller Form mit dem "Dritten Reich" identifiziert. Die Verbrechen des "Dritten Reiches" klarzumachen, ist sowieso unser aller Funktion nach innen - auch gegenüber süßlichen, nun ich möchte sagen: Hitler-Schnulzen à la Percy Schramm[3]; hier ist also zunächst ein Punkt, bei dem man einen Ausgangspunkt zu gemeinsamer Diskussion hat. Gerade auch in der Auseinandersetzung mit konkreten Problemen, die dabei auftauchen, mit konkreten Problemen, auf die man Schablonenansichten so leicht nicht aufpfropfen kann.

Beispiel: Wir hatten heute das Zitat von Kirchenrat Ritter. Wir haben dann die Diskussion darüber gehört und gesehen, daß hier - nach meiner Meinung durchaus zu Recht - Studenten widersprachen und Herrn Oberkirchenrat Ritter zu seinem Schuldbekenntnis, durchaus bedeutungsvoll, brachten. Dadurch wurde das Gespräch vertieft. Frage nur: War es genug vertieft? Müßte man nicht jetzt an die Frage: Was hätte man nun wirklich tun können und tun sollen? Was wäre wirkungsvoll gewesen nach der Erkenntnis des völlig verbrecherischen Charakters des Hitler-Kriegs? Könnte man nicht gerade an dieser Frage wieder eine sehr konkrete Diskussion anknüpfen, die durchaus heilsam wäre für beide Seiten? Vielleicht wollen wir hier ein Beispiel geben.

Ich persönlich bin der Ansicht, um es ganz klar zu sagen, daß mit bloßer Märtyrerrolle nicht geholfen ist. Märtyrerrollen dienen allzu häufig bloß als Alibi für Schuldige, die sich nachher weißzuwaschen wünschen. Ich erinnere hier etwa an eine Zuschrift in der "ZEIT" in letzter Zeit, in der nun darauf hingewiesen wurde: Ja, wer Widerstand geleistet hat, das war von vornherein ohnedies aussichtslos und selbstmörderisch, aber es war doch insofern verdienstvoll, als wir alle auf diese Märtyrer verweisen können. Nach meiner Meinung sollte man sich vor solchen unwürdigen Rollen hüten. Ich bin überzeugt, auch Kirchenrat Ritter würde eine solche unwürdige Rolle kaum annehmen wollen oder empfehlen, und auch der Student nicht. Aber was war denn zu tun? Mir scheint, hier ist in einer solchen Lage, in der man erkennt: Mein Staat, der zur organisierten Verbrecherbande entartet ist, benützt seine Armee lediglich, um die Weiterführung von Verbrechen zu garantieren (und das war die Lage ab September 1939) - dann ist die verdammte Pflicht und Schuldigkeit gegeben, alles zu tun, um die Niederlage dieser Räuberbande und dieses Staates mit allen Mitteln so rasch wie möglich ohne jede Rücksicht auf irgendwelche romantischen Illusionen herbeizuführen. Also radikal defätistisches Verhalten, in jeder Form, mit jedem Mittel. Also jene Lösung, wie sie etwa die Leute damals der Widerstandsgruppe "Rote Kapelle" und andere Widerstandsgruppen, wie sie etwa General Oster[4] übernommen haben.

Sie wissen, auch hierzu gibt es wieder in unserem, dem westlichen Lager (wenn wir diese Schablonen gebrauchen wollen) Gegenstimmen. Ich erinnere etwa an die merkwürdig geschmacklose Charakterisierung der Gruppe "Rote Kapelle" in dem Buche Gerhard Ritters über Goerdeler[5]. Aber immerhin: Gerhard Ritter hat die Rolle von General Oster durchaus erkannt.

Gut und schön, kommen wir zu dieser Konsequenz, so werden wir hier unter uns verschiedene Ansichten haben. Sehr verschiedene Ansichten wahrscheinlich. Aber wir tragen damit auch jenem in Schablonendenken erstarrten Studenten von drüben das Material zur Beurteilung solcher Probleme heran und wir helfen ihm, sich kritisch mit sich selbst und seinen Voraussetzungen zu beschäftigen. Denn auch diesem Studenten können wir ja durchaus klarmachen, daß der normale Soldat der deutschen Wehrmacht ab 1939 ja an das geglaubt hat, wofür er kämpft. Und dann kann auch dieser Soldat drüben sehen: Mit solchem schlichten Glauben ist es nicht getan. Aber er wird auch das wieder nur glaubhaft finden - daß er nämlich selber kritisch denken muß und daß man von uns aus kritisches Denken empfiehlt und vorexerziert -, wenn wir ihm wieder deutlich gezeigt haben, daß wir mit jedem Säbelgerassel hier nichts zu tun haben und nichts zu tun haben wollen, das sich Politik der Stärke nennt und das etwa die Oder-Neisse-Grenze revidieren will, und das zwar heute behauptet - nur friedlich (wie einst Adolf Hitler ja bekanntlich vor jedem Raubzug behauptet hat!): Aber bitte Gebietserwerbungen nur friedlich.

(Zischen / Beifall)

Prof. Maus: Herr Conzelmann hat auf etwas sehr Wichtiges hingewiesen, und wie wichtig dies ist, hat jetzt zuletzt das Verhalten einiger Kommilitonen gezeigt. Er hat nämlich gefragt, ob wir nicht beachten müssen, daß man sich drüben bedroht fühle und ob an dieser Bedrohung nicht doch etwas sei.

Es genügt, glaube ich, nicht, wenn man bloß vom Säbelgerassel spricht. Mit Säbeln rasselt man heute nicht mehr, aber mit Düsenflugzeugen macht man ziemlichen Lärm. Ich frage mich, ob nicht diese Bedrohung der DDR, Polens und so weiter nicht doch ernster zu nehmen ist, als man das hier glaubt. Und ich weiß nun nicht, ob Sie - Herr Lenk, Herr Conzelmann, Herr Abendroth - dazu einiges sagen wollen, oder ob nicht gerade zu dieser, wie mir scheint, außerordentlich wichtigen Frage einer der Kommilitonen selbst einmal Stellung nehmen möchte. Denn jedes Gespräch, das wir vielleicht haben werden mit Studenten oder Professoren oder sonstigen drüben an in führender Position, jedes Gespräch wird einerseits unter dieser vermuteten Bedrohung durch Westdeutschland stehen, und - machen wir uns doch nichts weiß! - viele fürchten ja, daß nun von drüben her eine gleiche Bedrohung uns ereilen würde.

Das heißt also, es sind sehr massive Interessen im Spiel, die uns glauben machen wollen, daß wir gar nicht bedrohen, nur die da drüben, und umgekehrt sind es genauso sehr wichtige Interessen, die ins Spiel kommen, wenn die drüben fürchten, daß wir diese Errungenschaften wieder angreifen und reduzieren wollten.

Dr. Lenk: Ich möchte zu der Frage des Gefühls der Bedrohung ein Gespräch ganz kurz skizzieren, das ich Ende 1960 in Moskau hatte, als ich 14 Tage in der Sowjetunion war. Da saß ich abends zusammen mit einem Studenten der Lomonossow-Universität. Er sprach ausgezeichnet deutsch. Und ich fragte ihn, was er denn so über Bundesrepublik und ähnliches in seinen Zeitungen (in der

"Prawda" und so weiter) lese. Und da bekam ich also eine Reihe von Dingen zu hören, die dem sehr, sehr ähnlich waren, was man im "Neuen Deutschland" über uns liest. Und ich war darüber in der Tat etwas betrübt und versuchte also, soweit die Zeit möglich war, etwas zu retuschieren, vor allem hinsichtlich der Frage der Arbeitslosigkeit in der Bundesrepublik. Er hatte abenteuerliche Vorstellungen. Nun, er war Germanist, und ich nahm ihm das nicht übel,

(Lachen / Heiterkeit)

sondern ich sagte, bei uns weiß man das oft auch nicht, daß man also Dienstmädchen auf Knien sucht und daß gerade die Kulturkritik von da ausgeht und sagt, das Dienen sei nicht mehr in der Welt, und ähnliche Dinge mehr.

Aber das ist nicht das, was ich sagen wollte, sondern ich fragte dann im Verlaufe dieses Gesprächs: Wie ist es eigentlich zu erklären, daß die deutsche Botschaft in Moskau, die also doch auch eine Informationsabteilung hat, so wenig dazu tut, daß die an Informationen außerordentlich interessierten Russen von dem, was hier der Fall ist, erfahren. Und darauf sagte er mir etwas, was ich nie vergessen werde: "Ja, wissen Sie, ich habe mich etwas beschäftigt mit der Mentalität der Herrenmenschen, die man SS nannte. Und die waren der Auffassung, mit ostischen Untermenschen kann man eigentlich bloß das Problem lösen durch Liquidation, und es hat gar nicht viel Sinn", meinte er über die SS berichtend, "daß man sich so sehr darum bemüht, daß die Sowjets über Deutschland die Wahrheit erfahren." Das ist schockierend, denn ich glaube nicht, daß das ein Einzelfall war. Ich meine, daß sich darin, an einem Individuum, dieses Gefühl der Bedrohtheit von dieser heutigen Bundesrepublik abzeichnet, indem nämlich der Eindruck entsteht: Aha, Ihr gebt Euch gar keine Mühe, daß wir Euch kennenlernen, wie Ihr seid, sondern eines Tages macht Ihr uns wieder den Garaus. Das heißt also, wir machen es dieser Propaganda verdammt leicht ...

(Beifall)

... und ich würde sagen, es gehört mit zu den Aufgaben einer künftigen deutschen Ostpolitik, daß sich diese Dinge nicht nur in der Frage der Information bei uns ändern - da steht es sehr im argen -, sondern daß umgekehrt in der Frage der wahrheitsgetreuen Information in jenen Ländern, wo es Botschaften und derartiges gibt, etwas geschieht. Und ich glaube, dann wird sich vielleicht manches auch an heute akuten und hochgespielten Spannungen lösen, unter denen wir alle hier leiden; und ich glaube, ein Teil derer, die hier gekommen sind, wollen etwas erfahren, was man denn nun tun kann. Darüber sollte man sich ruhig unterhalten.

Prof. Abendroth: Das Thema der Bedrohung, das Herr Maus angeschnitten hat, und auch, was Sie so interessant berichtet haben, muß nach meiner Meinung aber nicht nur unter dem Zeichen sozusagen der Informationstätigkeit offizieller Behörden stehen. Wir können nicht bestreiten und wir wollen nicht bestreiten, daß es Grund gibt für alle Völker des Ostens, sich bedroht zu fühlen. Bedroht zu fühlen, so lange hier noch diese Generation, die Hitler unterstützt hat, partiell noch in Führungsstellen sitzt und partiell Funktionen in unserem sozialen Getriebe ausüben kann.

(Beifall)

Es wäre unwahr, wenn wir sagen würden: Hier gibt es gar keine Möglichkeit der Bedrohung. *(Zischen)* Wir würden unglaubhaft, wenn wir das sagten. Heißt das, daß die Bedrohungsangst von drüben in der Form, in der sie existiert, berechtigt ist? Das heißt es gerade nicht. Aber wir können diese Bedrohungsangst mit ihren negativen Folgen ja nur dann auflösen, wenn wir zeigen, daß wir diese Bedrohungsangst ernstnehmen und auch bereit sind, sie insoweit zu akzeptieren, als sie Schatten von Berechtigung hat. Und diesen Schatten der Berechtigung behält sie, solange hier in Westdeutschland sozialrelevante Kräfte vom Kreuzzug träumen. Aber diese sozialrelevanten Kräfte (etwa jene Kräfte, die die Tradition des Zweiten Weltkriegs als Tradition der Verteidigung gegen bolschewistische Bedrohung weiterführen wollen und dem deutschen Volk dabei verschweigen, daß es ja nicht Stalin war, der Hitler angefallen hat, sondern daß Hitler es war, der Stalin nicht nur angefallen hat, sondern seinen Generälen schon im Mai vorhergesagt hat, daß er in Rußland morden wolle, und diese Generäle haben gleichwohl mitgemacht),

solange also solche Generäle, die in dieser Tradition stehen,

solange Professoren, die in dieser Tradition stehen,

solange Minister, die in dieser Tradition stehen, möglich sind, besteht sicher eine gewisse Berechtigung der Bedrohung - und das sind ja Tatbestände.

(Beifall)

Aber die drüben neigen dazu, diese Bedrohungsmomente, die es gibt, absolut zu setzen. Sie neigen dazu - wir sahen es auch in anderen Beispielen, in der Rede von Girnus, aber auch in der Rede von Kamnitzer wie bei den Äußerungen mehrerer Studenten - das, was an möglichen Gefahren entstehen kann, für die akute, existente, unmittelbare Gefahr zu halten. Da können wir den Leuten drüben sagen: Ja, meine lieben Freunde, habt ihr das nicht schon einmal gedacht?

Gewiß, alles das, was Girnus sagte über die Reaktion irgendeines Reichsgerichts und seiner verbrecherischen Rolle in der Weimarer Republik ist richtig. Über die Rolle der Justiz in der Weimarer Republik gibt es ja genügend objektive, wissenschaftliche Analysen. Ich erinnere an das Buch von Gumbel[6]. Aber: War denn deshalb die Weimarer Republik bereits Hitler und der Faschismus? Ganz offensichtlich nicht. Man konnte in der Weimarer Republik gegen diese Gefahren, die drohten, durchaus noch kämpfen. Man konnte versuchen, die

Kräfte etwa in der Intelligenz, die es auch gab, die dagegen kämpften, zu mobilisieren und in der jungen Generation zu werben. Es gab genügend Zeitschriften und Möglichkeiten. Der Kampf ging verloren. Was gesiegt hat, war jenes Kombinat aus deutschnationaler Industrie, hoher Bürokratie und Nationalsozialisten - das Kombinat des 30. Januar und des Tags von Potsdam[7], das notwendig überging in das Verbrecherregime von Auschwitz.

Und nun diese Schichten damals, die an der Macht waren, und die zunächst nur Morden und Verbrechen an kommunistischen Arbeitern akklamierten und glaubten, dabei wird es eh bleiben - ich erinnere an die Predigt von Otto Dibelius8 zum Tag von Potsdam -, die mußten dann erfahren, daß sich eben Verbrechen nicht an einem Punkt aufhalten läßt, sondern unaufhaltsam weiterschreitet.

Aber müssen wir denn diesen Kampf zum zweiten Mal verlieren? Daß wir ihn in der Weimarer Republik verloren haben, so können wir den Leuten drüben sagen: Lag es nicht zum großen Teil daran, daß Ihr, die Kommunisten, damals auch die mögliche Gefahr mit dem akuten faschistischen Mörderstaat verwechselt habt und dadurch die Beseitigung der Gefahr unmöglich machtet? Und ist es nicht heute vielleicht auch so, daß - indem Ihr in der DDR diese Schwarz-Weiß-Malerei betreibt, die Richtiges betont, aber eben das unterschlägt, was gegen Eure richtigen Behauptungen im übrigen ja auch existiert? - Eure Politik gerade in der DDR, wie Ihr sie jetzt gegenüber der Bundesrepublik betreibt, hier eben die umgekehrte Bedrohungsfurcht, nämlich die Furcht vor dem Kommunismus als gewaltsam importierter Lösung produziert, und eben den Volksarmee-Soldaten von drüben in seiner Mentalität zum Spiegelbild des Bundeswehrsoldaten und umgekehrt macht, nur mit auswechselbarer ideologischer Verfestigung von Unsinn?

(Beifall)

1. Student: Herr Professor Abendroth, gestatten Sie mir eine Frage. Glauben Sie, daß dieses System der sogenannten DDR ...

(Zischen / Beifall)

... denjenigen Menschen, der auf westdeutsches Gebiet flüchtet, darum niederschießen läßt, weil er in die sogenannte westdeutsche Bedrohung läuft? Ich glaube, es liegt etwas anderes vor. Man hat dort drüben gewiß Angst. Wir bedrohen die Bevölkerung da drüben, aber wir bedrohen sie nicht durch Waffen, sondern durch die Wahrheit.

(Beifall / Zischen)

Prof. Abendroth: Soll ich vielleicht darauf antworten? Solange wir sie durch die Wahrheit bedrohen - Gott sei Dank. Solange wir aber auch nur den Schein er-

wecken, als ob wir durch Waffen bedrohten, verhüten wir, sie durch die Wahrheit zu bedrohen, denn die Wahrheit, hinter der die geglaubte mögliche Bedrohung durch Waffen steht - sie kommt nicht mehr an.
(Beifall)

Prof. Maus: Ich darf den Kommilitonen auch darauf aufmerksam machen, daß allen Kriegen vorausgeht - und während der Kriege anhält - die Agententätigkeit. Und Agenten sind natürlich ganz harmlose Handwerker oder Studenten. Und zwar auf beiden Seiten. Ich möchte das nur bemerken, daß also nicht jetzt emotional Dinge angerührt werden, die nun wirklich in den Dschungel der Politik gehören.

1. Student: Ich habe noch eine Frage, und zwar eine Frage an Sie, Herr Neumann. Sie können doch als ein Bürger der Schweiz besonders gut beurteilen - weil Sie in einer Distanz leben -, was es mit der Bedrohung auf sich hat. Und ebenso können Sie doch besonders gut beurteilen, wo Propaganda ist. Ich möchte darauf hinweisen, daß nicht nur vom Osten Propaganda betrieben wird. Wenn wir von Propaganda reden, dann denken wir gleich immer an den Osten, an die Kommunisten. Aber unterliegen wir nicht auch einer gewissen Propaganda? Ich möchte Sie dazu um Erklärung bitten.

Neumann: Ich sehe hier als einer, der nicht ein Deutscher ist und nicht in Deutschland lebt, Propaganda auf beiden Seiten und Furcht auf beiden Seiten. Ich glaube, daß das ganze innerdeutsche Verhältnis eben aus diesem Punkt zu verstehen ist, und ich glaube, der Zweck dieser Diskussion ist es, eben diese Furcht und eben diese Propagandaphrasen abzubauen.
(Beifall)

2. Student: Kein Diskussionsbeitrag, sondern nur eine Feststellung: Es ist von Ihnen auf dem Podium in den letzten anderthalb Stunden nur darüber gesprochen worden, *wie* man mit dem Osten reden könnte, aber niemals die Frage angeschnitten worden ist, *ob* man mit dem Osten reden sollte.
(Beifall / Zischen)

Thieme: Mein Name ist Konrad Werner Thieme. Ich möchte dem zuletzt gesprochen habenden Kommilitonen nur erwidern, daß er mit mir völlig übereinstimmt, nur in einem nicht. Daß nämlich alle Herren des Podiums nicht den Punkt berührt hätten, der auf dem Programm steht. Herr Dr. Lenk hat nämlich ohne weiteres gesagt, auf welche Richtungen man hinaus arbeiten müßte. Und zwar hat er deutlich gesagt: Was ist zu tun? Das ist nämlich das Kernproblem.

Verehrte Herren des Podiums, verzeihen Sie mir bitte die Härte, wenn ich sage, Sie haben rückwärtsschauend sehr gut analysiert, was getan worden ist und was passiert ist und so weiter. Aber ich glaube, es ist an der Zeit, daß man nach vorne sieht und untersucht, was man tun kann und dann anhand der Überlegung, die man natürlich aus der Phantasie schöpfen muß, welche Möglichkeiten existieren; dann wiederum analysiert, welche eventuellen Effekte, vielleicht auch ungünstiger Art, sowohl für Ost als auch für West, auftreten können und dann abwägt, welche Möglichkeit, die man sich nun herausgesucht hat, nun die beste sein mag.

Prof. Maus: Herr Horn hat sich dann gemeldet und dort hinten war noch jemand.

Horn[9]: Meine sehr verehrten Damen und Herren, es ist eben von einem Kommilitonen gefragt worden, ob wir uns eigentlich heute abend richtig mit der Frage befaßt haben: Sollen wir mit der Ostberliner Universität diskutieren? Ich meine, daß diese Frage bereits beantwortet ist.

(Beifall)

Denn wir haben bereits heute abend mit ihr diskutiert, aber über den Briefträger Robert Neumann. Meine Damen und Herren, aber darin liegt eine gewisse Beschränkung der Diskussion. Ich meine, wir sind heute abend ein wenig auf einer Thematik stehengeblieben. Wir müssen im gesamtdeutschen Gespräch, was geführt werden muß, wahrscheinlich auch noch andere Themen behandeln als das, was wir heute abend in der Diskussion über unsere Vergangenheit gesagt haben, über die Vergangenheit, die wir zweifellos ausdiskutieren müssen. Das hat das Podium weitgehend getan. Aber wir müssen wahrscheinlich noch etwas mehr tun in dieser Richtung. Wir müssen zum Beispiel - was eben der Kommilitone, der vor mir sprach, gesagt hat - auch über unsere Zukunft diskutieren.

Aber ich möchte noch etwas auf das eingehen, was heute abend in der Diskussion hier gesagt worden ist. Und gestatten Sie mir bitte, daß ich diese Ausführung machen darf.

(Zischen/Beifall)

Was mir sehr wertvoll an dieser Diskussion erschien, ist, daß es heute abend nicht die üblichen Diskussionen im Ost-West-Stil gewesen sind, die wir gerade vor einiger Zeit, - nämlich in der vergangenen Woche in Bonn im Verband deutscher Studentenschaften, dem wir ja alle angehören - geführt haben, nämlich die Schaufenster-Diskussionen zwischen Ost und West. Diese Schaufensterdiskussionen waren heute abend hier nicht, sondern wir haben uns über

Probleme unterhalten, die sehr wichtig sind und die in der Tat zwischen diesen beiden deutschen Teilstaaten stehen.

Aber meine Damen und Herren, was noch sehr wichtig ist bei dieser Diskussion: Die Art zu diskutieren scheint mir doch hier in der Bundesrepublik und in diesem Hörsaal anders zu sein als drüben. Wir haben solche Diskussionen mitgemacht, und ich muß sagen, daß die Toleranz, die hier für jeden Diskussionsredner besteht, sehr groß ist. Vor allen Dingen, wenn wir bedenken, daß hier von unserer Seite, von der Seite der Bundesrepublik aus und von der Seite der Marburger Professoren aus, verschiedenste Meinungen vorgetragen worden sind, während man im Osten nur eine Meinung vorgetragen bekommt. Und das ist der Unterschied dieser Diskussion, die zwischen hier und drüben bestehen.

Prof. Maus: Danke Herr Horn.

Horn: Nein, ich wollte noch etwas sagen.
(Zischen)

Prof. Maus: Ja, Herr Horn, darf ich Sie doch unterbrechen? Und zwar aus dem einfachen Grund, daß ich meine, Herr Balzer vom Wingolf und Herr Schäfer von der Humanistischen Union, die ja zu diesem Gespräch eingeladen haben und denen wir nun auch die Formulierung des Themas verdanken, sollten auch die jetzt schon so häufig gestellte Frage, was denn dieses Thema für uns bedeuten solle, doch antworten. Ich glaube, daß wir damit dann genau dem entsprechen, was Sie jetzt sagen wollen.
(Lachen / Beifall)

Horn: Herr Professor Maus, ich schließe mich dieser Meinung zwar nicht an, aber ich beuge mich ihr.

Prof. Maus: Danke. Herr Balzer - bitte.

Balzer: Ich möchte das Dilemma mit der Themaformulierung erklären. Sie haben heute an der Mensa zwei Plakate gesehen. Ein großes, da stand drauf: "Humboldt- und Philipps-Universität diskutierten den Antisemitismus". Und auf dem zweiten Plakat stand: "Soll die Universität Marburg mit der Universität Ost-Berlin sprechen?". Das eine Thema war Vergangenheitstempus, das andere Zukunft. Ich habe das zweite Plakat gewählt, weil mit der Diskussion in Marburg und Ostberlin die Mehrzahl der im Augenblick in Marburg studierenden Studenten nicht vertraut war und ich mir von dem zweiten Thema eine größere Werbewirksamkeit versprochen habe.

(Lachen)

Ist das genug zur Aufklärung, wieso es heißt "soll", obwohl es bereits stattgefunden hat? Wir brauchen hier nicht zu diskutieren, ob wir mit der Humboldt-Universität sprechen sollen, weil wir es bereits getan haben. Aber ich habe das Thema deshalb gewählt, um Sie hierher zu locken - mit Erfolg.

(Zischen)

Prof. Maus: Ja, eine simple Erklärung, aber ich glaube, daß diese Erklärung politisch nicht genügt, und ich glaube, daß ich hier nochmals Herrn Abendroth das Wort geben sollte.

Prof. Abendroth: Ja, mir scheint eins ist in der Vergangenheitsperspektive ja zweifellos richtig. Eine Diskussion hat stattgefunden. Verfremdet, durch einen Briefträger übermittelt. Der Briefträger war Robert Neumann, auch wieder kein Zufall. Der Briefträger war ein Ausländer und Jude, der zu den größten deutschen Schriftstellern gehört und deshalb auf beiden Seiten noch respektiert ist.

Und so entsteht die nun unsinnige Situation, daß in einer gespaltenen Nation Gespräche nur vermittelt, nicht unmittelbar stattfinden. Gespräche, die aber dadurch gleichwohl Gespräche werden, denn wir haben ja nun immer wieder Bezug genommen auf das, was drüben an teils richtigen, teils falschen Dingen gesagt worden ist, und darüber gesprochen und hoffen, daß das, was wir darüber gesprochen haben, drüben wieder per Briefträger übermittelt werde, um vielleicht drüben einige Schallplatten-Vorstellungsweisen verdächtig erscheinen zu lassen.

Aber: Die Frage ist - und das ist die Frage, die von Ihnen immer wieder hereinkam: - Ja, genügt denn das? Mir scheint, auf die Dauer kann es natürlich nicht genügen, denn würde es dabei bleiben und würden wir die Mauer, die drüben gebaut wurde, von uns aus geistig akzeptieren, dann hätten wir nicht nur unserer Nation (ich bin kein Nationalist, aber mir scheint, es gibt ein deutsches Volk, gegenüber dem wir eine Verpflichtung haben, gerade wenn wir wissen, daß dies deutsche Volk die Menschheit vor wenigen Jahrzehnten aufs Äußerste bedroht hat) gegenüber die Verpflichtung, es zu humanitärem Dasein zurückzuführen. Und das bedeutet, daß wir auch sozusagen die Schallplatten-Verschränkung wie auch die Scheuklappen-Verschränkung der Spaltungssituation aufweichen helfen müssen - im Interesse der Menschheit und im Interesse des deutschen Volkes und im Interesse der Wahrheit.

Und ich glaube, daß dabei sich eine Methode als unmittelbar gangbar erwiesen hat, nämlich die Methode, die Robert Neumann wählte, und die Methode, diese ganze Problematik aufzuhängen an dem konkreten Problem, das diese

Selbstentfremdung des deutschen Volkes ja produziert hat; denn das, was in der DDR ist, wie auch das, was in der BRD ist, wie die Beschränkung des deutschen Volkes auf dem Raum, in dem es heute lebt, ist ja die Konsequenz des "Dritten Reiches" und seiner Verbrechen. Und also ist die Diskussion darüber vielleicht ein guter Ansatzpunkt gewesen, hier zusammenzuführen. Und das hat Robert Neumann mit Hilfe des damaligen Auditoriums im Audimax hier, mit Hilfe des Auditoriums drüben eingeleitet.

Vielleicht geht es im Moment nicht anders, als in dieser Weise fortzufahren, um Scheuklappen und Behinderungen auf beiden Seiten aufzubrechen - Scheuklappen, die drüben zum Teil brutal und gewaltsam produziert werden. Die Mauer ist eine schreckliche Realität, das wissen wir alle. Scheuklappen, die hier mit der leichten Hand sozusagen der ideologischen Schablone allzu häufig akzeptiert werden und mit umgekehrten Vorzeichen produziert werden. Wir wissen, daß nun nicht nur mit Polizeimitteln und mit ähnlichen Dingen - Verfassungsschutz und dergleichen - diejenigen verdächtig gemacht werden, die sich dieses Problems annehmen.

Wir wissen, daß die Brutalität dort drüben noch viel größer ist, und daß deshalb, solange wir Demokratie haben, wir die Demokratie schützen und ausbauen können. Wir sollten uns dessen immer bewußt bleiben, daß das Hauptmaß der Verantwortung auf uns liegt; aber eben deshalb sollten wir auch den Weg sehen - und nicht als bloße Zukunftsballade -, sondern auch als Realität erkennen, wie er hier begangen wurde. Es war gar nicht notwendig zu fragen: Soll Marburg mit Ost-Berlin diskutieren? denn es diskutiert ja auf diesem Wege. Ob auch auf anderen Wegen diskutiert werden sollte, darüber soll man sich konkret in jedem speziellen Fall unterhalten. Aber diese Diskussion soll man weiterführen.

(Beifall)

Prof. Maus: Bevor ich nun Herrn Neumann das Schlußwort gebe, möchte ich noch einen Kommilitonen, der sich soeben gemeldet hat, sprechen lassen. Ich muß dann Sie bitten, als letzter zu sprechen, damit wir - die Zeit ist vorgeschritten - dann enden.

Hans Eichel[10]: Ich möchte nur kurz etwas sagen zu den anderen Wegen, von denen Herr Professor Abendroth eben gesprochen hat. Ich habe in den letzten anderthalb Jahren in Berlin studiert und von da aus dann auch die Möglichkeit wahrgenommen - wir als Westdeutsche können das ja - so oft als möglich nach Ostberlin rüberzugehen. Und ich kann nur sagen, es gibt die anderen Möglichkeiten. Es gibt sie nicht in dieser organisierten Form wie vielleicht "Marburg spricht mit Ostberlin". Allerdings gerade diese organisierten Möglichkeiten werden heute ja von drüben, von der DDR, gefördert. Wir könnten und - ich meine: - wir sollten das wahrnehmen.

Nur wird sich in solchen öffentlichen, organisierten Diskussionen sofort immer, ja bildlich gesprochen, die Mauer, die nun einmal in Berlin steht, auch zwischen uns, nämlich denen aus dem Osten und uns aus dem Westen, auftun. Es wird drüben eine Wand stehen und sie werden einheitlich diskutieren, und wir werden wahrscheinlich eine Meinung vertreten, wobei wir meist dann den Fehler machen, alles, was hier ist, ebenso zu verteidigen, wie sie drüben dann alles verteidigen, was drüben ist.

Aber es gibt die andere Möglichkeit: Wir sollten versuchen - das können wir ja und das kann ich aus eigener Erfahrung sagen -: Ich bin erst mit Zittern und Zagen nach Ostberlin gefahren; als ich das erste Mal am Kontrollpunkt war, war mir gar nicht wohl, aber wenn man das öfter gemacht hat, muß man sagen, die Angst ist größer, als man sie zu haben braucht. Und man hat die Möglichkeit drüben, wenn es auch zu Anfang nicht ganz leicht ist, Kontakt zu finden, und ich glaube, das Beste ist, man spricht mit jedem. Man spricht immer mit einzelnen und es gibt da so viele beglückende kleine Ergebnisse, die man haben kann - es mag sentimental klingen, das ist aber so. Zum Beispiel hab' ich mir vorgestellt, bevor ich nach Berlin ging: Für mich waren mehr oder weniger die Volkspolizisten alles Mörder, so ungefähr wie es in der Westpresse dargestellt ist.

(Beifall / Zischen)

Und wenn man das erste Mal in den Kontrollpunkt kommt, und dann sieht, daß das junge Leute sind, die zum Teil genauso jung, zum Teil noch jünger sind als wir, und wenn man dann auch mal versucht, mit denen ins Gespräch zu kommen, merkt man, daß die im Grunde gar nicht anders sind als wir.

(Beifall)

Hier gibt es gewisse andere Vorstellungen, über die man aber sachlich diskutieren kann mit gutem Willen, aber man lernt dann wenigstens, wenn man drüben gewesen ist, daß im Grunde die Menschen genau wie hier sind, genauso jung. Über die anderen Vorstellungen läßt sich diskutieren, aber es ist kein Unmensch.

Prof. Maus: Schönen Dank. Und nun darf ich Robert Neumann bitten, das Schlußwort zu ergreifen. Er wird vermutlich nachdem, was der Kommilitone gesagt hat, sich sehr kurz fassen können.

Neumann: Kommilitonen,

in einer Diskussion wie dieser kommt immer der Augenblick, da spricht auch der Briefträger. Im vorliegenden Fall haben Sie gesehen, daß sein Trick, ein gesamtdeutsches Gespräch aufzuhängen am gesamtdeutschen allergischen Punkt, am Mord an den Juden, daß das zunächst einmal in sehr befriedigender Weise gelungen ist, wenn auch auf Kosten dieses Punktes selbst. Er wurde verblüffend rasch vergessen und überlagert vom gesamtdeutschen Hader: Ihr seid Nazis immer noch, Ihr habt den Nazi-Teufel mit Beelzebub ausgetrieben und seid Stalinisten immer noch.

Dennoch scheint mir das der Augenblick zu sein für die Feststellung, daß der Hader zwar heftig, aber thematisch begrenzt ist. Die Sphäre der Übereinstimmung, des Außer-Streit-Gestellten ist trotz allem verblüffend breit, vorausgesetzt natürlich, daß man die professionellen Kalten Krieger ausklammert - in Ost *und* West. Investierte Interessen am Kalten Krieg im Osten, investierte Interessen im Westen, dazwischen das deutsche Volk: Die Scharfmacher hüben leben von den Scharfmachern drüben und umgekehrt.

(Beifall)

Betrachten Sie es bitte nicht als die Frivolität eines Außenstehenden, wenn ich mich frage, ob man da nicht eines jener philatelistischen Tauschgeschäfte versuchen könnte, deren wir uns aus Schulknaben-Tagen erinnern. Ein verlockendes Gebiet für jedermanns Phantasie, was da jede der beiden Seiten an Dubletten abgeben könnte, ohne deshalb ärmer zu werden - vorausgesetzt, daß die Gegenseite sie haben will.

Außenseiter, sagte ich - Sie können kaum ermessen, wie sehr ich mich als Außenseiter empfinde in diesem West-Ost-West-Gespräch. Ich bin der einzige Jude unter Ihnen, und in einer Zeit, in der Hitler in Westdeutschland schon wieder verniedlicht wird - verniedlicht oder dämonisiert, was auf dasselbe hinausläuft; umgelogen in einen Unglücksfall aus heiterem Himmel, wie er jedem passieren kann -, in solch einer Zeit geht mir nicht aus dem Kopf, was Girnus drüben zu diesem Thema gesagt hat: Die Prämissen für die Nazi-Gesinnung seien längst im Land gewesen und - wie sagte er: - Wenn Sie mich fragen, ob das heute wieder geschehen kann, so ist meine Auskunft: Ja. So sagte er etwa - in Westdeutschland meinte er oder in Deutschland unter gewissen Prämissen, vor denen Gott uns bewahren möge.

Das wäre natürlich der Punkt, an dem man wieder zu diskutieren beginnen könnte. Sie könnten sagen, jeder sei ein Irrer, wenn er so etwas vermute. Demgegenüber könnte ein anderer hinweisen auf die Zahl der Nazi-Verbrecher hierzuland, unerkannt - und wird einer erkannt und wird er vor Gericht gestellt (ein Hamburger Professor und gar nicht wenige im Land sind sogar gegen das), nun - dann wissen Sie ja, daß er milder verurteilt wird, als bräche er in den nächsten Kramladen und leerte die Kasse aus. Ohne Verlust der bürgerlichen Ehrenrechte - ein Kavaliersdelikt, mit einem Wort.

Oder diskutierte ich im Osten, so könnte ich zwar nicht auf einen virulenten Antisemitismus in Ostdeutschland hinweisen - den gibt es nicht, der ist dort tatsächlich verboten und die setzen Verbote durch -, wohl aber wiese ich auf die antisemitischen Exzesse des Stalinismus hin, den Ärzteprozeß, die Massakrierung der jüdischen Schriftsteller, unlängst erst die Judenhaß-Orgie der Kiewer Akademie. Und was geschieht, wenn der Stalinismus dort eine Renaissance erlebt? Und auf all das wüßten Sie mir eine Antwort, denn ich wüßte Ihnen eine Antwort auf Ihre Antwort. Schwamm darüber, es wäre vielleicht ein Anschlußgespräch an dieses hier. Aber in dieses Gespräch gehört es nicht.

Bleibt mir nur, Ihnen zu danken dafür, daß Sie mir die traditionelle Mittlerfunktion meines Volkes leicht gemacht haben. Sie haben sie leicht gemacht. Zu ihr hat eine Teilnehmerin an der Marburger Diskussion, an der ersten, das entscheidende Wort gesagt. Ich habe Ihnen den Text nicht vorgeführt. Sie sagte: "Daß ein in der Schweiz lebender Jude, ein Österreicher mit einem englischen Paß, intervenieren muß, damit die deutsche Universität Marburg mit der deutschen Universität 300 Meter hinter dem Brandenburger Tor diskutieren kann, ist so etwas wie ein gesamtdeutscher Skandal." Sie hat vollkommen recht. Darum freuen wir uns über Stacheldraht und Mauern hinweg: Haben wir den Politikern hüben und den Politikern drüben ein Schnippchen geschlagen, und das allein schon ist allerlei. Ich danke Ihnen.

(Beifall)

Anmerkungen:

1 Hans Krüger, 1902 - 1971, Politiker; wurde nach Gründung des Bundes der Vertriebenen 1958 dessen Präsident, 1963 Bundesminister für Vertriebene, Flüchtlinge und Kriegsgeschädigte; Krüger mußte nach Bekanntwerden seiner Tätigkeit in der Zeit des Nationalsozialismus (u.a. als Beisitzer eines Sondergerichts in Konitz / Westpreußen) 1964 von seinem Ämtern zurücktreten.

2 Heinz Maus, geb. 1911, ab 1959 Professor für Soziologie in Marburg.

3 Percy E. Schramm, Hitler als militärischer Führer.

4 Hans Oster (1888 - 1945), Stabschef des OKW-Amtes Ausland/Abwehr und überzeugter Gegner des NS-Regimes; nahm am 1. Weltkrieg als Generalstabsoffizier teil und mußte 1932 die Reichswehr wegen Verletzung des Ehrenkodex verlassen; war ab 1933 zunächst als Angestellter, später als Offizier im Reichswehrministerium tätig, wurde Chef der Zentralabteilung der Abwehr. Konservativ und schon sehr früh wurde er zum entschiedenen Gegner Hitlers und ließ 1939/40 den Alliierten Informationen über die deutschen Angriffspläne zuspielen. Durch verschiedene Tarnorganisationen schützte er auch Juden. Oster wurde im April 1943 vom Dienst bei der Abwehr beurlaubt, später von der Gestapo überwacht und schließlich aus der Wehrmacht entlassen. Am 21. Juli 1944 - nach dem verunglückten Anschlag auf Hitler - wurde er wegen Teilnahme an der Verschwörung verhaftet und am 9. April 1945 im KZ Flossenbürg erhängt.

5 Gerhard Ritter (ein Bruder von Karl Bernhard Ritter, d.Hg.), "Carl Goerdeler und die deutsche Widerstandsbewegung", Deutsche Verlagsanstalt 1984.

6 Emil J. Gumbel, (Hg.) Denkschrift des Reichsjustizministers zu "Vier Jahre politischer Mord", Berlin 1924; siehe auch: ders., Vom Fememord zur Reichskanzlei, Heidelberg 1962.

7 Als Tag von Potsdam wird der 21. März 1933 bezeichnet, an dem mit einem Staatsakt in der Potsdamer Garnisonskirche der neue Reichtstag eröffnet wurde, der aus den Wahlen von 5. März hervorgegangen war; zusammen mit der DNVP (8%) hatte die NSDAP (44 %) die Regierungsmehrheit im Reichstag.

8 Friedrich Karl Otto Dibelius (1880 - 1967), seit 1915 Pfarrer in Berlin, 1925 Generalsuperintendent der Kurmark, wurde 1933 aus politischen Gründen seines Amtes enthoben und wurde zu einer der profiliertesten Gestalten des Widerstandes gegen den NS-Staat in der Bekennenden Kirche. In einem offenem Brief schrieb er im Februar 1937 an den NS-Reichsminister für kirchliche Angelegenheiten: *Sobald der Staat Kirche sein will und die Macht über die Seele der Menschen [...] an sich nehmen will, sind wir nach Luthers Worten gehalten, Widerstand zu leisten in Gottes Namen.*

9 Horn hatte als LSD-Vorsitzender im Januar 1961 den Volkskammerpräsidenten Dieckmann nach Marburg eingeladen.

10 Hans Eichel, geb. 1941, 1975-1991 Oberbürgermeister von Kassel, seit 1991 Hessischer Ministerpräsident.

Robert Neumann

Tonbandgespräche Humboldt- und Philippsuniversität diskutierten den Antisemitismus die Bilanz

Diskussion am Donnerstag den 14. Mai 1964 um 20h ct
im Neuen Auditorium Maximum Biegenstrasse

HSU

und Clausthaler Wingolf in Verbindung mit FAU, LSD und SDS

VI. "In der Politik hilft nur Politik"

Diskussionssendung im Westdeutschen Rundfunk am 20. Mai 1964[1]

Wiegenstein: Verehrte Hörer! Einige von Ihnen werden in unserem dritten Programm die Sendung über die Banalität des Bösen gehört haben, die sich mit Adolf Eichmann und mit dem Buch, das Hannah Arendt über Adolf Eichmann und den Prozeß in Jerusalem geschrieben hat, beschäftigt hat. Wir wollen dieses Thema heute fortsetzen. In den gedruckten Ankündigungen und in Ihren Rundfunkzeitungen finden Sie als Thema der Sendung: "Eichmann und wir" und als Untertitel: "Robert Neumann setzt Thesen und diskutiert mit Studenten und Professoren in beiden Teilen Deutschlands."

Im Laufe der Arbeit an dieser Sendung hat sich das Thema verschoben. Es wird nicht so sehr um Eichmann und uns gehen, sondern es wird darum gehen, wie der Nationalsozialismus in beiden Teilen Deutschlands heute beurteilt wird, und zwar beurteilt wird hinsichtlich seiner Fortwirkungen in der Bundesrepublik und in der DDR.

Ich möchte nun zunächst Robert Neumann das Wort geben zu einer Einleitung, die Ihnen erklären soll, wie wir zu den Bändern gekommen sind, von denen Sie gleich Ausschnitte hören werden. Außerdem möchte ich Ihnen vor Beginn dieses Abspielens die Diskussionspartner vorstellen, die mit uns hier diskutieren werden. Es handelt sich um Professor Abendroth von der Universität Marburg, um Johannes Gross, Redakteur am Deutschlandfunk, um Gerhard Fauth, Redakteur am "Kölner Stadtanzeiger", um Rolf Schroers, der als Schriftsteller ja bekannt ist, und um Robert Neumann, der diese ganze Sendung angeregt hat und dem wir sie zum großen Teil verdanken. Nun aber bitte Robert Neumann.

Neumann: Meine Herren! Lassen Sie mich in drei Worten sagen, was hier gespielt wird. Es handelt sich um ein West-Ost-West-Gespräch. Vor einiger Zeit, noch in den Tagen des Eichmann-Prozesses, wurde ich von protestantischen Studenten, dem Clausthaler "Wingolf", nach Marburg eingeladen und diskutierte dort im Auditorium Maximum mit etwa 700 Kommilitonen das Thema: "Was geht uns Eichmann an?" Die Veranstaltung wurde geleitet vom emeritierten Dekan der Universitätskirche, Kirchenrat Dr. Ritter, einem Glaubensstreiter, einem Rechts-Widerständler. Neben allerlei Studenten beteiligte sich auch Professor Wolfgang Abendroth an der Diskussion. Und diese Diskussion war aufschlußreich. - Sie werden einiges aus ihr hören. Eine Weile später wurde ich nach Ostberlin eingeladen, und an meine Zusage knüpfte ich den Wunsch, mein Marburger Referat wortgetreu vor Ostberliner Studenten halten zu können. Das wurde sofort und ohne Einschränkung angenommen. Mein Vorsitzender war Professor Wilhelm Girnus, der Staatssekretär für Hochschulwesen. Eingeleitet wurde ich von Professor Heinz Kamnitzer, einem allzu dogmatischen, aber sehr scharfen Kopf. Auch Professor Wieland Herzfelde beteiligte sich neben sehr zahlreichen Studenten an der lebhaften Diskussion, und vor allem Professor Dieckmann, dem man in Marburg so übel mitgespielt hatte und der wußte, daß ich das in Ostberlin Gesagte nach dem Westen zurückbringen wollte, kam und sprach ebenfalls. Sie werden das hören.

Und dies noch: Was ich über Eichmann und Antisemitismus sagte - in Marburg wie in Ostberlin - war damals neuer als es heute ist. Darum jetzt und hier nur so viel: daß ich vor allem festzustellen versuchte, was tatsächlich vorfiel bei jenen unseligen Massakern, zweitens: Wer waren die Täter, wer die Mitwisser?, drittens: Wie konnte es dazu überhaupt kommen? und schließlich: Was kann man tun, um ganz sicher zu verhindern, daß es je wieder zu Derartigem kommen kann?

Ich wählte dieses Thema, weil es mir besser als jedes andere die Möglichkeit zu geben schien, den Phrasen des Kalten Krieges aus dem Wege zu gehen. Hier, im Komplex des deutschen Mordes an meinem Volk samt Bekenntnis, Ausflüchten oder Verdrängung, traf ich den gesamtdeutschen allergischen Punkt - Ost wie West. Das war etwas, das nicht kontrovers sein konnte - von Anfang an.

Und jetzt zur Sache selbst, zu den Bandaufnahmen aus Marburg und Ostberlin. Ich will Ihnen zunächst einmal die Atmosphäre geben hüben und drüben, das Menschliche, wie diese Männer reden da und dort, wenn sie nicht für den Kalten Krieg reden, sondern bei sich daheim. Zwei private Reminiszenzen.

Hier hören Sie zunächst eine Reminiszenz von Kirchenrat Dr. Ritter in Marburg. Er hat während des Krieges als Transportleiter eines deutschen Regiments in einem von Wenden besiedelten Gebiet der Südsteiermark einer Beratung mit SS-Offizieren beigewohnt, die beabsichtigten und durchsetzten, daß dieses friedliche Winzervolk in eine Felswüste getrieben wurde und zum großen Teil dort zugrunde ging. Dr. Ritter berichtet das, und dann sagt er:

Dr. Ritter: Eine solche kleine Geschichte gibt ja einen solchen Aufschluß darüber, wie Menschen zu den ungeheuerlichsten Dingen kommen. Das rollt mit einer organisatorischen Sachlichkeit und Selbstverständlichkeit ab, daß gegen diese stanzende Maschine der Einzelne mit seinem blutenden Gewissen ja gar nicht mehr an kann. Das einzige, was mir übrigblieb - also, vielleicht hätte ich mich zum Märtyrer machen sollen, aber Märtyrertum hätte ja damals gar keinen Wert gehabt, meine Damen und Herren, weil der Mann spurlos verschwand und niemand davon erfuhr, daß da ein Widerstand geleistet worden war. Was ist ein Widerstand, der verpufft, wie wenn ich gegen eine Gummiwand stoße? - Das einzige, was ich tun konnte, war, daß ich mich weigerte, an dem nachfolgenden Festmahl der versammelten Herren teilzunehmen. Dieser Wein hätte mich allerdings vergiftet, wenn ich den hätte mittrinken müssen.

Neumann: Und nun hören Sie, wie das weitergeht: ein Student und dann wieder Dr. Ritter selbst:

Student: Eine Frage an Sie in dem Zusammenhang: "Wie konnte es geschehen?" Sie erzählten eine Episode, die Sie selbst erlebten. Sie knüpften daran die Frage, sollte ich Märtyrer werden? Ist diese Frage überhaupt berechtigt? Wenn sich nämlich alle diese Frage stellen, dann konnte das geschehen.

(Beifall)

Ist Ihre Episode, Ihre Frage, als Antwort auf die Frage: Wie konnte es dazu kommen, wie konnte es geschehen, zu verstehen?

Dr. Ritter: Ja, nämlich als ein Schuldbekenntnis: So waren wir eben! In dieser Situation haben wir es nicht geschafft. Vielleicht hätte ich ja wirklich aufstehen müssen und sagen: "Das ist eine Ungeheuerlichkeit! Adolf Hitler zieht den Fluch durch sein Verhalten auf uns alle herab!" Und im nächsten Augenblick hätte ich aus der Maschinenpistole die nötigen Schüsse abbekommen. Vielleicht wäre das richtig gewesen. Vielleicht hätten sehr viele Opfer dieser Art irgendeinen Wandel herbeigeführt.

Ich kann nicht sagen, daß ich aus dieser Zeit ohne ein tiefes und mich immer wieder belastendes Schuldbekenntnis herausgekommen wäre. Ich habe oft im Gefängnis gesessen. Ich habe ein dreiviertel Jahr lang als Geisteskranker - von den Ärzten zu meiner Rettung attestiert - in der geschlossenen Irrenheilanstalt gesessen, um Herrn Himmler entzogen zu werden bei seinem Verfolgungswüten. Aber das alles entlastet mich nicht.

Ich habe diese Episode erzählt, um Ihnen deutlich zu machen, wie ungeheuer der Druck und die, ja ich möchte sagen, die fast vernichtende und zermalmende, den einzelnen mit seinem Willen nicht mehr bestehen lassende Apparatur eines diktatorisch regierten Staates sein kann.

Neumann: Und dazu noch ein Student, der noch immer nicht locker läßt:

Student: Ich persönlich würde es mir nicht zumuten, Ihnen einen Vorwurf zu machen, daß Sie nicht Märtyrer geworden sind. Aber ich bin der Ansicht: Wenn Sie sich hier hinstellen und argumentieren, daß man aus dem Grunde kein Märtyrer hätte werden können, weil das doch sinnlos gewesen sei und weil das doch niemand gesehen hätte, dann muß ich Ihnen entschieden widersprechen. Das tue ich ganz allein auf meine eigene Verantwortung. Ich bin nämlich anderer Ansicht da. Es mag durchaus sein, daß ich, wenn ich vor die Entscheidung gestellt werde, versage; ich bin in der Entscheidung noch nicht drin gewesen. Aber so wie ich mir das jetzt - abstrakt nur - denke, halte ich zumindest das Argument, das Sie anführen, für völlig falsch.

(Beifall und Zischen)

Wiegenstein: Vielleicht sollten wir an dieser Stelle zum ersten Mal unterbrechen.

Mir ist bei dieser Stelle - und ich höre sie nicht zum ersten Mal - aufgefallen (sowohl bei dem älteren Herrn, bei dem Professor, als auch bei den Studenten), wie intensiv bei beiden die Frage nach dem gestellt wird: Was hätte man tun sollen? Und für die Hörer, die die Sendung über das Buch von der Hannah Arendt gehört haben, möchte ich einen Satz von Hannah Arendt in Erinnerung rufen: Es gibt immer jemanden, der eine Geschichte erzählen kann, nämlich auch die Geschichte eines, der sich geopfert hat.

Aber nun zu unseren Diskutanten. - Herr Professor Abendroth, Sie hatten sich zuerst gemeldet. Bitte schön!

Abendroth: Ja, ich halte diese Stelle für recht typisch insofern, als sie die Reaktion einer sehr breiten sozialen Schicht, nämlich leider relativ konservativ denkender deutscher Bildungsschichten - hier der protestantischen Bildungsschichten - demonstriert. Sie haben in der nationalistischen Ideologie, in der sie vor 1933 waren, dann im Übergang zum "Dritten Reich", auch im Kriege mitgemacht und waren selbst in dem Augenblick, in dem ihnen klar wurde, zu welchen Verbrechen sie Mittäter wurden, nicht imstande, sich für die einzig mögliche Lösung, nämlich die des unbedingten Widerstandes, also des Ringens um die Niederlage des "Dritten Reiches", zu bekennen. Widerstand war im Zweiten Weltkrieg nur dann möglich und nur dann sinnvoll, wenn man entschlossen war, diese Niederlage herbeizuführen mit allen Mitteln und mit allen Konsequenzen.

Schroers: Mir ist es immer ein wenig unangenehm, wenn in der Debatte des "Wie konnte es geschehen?" anstelle einer analytischen Erörterung eine Gewissensanekdote kommt. Das soll dann eine Art von Zeugenwert demonstrieren, der in sich sehr fragwürdig ist, weil man ja der Situation, aus der das Zeugnis stammt, nicht beigewohnt hat und man auf guten Glauben abnehmen muß, daß sich alles so verhält wie vorgetragen.

Ersichtlich ist ja hier doch ein sehr spätes Stadium von Herrn Ritter angesprochen, nämlich das Stadium, in dem schon alles geschah. Und insofern will ich Herrn Abendroth gern beipflichten, daß er die Frage weiter zurückführt und sagt: Das hat ja seine Vorgeschichte. Die peinlichste Art und Weise zu reagieren auf die Frage, wie etwas geschehen konnte, ist die, wenn man anstatt getaner Taten mit seiner Gewissensnot hausieren geht und auf diese Weise die Moral ins Spiel bringt, die nichts außer Gewissensnot bezeugt hat.

Gross: Wir befinden uns hier sozusagen im Vorfeld unserer eigentlichen Diskussion, die ja nicht in die Vergangenheit blicken soll, sondern in die Gegenwart und in das, was wir für die Zukunft halten. Ich möchte zu diesem Vorfeld das Folgende beitragen: Mir wird immer ein wenig unbehaglich bei dem Gedanken, daß dieses ganze Phänomen rückwärts hinein isoliert betrachtet wird als ein Problem, sagen wir, der deutschen Geschichte, der deutschen Sozialpsychologie, der deutschen Soziologie, der deutschen politischen Verfassung. Es ist in der Tat, glaube ich, ein Problem der politischen Verfassung, ganz allgemein gesehen, und man tut der Diskussion der Frage keinen großen Gefallen, wenn man allzusehr aufs Psychologische, aufs Sozialpsychologische ausweicht.

Ich komme darauf, weil ich vor kurzem von einem interessanten Testversuch am Massachusetts Institute of Technology gelesen habe, wo man die Wirkung der Autorität auf Menschen untersucht hat. Man hat Versuchspersonen - je zwei - in einen Saal geführt und sie konfrontiert mit einer autoritativ aussehenden Person. Eine hat man an eine Schalttafel gesetzt und eine Versuchsperson, die zweite Versuchsperson, in ein Gemach nebenan. Und nun wurde die Versuchsperson Nr. 1 dadurch unter seelischen Druck gestellt, daß ihr vorgestellt wurde, wenn sie bestimmte Hebel bedient auf Kommando, daß das der Person im Nebenraum ungeheure Schmerzen verursacht. Es hat sich dabei ergeben, daß bei diesen Menschen, die als völlig normal im klinischen Sinne anzusprechen sind, kein Widerstand dieser Autoritätseinwirkung entgegengesetzt werden konnte, daß nur ein verschwindend geringer Prozentsatz in einem bestimmten Stadium der Versuche gesagt hat: "Der nebenan schreit so fürchterlich, dem tut das offenbar so weh, dieser Versuch. Ich breche jetzt ab, auch wenn dadurch der Versuch kaputtgeht." Das finde ich aus dem Grunde sehr interessant, weil es doch zeigt, daß mit Menschen allerlei gemacht werden kann - vorausgesetzt, es besteht eine bestimmte, unheilvolle politische oder soziale Verfassung.

Fauth: Es ist eine der gefährlichsten Waffen, die heutzutage im Zusammenhang mit der Schuldfrage gebraucht werden, wenn man von dem notwendigen Märtyrertum spricht. Mir scheint, es gab noch ganz andere Möglichkeiten, und die waren sehr vielen Menschen geboten. Ich weiß nicht, für wen ich spreche, aber ich glaube, es hat eine Menge Menschen gegeben, von denen wir heute noch gar nichts wissen, die sich vielleicht auch nie äußern werden, die Sand ins Getriebe geworfen haben, ganz einfach weil das Psychologische, wie Sie gesagt haben, Herr Gross, sehr oft das Politische gewesen ist und umgekehrt, es also ganz einfach eine Frage der Einstellung zu einer gegebenen Situation war.

So kann ich dazu sagen - ich habe noch nie davon Gebrauch gemacht; an dieser Stelle scheint es mir notwendig -: Ich habe als Offizier den Befehl der Heeresgruppe E in Athen, die 13 Telefonämter zu zerstören, im Augenblick der Entscheidung sabotiert. Ich habe die Ämter nicht zerstört; das läßt sich nachweisen. Ich war nicht in der Lage, mit irgendeiner Gruppe mich abzustimmen, das Risiko zu überlegen und die Frage, ob ich dabei vielleicht zum Märtyrer werden würde. Allerdings schien mir das auch gar nicht wichtig. Ich habe es nur so angefangen, daß ich nach Möglichkeit nicht zum Märtyrer wurde und dennoch das erreichte, was ich für richtig hielt.

Wiegenstein: Ich glaube, an diesem Punkt können wir den ersten Teil der Diskussion, nämlich über das, was wir vorhin gehört haben, abbrechen. Lassen Sie mich in drei Sätzen resümieren, was uns dabei aufgefallen ist. Es ist zunächst einmal die intensive Beschäftigung derer, die da eben in Marburg gesprochen haben, mit dem, was vor zwanzig Jahren passiert ist. Das bedrängt sie alle noch. Und das zweite, was wir hier festgestellt haben, ist, daß es sozusagen Möglichkeitsspielraum zum Handeln selbst im totalitären Regime gab. Darauf wiesen Sie, Herr Fauth, vor allen Dingen hin. Und das Dritte ist, daß unter gewissen politischen Umständen - das ist vor allen Dingen der Einwand von Herrn Gross gewesen - die Menschen sehr leicht zu Handlungen zu verführen sind, die man dann später als Verbrechen klassifizieren muß.

Aber ich glaube, nun sollten wir weiter in die früheren Diskussionen hereinhören. - Herr Neumann, bitte, was kommt jetzt?

Neumann: Wir hatten eine Reminiszenz aus dem Westen. Hier ist nun also eine korrespondierende oder kontrastierende Reminiszenz von Volkskammer-Präsident Dr. Dieckmann. Er berichtet, daß er 1948 in Sachsen Justizminister gewesen sei. Zwei Kriegsverbrecher wurden zum Tode verurteilt. Die Tochter des einen kommt zu ihm, um seine Unterstützung für ein Gnadengesuch zu erbitten. Statt einer direkten Antwort gibt Dieckmann ihr eine Akte zu lesen. Und nun hören Sie:

Dieckmann: Was war in aller Kürze Gegenstand dieser Akten? Folgendes: Zwei Jungs aus einem Dorf - ich kann nicht sagen: in Thüringen oder im Erzgebirge - von 14 und 15 Jahren, der eine ein Bauernsohn, der andere ein Handwerkersohn, hatten in der letzten Zeit des Krieges an einem Abend eine Frau gefunden, in der Nähe eines Waldes vor ihrem Dorf. Vorher war ein Elendszug jüdischer Frauen - wahrscheinlich von Theresienstadt kommend oder wo - durch dieses Dorf geschleust worden unter SS-Bewachung und so weiter. Eine dieser Frauen war am Wegrand liegengeblieben, hatte sich mit letzter Kraft in diesen Wald hineingeschleppt, eine Frau von 28 Jahren, glaube ich, und dort fanden sie diese beiden Jungs. Die beiden Jungs guckten sie sich an und glaubten festzustellen, daß sie eine Jüdin war. Was taten sie daraufhin? Sie holten sich Knüppel aus dem Wald und schlugen so lange auf diese Frau ein und auf ihren Schädel, bis sie kein Lebenszeichen mehr von sich gab. Da sie aber nicht überzeugt waren, daß sie schon ganz tot war, schleppten sie sie noch in einen nahegelegenen Bach und hielten sie so lange mit dem Kopf unter Wasser, bis nun wirklich das letzte Leben aus ihrem Körper entwichen war.

Das war der Tatbestand eines Verfahrens, das gegen diese beiden Jugendlichen lief, die nun inzwischen 17 und 18 Jahre alt geworden waren. Aber diese Straftat, diese schreckliche Straftat, wurde dann aufgedeckt. Diese Tochter, dieses junge Mädchen, das zu mir kam, war, wie ich schon sagte, die Tochter eines der zum Tode Verurteilten. Dieser Mann war früher hier in Berlin Stellvertreter von Goebbels gewesen und hatte die letzte Verantwortung für die antisemitische und nazistische Erziehung der Jugend. Das junge Mädchen las diese Strafakte durch, kam mit der Akte wieder zu mir, legte sie auf den Tisch und sagte zu mir: "Herr Minister, nachdem ich das gelesen habe, kann ich nicht mehr um Gnade für meinen Vater bitten; er muß die schreckliche Schuld, die er damit gesät hat in die Köpfe dieser Kinder hinein, die muß er wohl mit dem Tode büßen." Sie ist zu ihrem Vater gegangen und hat ihm berichtet von diesen Dingen, und der Vater hat ihr gesagt - wie ich dann später von ihr hörte -: "Ich hätte sowieso kein Gnadengesuch eingereicht, denn ich habe den Tod verdient."

Neumann: Dazu sagte Dieckmann dann noch - und deshalb habe ich Ihnen das vorgespielt -:

Dieckmann: Wir haben diese Leute, die das Unmaß von Schuld tragen an der Vergiftung der Hirne und Seelen der jungen Menschen in der Nazizeit, die haben wir, soweit sie unmittelbar und führend daran beteiligt waren, ihrer verdienten Strafe zugeführt. Wir haben auch dafür gesorgt, daß alle ehemaligen Mitglieder der NSDAP im Schuldienst und im Justizdienst ausgeschieden wurden. Das hat für uns anfangs fürchterliche Schwierigkeiten gegeben; denn 90 Prozent bis 95 Prozent der Lehrer und Juristen waren Mitglieder der NSDAP. Wir haben also neue Kader schaffen müssen, und das war in der Anfangszeit außerordentlich schwierig. Wir sind auch ohne diese politisch belasteten Lehrer und Juristen fertig geworden. Nur ohne sie konnte überhaupt das Neue hier aufgebaut und aufgerichtet werden, und wäre man in Westdeutschland genau denselben Weg gegangen, dann brauchten wir heute hier nicht über diese Probleme uns so ernst zu unterhalten, wie wir das am heutigen Abend tun.

Neumann: Also in der DDR haben sie ihre Nazi-Lehrer ersetzt; im Westen lehren diese Nazis immer noch. Ich habe meinen Hörern im Osten daraufhin einen westlichen Lehrer vorgeführt, ein Stück aus dem West-Band. Das ist aber privat aufgenommen und für den Rundfunk zu schwach, und ich habe es darum lesen lassen. Es wird Ihnen also jetzt vorgelesen. Es spricht ein Marburger Lehrer:

Lehrer: Als ich 1938 Soldat wurde, war ich in keiner Weise in der Lage, mich mit diesem Problem persönlich - vor mir selbst verantwortbar - auseinanderzusetzen. Ich wurde Soldat im Zuge des Gesetzes und seiner Erfüllung. Ich hatte keine Handhaben - weder von meiner humanistischen Schulbildung her noch von meinem Elternhaus her noch aus mir selbst. Ich habe inzwischen in den letzten Jahren Menschen kennengelernt, die mit 18 Jahren eine Handhabe haben und in der Lage sind, den Kriegsdienst zu verweigern.

Ich habe diesen Krieg dann mitgemacht als Infanterist und bin aus ihm herausgegangen mit der felsenfesten Überzeugung, nie mehr ein Gewehr in die Hand zu nehmen und nie mehr ein fremdes Land gegen den Willen seiner Bewohner zu betreten, nie mehr eine Uniform anzuziehen. Und ich werde diesem Entschluß alle persönlichen Opfer bringen, die er verlangt - ohne Rücksicht auf meine Familie. Meine Familie weiß das und ist damit einverstanden - jedenfalls meine Frau. Von meinen Kindern kann ich das zunächst nicht verlangen.

Wenn wir unter uns, die wir jetzt hier anwesend sind, das fertigbringen, dann geht eine ganz enorme Wirkungswelle aus, nur von diesem Auditorium Maximum. Wenn jeder von uns eine solche Einheit wird - nur in sich; das ist politisch etwas sehr Schweres, denn dann müßte er unter Umständen davon absehen, in den entscheidenden Momenten ein Deutscher zu sein, ein Katholik zu sein; er müßte auf einmal ganz auf sich allein stehen, und dann kann er erst die Wende durchmachen.

Neumann: Das war der Marburger Lehrer. Ich habe diesen Text meinen Hörern in Ostberlin vorgespielt. Darauf reagiert dieser Ostberliner Student:

Student: Ich hatte mir vorgenommen, zu der pazifistischen Meinung, ich würde kein Gewehr mehr anfassen, etwas zu sagen, und es trifft sich gut, daß Sie eine derartige Feststellung treffen. Ich glaube eben, daß es bei uns eben eine Armee gibt, die einen neuen Charakter trägt und wo der Mensch bestimmt entscheiden muß, für wen er die Waffe in die Hand nimmt.

Ich selbst bin Angehöriger der bewaffneten Organe und bin also zum Studium hier an der Universität freigestellt, und es ist mir also eine besondere Ehre, daß den Marburger Studenten meine Meinung durch das Tonband übermittelt werden kann.

Für die Politik, die durch verschiedene Diskussionsredner für die ernsthafte Situation in Westdeutschland hier charakterisiert wurde, tragen doch einzig und allein die Kräfte die Verantwortung, die es eben verhindert haben - vom Potsdamer Abkommen angefangen bis zur Notstandsgesetzgebung - der Situation in Westdeutschland eine derartige Zielrichtung zu geben. Wir in der Deutschen Demokratischen Republik haben mit der Vergangenheit gebrochen und sind durchaus nicht der Meinung, daß wir jetzt aufgrund der sozialistischen Verhältnisse nicht verpflichtet wären, die Waffe in die Hand zu nehmen. Wenn sich derartige Kräfte in Westdeutschland heute wieder breitmachen, dann sind wir geradezu verpflichtet, die Waffe in die Hand zu nehmen und unsere Errungenschaften in der Deutschen Demokratischen Republik eben mit der Waffe in der Hand mit unserem Leben zu verteidigen. Da gibt es keine andere Frage, und ich glaube, daß man auch hervorheben muß, daß es für uns nicht nur eine Ehre ist, unsere Errungenschaften zu verteidigen, sondern zugleich auch eine Pflicht, für die Erhaltung des Friedens zu kämpfen.

Neumann: Da scheint Wichtiges zutage gekommen sein: Dieckmanns Justizminister-Reminiszenz samt Kommentar, dieser westdeutsche Lehrer, der so offensichtlich ganz anders ist als das verallgemeinerte östliche Bild von ihm, und die Ost-Reaktion darauf.

Wiegenstein: Ich glaube, an dieser Stelle sollten wir zum zweiten Mal zu einer kurzen Diskussion unterbrechen; denn hier ist zu mehreren Punkten etwas zu sagen, sowohl zu dem, was der Volkskammer-Präsident Dieckmann gesagt hat, als auch zu dem höchst instruktiven Dialog zwischen einem Studenten oder einem jungen Lehrer aus Westdeutschland und einem Volksarmeeangehörigen von drüben.

Schroers: Die Perversität Dieckmanns scheint mir eklatant. Er kann nicht unterscheiden zwischen dem ordentlichen Rechtsvollzug - mit Todesstrafe - und einem Gnadenakt; und mangels solcher Unterscheidungskraft bringt er sogar die um einen Gnadenerlaß bittende Tochter eines Verurteilten dazu, gnadenlos über ihren Vater zu urteilen. Das scheint mir eine meta-totalitäre Lehre, die für Menschliches überhaupt keinen Platz hat, und ich glaube, bevor wir den pazifistischen Redner diskutieren und die nicht-pazifistische Antwort, wäre hier einen Augenblick gerade aus Mentalitätsgründen zu verweilen.

Abendroth: Ich bin nicht ganz der gleichen Meinung. Erstens mag zwar ein Gnadenakt häufig angemessen sein, aber hier ging es Dieckmann ja lediglich darum, zu überprüfen, ob hier ein Gnadenakt angemessen sei -

Schroers: Es handelte sich um ein Gnadengesuch!

Abendroth: - ja gewiß - und denjenigen, der das Gesuch gestellt hatte, zur eigenen Einsicht darüber zu bringen, ob es angemessen war. Wohlgemerkt: Ich bin grundsätzlicher Gegner der Todesstrafe -

Neumann: Dieckmann auch!

Abendroth: - das steht auf einem anderen Blatt. Ich hätte also zweifellos zu einer entsprechenden Freiheitsstrafe begnadigt. Aber viel wichtiger scheint mir doch an dem Ganzen ein anderes Problem. Ist es wirklich so, daß der Lehrer, der hier in Marburg sprach, typischer Repräsentant derjenigen Schichten ist, die aus dem "Dritten Reich" übernommen wurden? Das scheint mir doch mehr als zweifelhaft zu sein. Alle Achtung vor diesem Lehrer, daran kein Zweifel! Aber -

Gross: Eine ehrenwerte, aber falsche Entscheidung.

Abendroth: - Eine ehrenwerte, aber wahrscheinlich auch falsche Entscheidung; da stimmen wir in diesem Fall zufällig überein -

Schroers: Aber eine in der Bundesrepublik immerhin mögliche Entscheidung!

Abendroth: - Eine mögliche Entscheidung, und das spricht für die Bundesrepublik, daß diese Entscheidung in der Bundesrepublik rechtlich möglich ist. Aber neben diesem Lehrer stehen breite Schichten im deutschen Bildungswesen, im deutschen Hochschulwesen, in der deutschen Administration, die übernommen wurden ohne eine radikale Auseinandersetzung mit der Vergangenheit. Zwar wird jeder heute sagen, daß er gegen die Judenmorde war. Aber ist es nicht typisch, daß eben diese Schichten zwar über die Judenmorde sprechen, nicht aber über die anderen Morde, die das "Dritte Reich" organisiert hat? Ist es ein Zufall, daß diese übernommenen Schichten heute nun vielfach versuchen, den Zweiten Weltkrieg wenigstens insoweit noch anzuerkennen - wie es ja auch einzelne Teile des Widerstandes getan haben -, als er doch eine Verteidigung gegen die östliche Drohung gewesen sei, die dem deutschen Volke aufgegeben worden sei, ohne daß sie dabei bedenken, daß ja schließlich das Deutsche Reich den Osten angefallen hat und die scheußlichsten Morde gerade im Osten bewirkt hat?

Fauth: Ich möchte doch zu dem Marburger Lehrer sagen: Wenn ihm seine humanistische Erziehung keine Kriterien gegeben hat für das Verhalten im Augenblick seines Kriegsdienstes, des Militärdienstes, warum hat sie ihm keine Kriterien gegeben lange vorher, seit 1933, als eine Unmenge von Dingen vor sich ging, die jeder, wenn auch nur andeutungsweise, mitbeobachten konnte, wo er keineswegs gezwungen war, bereits die Waffe in die Hand zu nehmen? Und warum zieht er heute einen Schluß, der sich allein auf die Ausnahmesituation des Krieges bezieht und nicht auf eine allgemeine politische Situation, in der wir immer in der Lage sind zu entscheiden, ob der Staat rechtmäßig oder unrechtmäßig handelt? Da scheint mir eine Verwechslung der Ebenen stattzufinden.

Schroers: Wir wissen nicht, wie alt er ist, Herr Fauth! Aber das zur Vorgeschichte.

Fauth: Er ist heute alt genug, um eine Entscheidung von damals, als er nicht alt genug war, zu seiner Maxime zu machen!

Schroers: Völlig richtig. Ich unterstütze, daß Sie sagen, die sektiererische Antwort ist keine Antwort.

Gross: Auf das Beispiel dieses heute pazifistisch gesinnten Lehrers kurz zurückkommend, würde ich sagen: Herrn Fauth ist sicher zuzustimmen, wenn er es ablehnt, den ganzen Komplex unter dem Gesichtspunkt der individuellen Moral zu diskutieren. Das führt in keiner Weise weiter, und insofern - auch schon deswegen: Ich halte die Entscheidung für den Pazifismus für falsch, ich halte aber die Reaktion dieses Lehrers schon unter dem Gesichtspunkt für falsch, daß diese individuellen Heilmittelchen nichts besagen. Es handelt sich hier um einen politischen Vorgang, und in der Politik hilft nur Politik.

Deswegen möchte ich gleich übergehen zu dem, was hier der Kern zu sein scheint der Dieckmann'schen Diatribe, auf die auch Professor Abendroth schon eingegangen ist, nämlich die unterschiedliche Behandlung, die den ehemaligen Nazis in der sogenannten DDR und in der Bundesrepublik widerfahren ist. Aber ich glaube, hier darf man nicht einfach dem Volkskammer-Präsidenten - der ja im Rahmen des dortigen Systems eine ähnliche Rolle spielt wie derjenige, dessen Tod er damals als Justizminister hat mitverursachen helfen - nicht so ohne weiteres seine Ausführungen, so plausibel sie auch ihrer Faktizität nach sein mögen, abnehmen kann, nämlich deswegen, weil es sich für die Kommunisten, als sie die Macht übernahmen in Mitteldeutschland, ja darum handeln mußte, mit Hilfe eines sehr bequemen Vorwandes die sozial führende bürgerliche Schicht zu liquidieren. Und dazu kam ihnen der Vorwurf, es handele sich hier um Restbestände des Nationalsozialismus, natürlich überaus gelegen, das heißt, was sie taten, taten sie nicht unter dem Gesichtspunkt politischer Moral (daß sie etwa Judenmörder entfernen wollten - wir wissen ja, wie antisemitisch der Kommunismus etwa in Sowjetrußland ist), sondern sie taten es, weil sie dadurch ihr Herrschaftssystem, mit einem humanitären Mäntelchen verbrämt, aufs Kürzeste errichten konnten.

Im Westen aber war die Situation genau umgekehrt. Hier sollte ein gewisser sozialer *status quo* bewahrt werden. Unsere Blicke waren ja beim Wiederaufbau Deutschlands im Westen nicht auf die Zustände der Sowjetrussen gerichtet als Modellfall, sondern im Grunde auf die der Weimarer Republik. Es war keine soziale Revolution erwünscht. Sie war nicht gewollt, weder von den Besatzungsmächten noch vom deutschen Volk selbst. Eben darum war es unausbleiblich, daß gewisse Schichten weiterbeschäftigt werden mußten, in ihrer sozialen Position belassen werden mußten, deren Entfernung unter dem Gesichtspunkt striktester Gesinnungsethik vielleicht wünschenswert gewesen wäre.

Ich möchte bloß auf eines hinaus. Ich möchte sagen: Das, was sich hier vollzogen hat, ist nicht am Maßstab der Moral zu messen, sondern an dem der Politik, und das, was sich drüben vollzogen hat, ebenfalls.

Abendroth: Ich glaube, daß sich Maßstäbe der Moral und Maßstäbe der Politik nicht radikal trennen lassen. Ich bin durchaus der Meinung der anderen Diskussionsteilnehmer, daß eine individuell-moralische, sektiererische Entscheidung uns nicht weiterhilft, und daß deshalb die persönlich achtenswerte Entscheidung dieses Lehrers wenig zu besagen hat, nur für *ihn* etwas zu besagen hat.

Aber das Grundproblem hat Herr Gross durchaus beim Namen genannt. Wenn wir die unmenschlichen Verbrechen des "Dritten Reiches" überprüfen wollen und prüfen wollen, wie man Wiederholungen vermeiden kann, so kommen wir um eine sozialgeschichtliche Analyse leider nicht herum. Und diese sozialgeschichtliche Analyse führt nun - man kann vielleicht sagen: leider - zu dem Ergebnis, daß es ja die sozialen Führungsschichten Deutschlands waren, die das "Dritte Reich" ermöglicht und getragen haben, und daß also eine radikale Beseitigung dieser Gefahrenlage (einer Gefahrenlage, die allerdings in Deutschland kraft seiner besonderen Geschichte größer ist als bei anderen Nationen) ohne Eingriffe auch in die Sozialstruktur, wie sie durch die Moral erforderlich waren, nicht möglich war und, ich fürchte, auch heute noch nicht möglich ist.

Damals, nach 1945, war übrigens die große Majorität des deutschen Volkes zu dieser Erkenntnis durchaus gelangt. Sehen Sie sich ruhig einmal an, was damals sogar die bürgerlichen Parteien des Westens - ich rede jetzt nicht von der sowjetischen Besatzungszone - auch die CDU, zu dieser Frage ausgesagt haben. Ich bitte, sich zu erinnern, was in den Landesverfassungen zu dieser Frage steht, die in der Periode vor der Währungsreform angenommen wurden. Dieser soziale Eingriff, der derartig Gefahr tragende und Gefahr weitervermittelnde Schichten ausgeschaltet hätte, ist damals bei uns nicht erfolgt, weil die Besatzungsmächte ihn verhindert haben. Ich erinnere etwa an die Weisung der Besatzungsmächte, die Sozialisierungsgesetze in Nordrhein-Westfalen nicht durchzuführen. Das hat seine Folge, seine Konsequenzen.

Über die Vermeidung sozusagen der negativen Seite der Konsequenz, nämlich der Drohung der Wiederholung unmenschlicher Ideologien, haben wir heute nachzudenken. Wir können die Entscheidungen von 1945 nicht rückgängig machen. Aber hier liegt das entscheidende Problem.

Gross: Ich habe zwar eine prinzipiell andere Einschätzung dessen, was sozial wünschbar ist, als Herr Professor Abendroth. Ich bin nicht der Mann des Umsturzes, und sollte er auch einen noch so liebenswürdigen Advokaten finden, und glaube auch, daß die Entscheidung der Besatzungsmächte nach 1945, den sozialen *status quo* prinzipiell zu erhalten, richtig gewesen ist. Ich glaube auch nicht, daß es Sinn hat, eine Schicht zu liquidieren deswegen, weil sie in der Vergangenheit für Verbrechen in der Tat in der Hauptsache verantwortlich zu machen ist, in der Meinung, damit zukünftige Verbrechen zu verhindern. Eine derartige Generalprävention aus historischer Rücksicht halte ich nicht für sinnvoll.

Fauth: Selbstverständlich sind auf beiden Seiten politische Motivierungen maßgeblich gewesen. Aber es dreht sich ja gar nicht darum, daß bei uns soziologische Veränderungen durchgeführt werden müßten, um gewisse Revisionen, die nach 1945 notwendig waren, um der Zukunft willen durchzuführen. Es war nicht notwendig, ganze Stände zu liquidieren. Wir wollen aber so redlich sein, daß wir sagen -

Abendroth: Sozial ausschalten ist nicht liquidieren!

Fauth: Na gut. Wir wollen aber immerhin sagen, daß es eine politische Maßnahme hier gewesen ist, gewisse Mächtegruppierungen aus sozialen Schichten - sagen wir: Industrie, Bauerntum, Kirchen und so weiter -zusammenzubringen, um Koalitionen zu sichern, die natürlich notwendig sind in einer Demokratie, um zu regieren. Damit nahm man, wie man sagt, *nolens volens* eine Menge von Dingen in Kauf, die man sehr wohl trotzdem hätte revidieren können.

Wiegenstein: Ich glaube, an diesem Punkt sollten wir wieder in die Marburger und vor allen Dingen die Ostberliner Sendung hineinhören. Gestatten Sie mir aber als dem Moderator dieser Diskussion noch zwei Sätze.

Mich hat die Replik dieses jungen Mannes aus Ostberlin, der da seinen Status als Angehöriger der Volksarmee so heftig verteidigte, ein bißchen erschreckt, und zwar erschreckt wegen der Ungebrochenheit der Überzeugung, die darin zum Ausdruck kam. Und wir werden für diese Ungebrochenheit von Überzeugungen auch nachher noch Beispiele bekommen. Aber ich möchte wenigstens hier darauf hingewiesen haben. Ich glaube nämlich, daß der Hauptunterschied zwischen den westlichen und den östlichen Diskussionsteilnehmern immer der war, daß auf der einen Seite Skrupel und Fragen zu persönlichen Entscheidungen sehr oft zu unpolitischen Entscheidungen geführt haben und noch führen, und daß auf der anderen Seite ein von keinem Skrupel beeinträchtigter Wille und eine von keinem Skrupel beeinträchtigte Überzeugung sich Raum schafft und alles, was gegen die eigene These zu sprechen scheint, schon in der Diktion beiseite fegt.

Das, glaube ich, sollten wir für die kommenden Äußerungen der Leute aus Ostberlin ein bißchen im Kopf behalten, weil es uns nachher wahrscheinlich noch beschäftigen wird. - Aber jetzt bitte Herr Neumann zum nächsten *take*.

Neumann: Ich glaube, das zentrale Problem dieser Diskussion hat sich hier ja schon herausgeschält. Den Sprechern drüben so einfach ihren guten Glauben abzusprechen, geht meiner Überzeugung nach nicht - das ist allzu bequem. Diese Menschen sagen uns, daß sie höchst militant entschlossen sind, ihre Errungenschaften oder ihre Formen des Lebens zu verteidigen gegen ein Westdeutschland, das sie anders sehen als wir. Unsere ganze Diskussion ist nur sinnvoll, wenn wir diese östliche Ver-Rückung des Bildes klar vor uns stellen und uns anhören, was die Leute sagen und wie sie es sagen.

Hören Sie zunächst einmal wieder Professor Girnus. Er hatte im KZ Flossenbürg gesessen. Er hat es unlängst wieder besucht. Er hat sich nach dem Schicksal gewisser hoher SS-Schreckensgestalten dieses Lagers erkundigt und sie in höchst geachteten bürgerlichen Positionen wiedergefunden. Nun, das Bild ist uns ja bekannt. Aber dann fährt Girnus fort:

Girnus: Ich spreche nur über das persönliche Erlebnis in diesem Zusammenhang. Ich sagte Ihnen: Ich habe das für möglich gehalten. Ich habe allerdings nicht für möglich gehalten, daß das deutsche Volk als Ganzes so lange die Ausübung solcher Verbrechen in seinem Namen dulden würde. Das habe ich nicht für möglich gehalten. Das ist für mich das Kernstück bei der ganzen Geschichte. Aber wenn Sie mich fragen: Würden Sie das jetzt, heute, für möglich halten?, dann sage ich Ihnen - vielleicht werden Sie sehr schockiert sein - ich sage: Genau dasselbe ist wieder möglich in Deutschland, und zwar aufgrund der Lage in Westdeutschland. Ich will Ihnen sagen, warum. Nicht nur, weil so ein Herr Schubert, SS-Hauptsturmführer, wieder in seiner alten Position sitzt; das ist noch nicht einmal das Entscheidende. Das Entscheidende ist, daß die politische Stoßrichtung der Politik die gleiche ist.

Ich bin Ostpreuße. Weiß Gott, als 1945 die Entscheidung der vier Mächte bekannt wurde über die Grenzziehung, hat mich das innerlich nicht kühl gelassen. Aber wenn ich dann sehe, daß in Westdeutschland ungestraft, ja ungehindert - nein, nicht ungehindert, sondern geduldet und gefördert durch offizielle Amtsstellen, Minister und die Regierung - die gleichen Forderungen, die Hitler an die Macht gebracht haben (Liquidierung des Zustandes der Grenzen, wie er 1928 bestand, jetzt die Liquidierung der jetzt bestehenden Grenzen), gefordert werden konnten, und wenn ich dann das frenetische Janitscharengeheul der Zuhörer sehe, welcher Fanatismus in diesen Kreisen gefördert wird, lebendig gehalten wird, aufgeheizt wird durch den Bundeskanzler selbst!

(lebhafter Beifall)

Neumann: Das war Girnus. Oder wollen Sie einen Studenten? Hier ist ein Student:

Student: Also jetzt im Augenblick habe ich also -

(Unruhe)

Also, das Wort habe ich jetzt noch im Augenblick. Unabhängig davon, ob also wieder neue Einladungen kommen werden, möchte ich doch leise bezweifeln, ob die Bonner Stellen es dann ermöglichen werden, daß Bruno Apitz dort spricht.

Aber unabhängig davon: Ein weiterer Fakt, der diese Situation in der Bundesrepublik wohl sehr treffend charakterisiert, ist wohl die Tatsache des jetzt auf der Tagesordnung stehenden Verbots der VVN, und diese VVN der Bundesrepublik ist wohl eine Organisation, die breiteste Kreise des antifaschistischen Widerstandskampfes erfaßt, also nicht nur Kreise der Arbeiterklasse, sondern auch Kreise der Intelligenz und kirchlich gebundene Kreise. Das ist also der zweite Fakt. Und dann ist es allerdings nach einem VVN-Verbot auch nicht mehr sehr weit zu den Notstandsgesetzen, und was sich da alles daraus ergeben könnte, das dürfte wohl auch dem letzten Menschen klar sein.

Ich wollte damit nur sagen, daß der Charakter des heutigen "Staates Adenauer" wohl schon sehr nahe an den Charakter eines faschistischen Staates heranreicht, wenn natürlich auch mit anderen Formen als das 1933 im "Staate Hitler" der Fall war. Und deshalb möchte ich nochmals - mir hat das sehr zugesagt, was die Kommilitonin zuletzt sagte - daß wir besonders die Rolle, die wir, die unsere Republik dabei hat, noch einmal klarstellen. Beim heutigen Kräfteverhältnis in der Welt und in Deutschland kann man also mit gutem Gewissen sagen und mit sehr viel Zuversicht sagen, daß wir hier mit unseren Mitteln in der Lage sein werden, das doch zu verhindern, und daß wir auch von der Warte aus mit gutem Recht und mit gutem Gewissen sagen können, daß die DDR, wie sie heute ist und wie sie jetzt besteht, tatsächlich der einzige rechtmäßige deutsche Staat ist.

Neumann: Das war also ein Student. Und jetzt hören Sie als dritte Stimme den Professor Kamnitzer:

Kamnitzer: In einem Volk von 50 Millionen Bürgern hat man für die Schlüsselstellungen im Staat, in der Wirtschaft und in der Armee, in der Justiz und im Schulwesen nur diejenigen gefunden, die braunen Dreck am Stecken oder am Leibe oder am Frack haben. Das ist eine Meisterleistung - unter 50 Millionen Bundesbürgern!

Angefangen, wenn man will, hat es mit dem Verbot der Kommunistischen Partei. Das ist das ewige Gesetz, nach dem sie angetreten. Und wir sind heute dabei, daß sich kein Bundesbürger, der es auch nur wagt, gegen die atomare Aufrüstung zu reden oder zu schreiben, seiner Freiheit sicher ist. Aber man sagte uns, wir seien also von einem Trauma besessen.

Ich glaube, eine der wesentlichen Gefahren, der sich auch unsere Freunde ausgesetzt sehen, soweit sie Radikaldemokraten sind, das ist - verzeihen Sie, Robert Neumann - die Gutgläubigkeit, die Ansicht einer vermeintlichen Wahrheit, die da lautet: Das sind doch eigentlich Zufälle. Das sind irgendwo kleine Episoden. Während wir, die wir meines Erachtens mit Recht die gefahrvollen Symptome einer sehr fortgeschrittenen Entwicklung sehen, bezichtigt werden, daß wir einen Teufel an die Wand malen, und der Teufel ist gar keiner. Wir sind sozusagen eingebildete Kranke.

Neumann: Ja, das war Kamnitzer, wozu Girnus versicherte, ganz genau dieselben Kräfte habe es ja auch schon in der Weimarer Republik gegeben, und vielleicht wird es gut sein, auch diese Feststellung noch in diesem Komplex mit einzubeziehen. - Also Girnus:

Girnus: Man braucht nur die Akten des Reichsgerichts zu studieren, wie dort systematisch der Antisemitismus durch die Gerichtsurteile schon legalisiert wurde zu einer Zeit, als Hitler noch gar nicht daran denken konnte, die Macht zu erobern. In einem Reichsgerichtsurteil wird eine "Stahlhelm"-Bande abgehandelt und freigesprochen, die grölend durch die Straßen gezogen ist - ich glaube, es war in Sachsen

- die Republik beschimpfte als eine "Judenrepublik" und die Fahne "Schwarz-Rot-Mostrich", beschimpfte. Die Richter sprachen sämtliche Angeklagten mit der Begründung frei, daß nicht bestritten werden könne, daß in dieser Republik jüdischen Staatsbürgern namhafte Stellen zur Verfügung stehen und sie erhebliche Macht ausüben. Was sollte dann aus der Jugend werden, die in unseren Schulen und in unseren Hörsälen erzogen wurde von solchen Menschen, die das für Recht erklärten? Die Herren Studienräte, die Herren Regierungsräte, die Herren Gerichtsräte waren in ihrer Mehrzahl Nationalisten, und der Antisemitismus ist nur eine besonders barbarische, grausame und verabscheuungswürdige Form des Nationalismus oder des Fremdenhasses.

Bitte schön, was haben die Nationalsozialisten getan? "Minderwertig sind die Juden, minderwertig sind die Polen, minderwertig sind die Franzosen!" Und wer steckte dahinter? Grundbesitzer in Ostpreußen! Ich spreche von meinen persönlichen Erfahrungen. Das waren doch Barbaren; das waren alles durch die Bank Antisemiten, auch wenn sie deutsch-national waren. Die brauchen sich heute in Westdeutschland nicht hinzustellen, als ob sie deshalb, weil sie deutsch-national waren, etwa nicht schuld wären an der Entartung der deutschen Nation.

Und dann die Herren Offiziere! Das Offizierskorps wird sozusagen heutzutage etwas ausgenommen, weil es tatsächlich einzelne Offiziere gegeben hat, die sich dagegen gewandt haben. Aber der Geist des Herrenmenschentums, des Überlegenheitsdünkels, das ist ja die Ursache der Verachtung des Juden überhaupt.

Ich möchte sagen: Für mich persönlich - und ich glaube, für große Teile meiner Freude hier in der Deutschen Demokratischen Republik - ist der Antisemitismus nichts anderes als ein Stück modernisierten Kannibalismus und nichts anderes, und so werden wir ihn auch behandeln.

Wenn Herr Präsident Dieckmann gegen die Todesstrafe ist, dann kann ich Ihnen verraten, daß es meines Erachtens gegen ein solches Verbrechen gar nicht scharf genug hohe Strafen geben kann.

Schroers: Nun, die Beweisführung, die wir hier sozusagen mit dem Beil im Nakken erleben, wenn wir beispielsweise gegen die atomare Aufrüstung sind, ist gelogen: Denn ich bin gegen die atomare Aufrüstung seit eh und je und geblieben, und ich kann es hier ohne Furcht und Zittern und ohne Angst vor der Polizei sagen und habe es jahrelang getan.

Daß wir ein faschistisches Generalkorps haben, ist ebenso gelogen; denn der Personalgutachterausschuß, der vor der Benennung zum Oberst heute noch gefragt wird, hat es - Irrtümer mögen unterlaufen sein - im Wesentlichen völlig verhindert, daß Leute, die, wie Herr Girnus sagte, braunen Dreck am Stecken haben, wieder hohe Offiziere geworden sind.

Die Frage, die sich stellt und die Herr Dieckmann und Herr Girnus und Herr Kamnitzer ja die ganze Zeit anspielen, läuft nämlich auf die vorhin schon genannte Frage hinaus, ob bestimmte Schichten, Führungsschichten des deutschen Volkes vor 1933, nicht dadurch, daß der Nationalsozialismus trotz ihnen und mit ihnen möglich wurde, nicht jeden Führungsanspruch verspielt haben. Diese Frage ist ernst. Die Frage, ob Personen, einzelne Personen in der deutschen Führungsschicht heute durch ihre eigene Vergangenheit disqualifiziert sind, die ist davon völlig zu trennen, und ich glaube nicht einmal, daß, wenn dem so wäre in Einzelfällen, daß das der Grundargumentation, nämlich ob eine soziale Schicht abgelöst werden mußte, irgendwie Abbruch tut.

Fauth: Ich will mal zu dem Verbot der Kommunistischen Partei in der Bundesrepublik etwas sagen. Es ist nicht wahr, daß es nicht möglich ist, gegen dieses Verbot in der Bundesrepublik zu protestieren. Nicht nur die Zeitung, die ich in diesem Kreise hier vertrete, eine ganze Reihe von Zeitungen hat damals und hat laufend auch in jüngster Zeit immer wieder gesagt, daß diese Entscheidung - sie möge juristisch gerechtfertigt sein oder nicht - politisch gesehen eine Fehlentscheidung gewesen ist. Davon abgesehen ist das Verbot der Kommunistischen Partei ja aber gar kein Hinderungsgrund dafür, daß sich eine ganze Reihe von Gruppen und Einzelnen im Sinne einer sozialen Revolution hier äußern und betätigen. Das wäre also dann von Seiten dieses Staates ein ähnlich gelagertes Problem wie die Betätigung ehemaliger Nationalsozialisten.

Ich sagte: von Seiten dieses Staates. Man kann dazu seine persönliche Einstellung nach der einen oder anderen Richtung variieren. Aber ich möchte sagen: Der Staat, in dem wir hier leben, hat keine andere Möglichkeit als zu versuchen, allen diesen Gruppen ihre Betätigungsmöglichkeit soweit zu belassen, als sie nicht die Grundordnungen dieses Staates tätlich in Frage stellen. In diesem Bereich haben natürlich auch ehemalige Nationalsozialisten, soweit sie nicht den genannten Dreck am Stecken haben, die Möglichkeit, die wir ihnen *a priori* nicht nehmen können, sich in einer uns sehr unsympathischen Weise zu äußern.

Gross: Ich möchte noch einmal auf das Hauptargument von Girnus zurückkommen, der sagt: "Es ist eine ganze Schicht gewesen, die war für das nationalsozialistische Unrecht, für dieses Morden verantwortlich. In der Weimarer Republik haben sie entweder mit Mitteln der Justiz oder direkt gemordet. Es gibt die deutsch-nationale Vergangenheit, es gibt die Tradition des Antisemitismus." - Da möchte ich doch an eines erinnern: Zu den Merkwürdigkeiten des Rassismus, der das "Dritte Reich" so fürchterlich ausgezeichnet hat, gehört es ja, daß ihm jede Spontaneität fehlt. Wir erleben Rassismus in vielen Teilen der Welt, auch jetzt noch. Wir erleben ihn in den Vereinigten Staaten, in Südafrika, in den verschiedensten Teilen der Welt und nicht selten ist es ein spontaner Rassismus: Daß eine Gruppe von Weißen etwa auf einen Neger eindrischt, oder daß einige Neger Juden überfallen, wie das kürzlich in New York geschehen ist, und dergleichen Ereignisse mehr. Typisch für den Völkermord an den Juden war es aber, daß ihm jedes Element der Spontaneität gefehlt hat. Und das zeigt doch, daß hier zwar eine Kaste - wenn man so will -, eine Schicht, geprägt durch bestimmte Traditionen, gewesen ist, die anfällig war für bestimmte Dinge, die sich zum Widerstand gar nicht haben besinnen und aufraffen können, daß man aber nicht Herrn Girnus insoweit folgen kann, als man ihm zugibt, daß sozusagen die kriminelle Initiative von diesen Leuten ausgegangen sei. Das wäre sicherlich ganz falsch.

Abendroth: Mir scheint eines besonders interessant an dem, was die ostzonalen Diskussionsteilnehmer sagten. Sie neigen stets dazu, das, was sie fürchten (nämlich ein Wiederaufleben des faschistischen Regimes, sei es in der alten, sei es in einer neuen Form) mit dem, was ist, zu identifizieren mit der schlichten Begründung, daß in dem, was ist in der Bundesrepublik Deutschland an Tendenzen existiert, daß die ein solches Wiederaufleben möglich machen. Das Letzte wird man ihnen, glaube ich, zugestehen müssen. Aber dadurch, daß dem so ist, daß es also - und da unterscheide ich mich von Ihnen, Herr Gross - durchaus wieder soziale Führungsschichten an der Macht gibt, die in bestimmten Situationen in faschistische Verhaltensweisen umkippen können - und da unterscheide ich mich von Ihnen, Herr Schroers -, daß es auch in den heutigen Führungsschichten der Bundesrepublik personale Gruppen gibt, die durchaus im "Dritten Reich" an führender Stelle mitgewirkt haben - auch in der Armee -, wird ja die gegenwärtige Situation in der Bundesrepublik noch lange nicht faschistisch. Denn noch haben wir eine Rechtsordnung, unser geltendes Verfassungsrecht, das uns vor diesem Umschlagen schützt, wenn wir diese Rechtsordnung verteidigen, und noch haben wir die Möglichkeit, diese Rechtsordnung zu verteidigen.

Und hier liegt nach meiner Meinung das entscheidende Problem. Umschlagsituationen können natürlich entstehen. Solange es aber in Westdeutschland noch soziale Gruppen gibt, die ihrem eigenen Interesse und ihrer geistigen Tradition nach durchaus nicht faschistisch denken, solange besteht auch durchaus Hoffnung, daß es selbst in noch so extremen Krisensituation möglich sein wird, das bestehende Verfassungsrecht zu schützen und also den Faschismus zu verhindern. Hier liegt, glaube ich, nicht nur ein Verkennen der Situation, sondern eine Schuld der führenden Männer der Deutschen Demokratischen Republik vor, wenn sie hier schlicht Gefahrenlagen als das hinstellen, was sie nicht sind, nämlich als Bereits-Hervortreten der vollendeten Gefahr.

Gross: Ich möchte zu Professor Abendroth das Folgende sagen: Sie haben angedeutet, daß die post-faschistischen, prä-faschistischen Tendenzen - jedenfalls gefährliche Tendenzen - möglicherweise stärker geworden seien in den vergangenen Jahren, daß aber eine wirkliche Chance besteht, wenn die Demokraten sich am Portepee fassen, die Verfassung zu verteidigen, den Rechtsstaat zu erhalten.

Ich halte das - verzeihen Sie - für eine Sinnestäuschung. Ich glaube nicht, daß diese faschistischen Tendenzen, die selbstverständlich vorhanden sind (sie zu leugnen wäre Unsinn; es wäre auch ganz unrealistisch gewesen zu erwarten, daß sie durch den 8. Mai 1945 sozusagen *in toto* kupiert worden wären), daß diese Tendenzen stärker geworden sind. Ich glaube, hier gibt es ein wichtiges Datum, das man ungefähr bezeichnen kann durch den Eichmann-Prozeß. Wir haben in der ersten Phase der Nachkriegszeit in der Bundesrepublik diese ganzen Tatbestände ja im Grunde nicht behandelt. Es war ein großes Trauma. Man sprach nicht darüber. Zwar gab es diese Wendung von "Bewältigung der Vergangenheit", die Bundeszentrale für Heimatdienst machte ihre rührenden Bemühungen; dergleichen fand alles statt. Aber eine wirkliche Befassung der deutschen Öffentlichkeit mit der Vergangenheit vor 1945 hat im Grunde erst durch das große Erlebnis des Eichmann-Prozesses eingesetzt, und dadurch sind überhaupt erst ganz bestimmte Tatbestände in der Öffentlichkeit kontrovers geworden, die vorher überkleistert waren.

Seit der Zeit haben wir einerseits eine energische Strafverfolgung der Verbrecher, deren wir noch einigermaßen habhaft werden können, haben wir auf der anderen Seite eine gewisse gegenläufige Tendenz der Leute, die sagen: Muß das denn alles noch sein? Kurzum, wir haben eigentlich hier ein Bewußtwerden verschiedener politischer Tendenzen, was durchaus manchem ausländischen und auch - wie ich hier sehe - inländischen Beobachter als eine Verstärkung faschistischer Tendenzen erscheinen mag. In Wahrheit, glaube ich, ist die demokratische Spontaneität in unserer Öffentlichkeit in den letzten Jahren sehr viel stärker geworden.

Abendroth: Ich kann nicht ganz zustimmen. Der Eichmann-Prozeß hat bei uns zwar eine Welle von Prozessen ausgelöst, die sogar kleine Handlanger des nationalsozialistischen Terrors gegriffen haben - aber haben wir auch nur damit begonnen, diejenigen aus unserem öffentlichen Leben und aus ihrem wissenschaftlichen und politischen Einfluß auszuscheiden, die, seien es prä-faschistisch deutsch-nationale, seien es faschistische Tendenzen, getragen haben?

Gross: Sie reden jetzt in der Kategorie der Säuberung. Ich rede in einer ganz anderen Kategorie, nämlich der Abwendung der Öffentlichkeit von faschistischen Tendenzen. Säuberung ist selbst ein Begriff, der in den Totalitarismus gehört!

Abendroth: Wohlgemerkt: Säuberung von Urhebern von Verbrechen - wie mir scheint, kein Begriff, der in den Totalitarismus gehört, sondern eine rechtsstaatliche Frage. Und wir haben es glänzend rechtsstaatlich fertiggebracht, daß zum Beispiel denjenigen, die Todesurteile am laufenden Band fabriziert haben, kein Prozeß gemacht wurde. Wir haben es rechtsstaatlich fertiggebracht, daß ein Minister, der sagt: "Ja, Todesurteile sind halt Routinesache", zwar zurücktreten muß - weil man nämlich den Druck des Auslandes dann zu fürchten hätte, wenn man ihn belassen würde -

Gross: - und der deutschen Öffentlichkeit! Mit solchen Leuten kann man Wahlen verlieren heutzutage!

Abendroth: - eines Teils der deutschen Öffentlichkeit -, aber daß eben einem solchen Mann noch nicht einmal untersagt wird, daß er künftig als Jurist tätig bleibt. Und wir wissen alle, daß wir noch zahllose Juristen auch in Richterstellen haben - trotz des § 116 unseres Richtergesetzes -, die schwere Schuld hier zu tragen haben.

Fauth: Ich habe ja gar keine Zweifel, daß wenn man rechtsstaatliche Motivierungen und politisch-ideologische Praktiken aufeinander bezieht - und das ist notwendig -, daß man dann keineswegs ganz zufrieden sein kann, mindestens dann nicht, wenn man gewisse Ideale aufstellt und verfolgt. Aber in der Unterscheidung, die wir jetzt hier machen zwischen den beiden Staaten, müßte man sich doch fragen, wo mehr erreicht wird. Die Ideale sind, wie wir glauben, in diesem Punkte sehr ähnlich. Ich kann das Beispiel erzählen, das ein Kollege, ein Journalist, kürzlich aus der DDR zurückbrachte. Er hat sich dort ein wenig mit der Frage beschäftigt: "Hat man denn dort die Vergangenheit bewältigt? Gibt es dort noch Nazis? Was sagen die Leute über die Praktiken dieses Staates, mit dem Nazismus Schluß zu machen?" Und da hat er zu seinem Erstaunen eine ganze Reihe von unscheinbaren oder weniger unscheinbaren Leuten getroffen, die etwa so formuliert haben: "Man sieht ja, daß der Hitler ganz recht gehabt hat, daß er die Leute eingesperrt hat, die jetzt den Staat bei uns hier regieren. Er hätte noch viel mehr Kommunisten einsperren und liquidieren müssen. Hitler war gar nicht so schlecht, wie das immer hingestellt wird." Ich könnte die

Reihe dieser Zitate fortsetzen. Das erscheint mir sinnlos. Die Frage allein ist sinnvoll, ob es richtiger ist, radikale Tendenzen unter der Gefahr in Kauf zu nehmen, daß sie ein gewisses politisches Schwergewicht bekommen könnten, sie unter Kontrolle zu halten und der Öffentlichkeit diese Kontrolle zu ermöglichen, oder sie abzudecken, als nicht vorhanden darzustellen und sich vielleicht über den wahren Zustand zu täuschen - eine Täuschung, die so lange möglich sein mag, als ein gewisses System intakt ist.

Schroers: Wir sind doch - jeder von uns - voller Kritik an vielen Zuständen in unserem Lande. Die Frage ist nur, wie wir uns verhalten, wenn eine völlig verzerrte Kritik an diesen Zuständen opportunistisch von drüben an unsere Ohren kommt. Dann allerdings gehe ich auf die Barrikaden und sage: Die Kritik drüben ist nicht ernstgemeint in dem Sinne, daß sie uns etwa helfen will, hier Wandel zu schaffen um einer gemeinsamen deutschen Sache willen, sondern sie ist nur insofern ernst gemeint, als sie ihr eigenes System gegen uns mit dem umgekehrten Bolschewisten-Haß, nämlich dem faschistischen Imperialistenhaß, zu impfen und dann solche Sprüche zu erzielen wie die von dem armen Studenten der organisierten Macht, der seine Errungenschaften wie Schlagworte aus Zeitungen verteidigen will. Da allerdings muß ich sagen, haben wir hier ideal-nicht-faschistische Zustände; denn wir können uns mit Erfolg über jedes faschistische Symptom hier ereifern, wir können es anprangern, wir werden Schlappen einstecken müssen, aber wir brauchen im Grunde keine Sorgen zu haben, daß sich der Faschismus wiederholt. Unsere Sorgen zielen schon auf ganz andere Horizonte.

Wiegenstein: Ich glaube, hier sollten wir diesen Komplex der Diskussion beenden. Ich möchte ihn aber nicht beenden, ohne Herrn Girnus noch in einer Einzelheit zu berichtigen, die mir wichtig scheint.

Verehrte Hörer! Sie erinnern sich daran, daß er zu Beginn dessen, was er sagte, auf den Fall des SS-Mörders Schubert hinwies, von dem er sagte, daß er in einer geachteten Stellung in Westdeutschland sei. Schon zu der Zeit, als Girnus das sagte - das liegt einige Zeit zurück - befand sich Schubert in Untersuchungshaft. Er ist inzwischen angeklagt und zu lebenslänglichem Zuchthaus verurteilt worden wegen der Taten, die er während des "Dritten Reiches" als ein wirklicher Mörder begangen hat. Ich glaube, das muß man um der historischen Wahrheit willen einfach hier einfügen.

Abendroth: Vielleicht noch ein Zweites, gerade zur einfachen Berichtigung von Thesen von Girnus. Girnus redet über das VVN-Verbot. Sicherlich, die Bundesregierung hatte den merkwürdigen Geschmack, die größte Organisation deutscher Widerstandskämpfer, nämlich VVN, verbieten lassen zu wollen. Aber bis heute hat die Bundesregierung das nicht erreicht.

Wiegenstein: Und zwar, weil das Bundesverwaltungsgericht diesen Spruch nicht gefällt hat. Auch das also zur Ergänzung dessen, was da behauptet worden ist. Wir sollten aber nun zu einem letzten, kürzeren Komplex von Aussagen kommen, die aus den Ostberliner Bändern stammen, und damit dann nach einer ganz kurzen Diskussion hier noch unsere Sendung beschließen. - Bitte schön, Herr Neumann!

Neumann: Ich habe Ihnen bisher gezeigt, was drüben gesagt worden ist, und natürlich nicht meine Antworten. Aber eine Ausnahme will ich machen. Es handelt sich um einen historischen Komplex von besonderer Wichtigkeit. Wir sprachen vom Widerstand. Ich sagte, ich sei mir natürlich dessen bewußt, daß es neben den im Westen am stärksten publik gewordenen Widerstandshandlungen - also denen rund um den 20. Juli 1944 und ein paar anderen -, daß es neben diesen sozusagen bürgerlichen Handlungen natürlich von Anfang an in Deutschland einen organisierten Arbeiter-Widerstand gegen Hitler gegeben habe. Und der war zur guten Hälfte ein kommunistischer Widerstand. Und der, so sagte ich, habe nur einen schweren Schönheitsfehler gehabt: Als Stalin mit Hitler, als Molotow mit Ribbentrop paktierte (im August 1939), hörte dieser Widerstand spurlos auf und begann erst wieder, als Hitler im Juni 1941 die Sowjetunion überfiel. Bei dieser meiner Behauptung vom Verlöschen des kommunistischen Widerstands während des Flirts zwischen Stalin und Hitler hörte ich zum ersten Mal heftigen, wenn auch überaus disziplinierten Widerspruch. Hören Sie - das ist wieder Girnus:

Girnus: Ich halte den Pakt für wichtig. Und wir, die wir damals - ich war damals gerade im Konzentrationslager frisch eingeliefert, aus dem Zuchthaus in Amberg in Bayern -, wir haben das natürlich heiß durchdiskutiert. Wir waren schon vor dem Bekanntwerden zu der Erkenntnis gelangt, daß das Versagen der Westmächte, das Sich-Versagen der Westmächte zu einer entscheidenden gemeinsamen Aktion die Sowjetunion nötigte zu diesem Pakt, der ja ein Nichtangriffspakt war. Und ich habe einen ausgezeichneten Zeugen für die Richtigkeit meiner These. Winston Churchill schreibt in seinen Memoiren, daß unter den gegebenen Umständen die Sowjetunion keine andere Möglichkeit hatte. Sie sagten aber, Herr Neumann, damit sei der Widerstand gegen das Naziregime von den Kommunisten unterbrochen worden. Das entspricht nicht den Tatsachen. Der Widerstand ist weitergeführt worden, sonst hätte ja während der Zeit von August 1939 bis zum 22. Juni 1941 kein Kommunist, der Widerstand geleistet hat, verurteilt werden dürfen oder in das KZ eingeliefert werden können. Aber wir haben davon nichts gemerkt; und im Konzentrationslager selbst wurde dieser Widerstand auch weiter fortgesetzt. Wie Sie wissen, wurde dort dieser Widerstand ja auch organisiert - schließlich bis zum bewaffneten Aufstand. Wenn Sie sich darüber informieren wollen, dann lesen Sie bitte "Die lange Nacht" von Fritz Selbmann; denn das, was Fritz Selbmann geschrieben hat, kann ich vor Gericht beeidigen. Ich habe das selbst alles miterlebt, und ich bin eine der Personen, die in diesem Roman vorkommen.

Neumann: Das war also Girnus. Ich war unhöflich genug, mir für diese neuen Aspekte eine Dokumentation zu erbitten. Und hier ist nun ein Student:

Student: Herr Professor Girnus hat schon gesprochen zu der Frage des Vertrags Ribbentrop-Molotow. Sie forderten Dokumente, und wir haben uns hier noch rasch bemüht, Ihnen ein Dokument zu besorgen. Ich darf Sie noch darauf aufmerksam machen und ganz kurz daraus zitieren, und zwar ist es die Erklärung des Zentralkomitees der Kommunistischen Partei zum Abschluß des Nichtangriffspakts zwischen der Sowjetunion und Deutschland vom 25. August 1939. Ich will bloß zwei Zitate bringen: "Die durch den Pakt geschaffene außenpolitische und innenpolitische Lage stellt aber vor alle antifaschistischen, vor alle friedliebenden und freiheitsliebenden Deutschen große Aufgaben, die in verstärktem Kampf gegen die Nazidiktatur gelöst werden müssen." An anderer Stelle: "In dieser Stunde, da Hitler das polnische Volk und andere Völker aufs äußerste bedroht, rufen wir alle deutschen Arbeiter, das ganze deutsche Volk auf, sich zusammenzuschließen und den Kampf aufzunehmen, um in der Stunde der höchsten Gefahr den Frieden zu retten. Stürzt Hitler das deutsche Volk trotz allem in die Katastrophe des Krieges, dann muß jeder Deutsche wissen: Der Nationalsozialismus ist der Schuldige am Krieg." Das zu der von Ihnen geforderten Antwort.

Neumann: Ich bin dieser Sache inzwischen nachgegangen. Es gibt da nichts zu widerlegen, glaube ich. Das zitierte Dokument existiert. Es ist die Wahrheit, aber nicht die volle Wahrheit und die nötige dokumentarische Ergänzung möchte ich Ihnen überlassen.

Wiegenstein: Herr Abendroth, ich glaube, Ihre Studenten und Sie haben dazu ja einiges gesagt, und ich wäre Ihnen dankbar, wenn Sie ganz kurz einige Punkte dazu äußern würden.

Abendroth: Erstens ist es zweifellos richtig, daß der Widerstand gegen das "Dritte Reich" nach dem 30. Januar als Arbeiterwiderstand, fast ausschließlich als Arbeiterwiderstand beginnt und weitergeführt wird, bis zum bitteren Ende. Der bürgerliche Widerstand setzt erst sehr viel später und sehr viel dünner ein als der Arbeiter-Widerstand. Das wird im allgemeinen in den im Westen publizierten Darstellungen des Widerstandes leider nicht genügend berücksichtigt.

Zweitens. Man kann durchaus der Meinung sein - die auch Churchill wirklich vertreten hat, - daß Stalin wegen der Politik der Westmächte etwa seit Godesberg und dem Münchener Abkommen genötigt war, einen Nichtangriffspakt mit dem "Dritten Reich" abzuschließen, um nicht gezwungen zu werden, sozusagen einen isolierten Krieg mit dem "Dritten Reich", dem er nicht gewachsen gewesen wäre, zu führen. Aber das ändert nichts an der Verantwortung Stalins und der stalinistischen Führung dafür, daß sie sich ja keineswegs mit dem Nichtangriffspakt begnügt hat, sondern objektiv die Teilung Polens mitgemacht hat. Das ändert auch nichts daran, daß die Stalin'sche Führung der UdSSR in der ideologisierten - ich möchte fast sagen: - Dummheit dieser Situation dann unfähig war, rechtzeitig zu begreifen, wann das "Dritte Reich" sie attackieren würde. Es ändert auch nichts daran, daß zweifellos der Arbeiter-Widerstand nicht nur in Deutschland, sondern auch in anderen faschistoiden oder faschistisch beherrschten Ländern durch den Pakt aufs schwerste durcheinander gebracht wurde. Es ist wohl in jeder sozialen Krisensituation so gewesen, daß einzelne Gruppen aus sozialen Klassen, die generell in andere Richtung tendieren, dann auf die Position der sozialen Klassen, die in entgegengesetzte Richtung tendieren, übergesprungen sind. Es gibt keine progressiv-humanitäre große Bewegung in der Geschichte, in der sich solche Bewegungen nicht vollzogen hätten. Insofern verdienen die bürgerlichen Widerstandskämpfer sicherlich alle Achtung, auch vom Standpunkt der aus der Arbeiterbewegung stammenden Widerstandskämpfer. Daran besteht kein Zweifel. Nur verändert es die soziale Grundsituation eben prinzipiell nicht.

Wogegen ich mich wende, ist nur die Tendenz, die zweifellos bei uns besteht, zu verschleiern - auch in der geschichtlichen Darstellung immer wieder zu verschleiern -, daß der Widerstand des ersten Tages und die große Masse der Widerstandskämpfer aus anderem Lager kamen, und nur das bedarf der Berichtigung. Nur, was sagt das Ganze zu diesem Problem der Haltung der Kommunistischen Partei aus? Nach meiner Meinung sollte man durchaus betonen: Die Kommunisten, auch die deutschen Kommunisten, haben ihre heroischen Leistungen im Widerstandskampf bis zum letzten Tage fortgesetzt und auch nicht 1939 unterbrochen. Aber das entschuldigt in keiner Weise das, was die Stalin'sche Führung der sowjetischen KP an Verbrechen gegenüber deutschen Kommunisten in der Sowjetunion begangen hat, und was sie an Verbrechen begangen hat in der Behinderung des tapferen Widerstandskampfes deutscher Kommunisten.

Gross: Zu der Frage des Widerstandes aus der Arbeiterklasse: Ich möchte es reduzieren auf den kommunistischen Widerstand. Professor Abendroth hat mit Recht darauf aufmerksam gemacht, daß der Widerstand der ersten Stunde von den Kommunisten und von anderen Angehörigen der Arbeiterklasse geleistet worden ist. Ich möchte dazu sagen: Das ist auch im Grunde nicht verwunderlich, was das Verdienst jener Leute nicht mindert; denn sie waren es, die auch von der ersten Stunde an jetzt legitim *hors de la loi*[2] gesetzt wurden; ihnen wurden keine Avancen gemacht; bei ihnen wurde der Versuch unterlassen, sie zu verführen, während andere soziale Gruppen zunächst in ihrem Status nicht bedroht waren. Das Phänomen muß also auch in diesem Zusammenhang gerecht beurteilt werden. Ich glaube auch, daß es richtig ist, daß Professor Abendroth darauf aufmerksam macht, welche objektiven Meriten auch der kommunistische Widerstand gegen den Nationalsozialismus hat, und daß es nötig ist, das auch in der Bundesrepublik gelegentlich hervorzuheben.

Aber die Sache hat doch, wenn ich so sagen darf, auch eine subjektive Seite. Und da sieht es anders aus. Denn bei dem sogenannten bürgerlichen oder - allgemeiner gesprochen: - nichtkommunistischen Widerstand, der also auch die Sozialdemokraten einschließen soll, handelt es sich ja um Leute, die auf Grund individueller Gewissensregung oder aus Liebe zu freiheitlichen Institutionen gehandelt haben. Beim Widerstand der Kommunisten hat es sich immer gehandelt um einen, wenn auch noch so heroischen, manipulierbaren Widerstand von außen, der Zwecken und Zielen diente, die uns nicht liebenswürdiger erscheinen können als diejenigen, die das Verbrecherregime, das sie bekämpften, sich selber gesetzt hatte.

Wiegenstein: Ich glaube, an diesem Punkt sollten wir die Diskussion abbrechen.

Gestatten Sie mir als dem Leiter der Diskussion ein kurzes Schlußwort, und zwar soll es ausgehen von drei Dingen. Zum Ersten von einer Bemerkung, die Robert Neumann (dem wir diese ganze Diskussion und auch die Bandausschnitte, die wir gehört haben, verdanken) mir gegenüber einmal gemacht hat, nämlich, daß Dieckmann ihm gegenüber gesagt habe, er wette, daß seine Äußerungen und die von Girnus und Kamnitzer niemals über einen deutschen Sender gehen würden. Nun, ich glaube, diese Wette hat er verloren. Unser Programm wird ja von den dritten Programmen nicht nur des Westdeutschen und des Norddeutschen Rundfunks, sondern auch des Senders Freies Berlin, der auch in der Zone und also auch von Herrn Dieckmann zu hören ist, ausgestrahlt.

Zum Zweiten möchte ich eigentlich Herrn Dieckmann, falls er uns hören kann, die Wette zurückgeben: Wie wär es, wenn er dieses Band nun über den Deutschlandsender laufen ließe? Vielleicht wäre das auch ein Beitrag dazu, daß sich die beiden Systeme, die sich so sehr auseinandergelebt haben, ein bißchen näherkommen in der freien Diskussion. Denn das scheint mir das Entscheidende auch bei unserer Diskussion hier am Tisch gewesen zu sein, daß bei sehr unterschiedlichen Meinungen der gegenseitige Respekt vor des anderen Meinung die Diskussion bestimmt hat, und daß sich innerhalb des Widerstreits der Meinungen auch Sachverhalte haben klären lassen.

Die zweite Bemerkung, die ich machen möchte, und zwar aus eigener Erfahrung mit Diskussionen vor allen Dingen jüngerer Menschen in der DDR und in Ostberlin, daß die keineswegs derartig unbekümmert und unbekümmert überzeugt sind, wie es hier aus den Äußerungen der Professoren und Studenten der Humboldt-Universität hervorging. Diese jungen Kommunisten - und es handelt sich um Kommunisten - überlegen sich sehr ernsthaft, ob nicht nur der Weg der UdSSR unter Stalin richtig war, sondern auch, ob der Weg, den die SED augenblicklich in der DDR zu gehen für nötig hält, auf die Dauer und für sie selber der richtige Weg sei. Hier wird ebenso diskutiert, allerdings ohne das Forum einer breiten öffentlichen Meinung, das wir in Westdeutschland immerhin dafür haben, wie man Dinge verändern könnte.

Und zum Schluß: Eines ist, glaube ich, aus unserer Sendung klar geworden. Es gibt zwischen Menschen verschiedener politischer Ansichten und verschiedener politischer Herkunft und verschiedener politischer Erfahrungen so etwas wie einen demokratischen Grundpakt, und wenn dieser demokratische Grundpakt eingehalten wird, dann sind Gefahren, wie sie Herr Girnus hier schon als Sieg der Reaktion darzustellen beliebt, nicht zu befürchten. Dort, wo dieser Grundpakt der freien Diskussion und der verarbeiteten Erfahrung des totalitären Regimes beibehalten wird, wo dieser Grundpakt die politischen Entscheidungen bestimmt, können wir trotz aller Schwierigkeiten im einzelnen und trotz allen politischen Tageskampfes, der uns immer wieder besorgt macht, im ganzen unbesorgt sein um die Zukunft Westdeutschlands und um die Zukunft Europas.

Anmerkungen:

1 Die Sendung wurde aufgezeichnet am 12. Mai 1964, ausgestrahlt wurde sie am 20. Mai 1964 in WDR 3 von 20.45 - 22.15 Uhr (lt. Band-Karton WDR-Archiv; das WDR-Transskript weist als Sendezeit 20.45 - 22.00 Uhr aus).

2 rechtlos.

VII. "Operation Mauerdurchlöcherung" Diskussion mit Studenten in Ostberlin und in Marburg

Von Robert Neumann[1]

Wären Zeitungsleser nicht völlig gedächtnislos, so erinnerten sich vielleicht ein paar noch an meinen Bericht über den Anfang der Aktion: Er zog mir damals die lautstarke Ungnade unserer Kalten Krieger zu.

Der Eichmann-Prozeß lief noch - da wurde ich von protestantischen Studenten, dem Clausthaler Wingolf, nach Marburg eingeladen und diskutierte dort mit etwa siebenhundert jungen Menschen das Thema "Was geht uns Eichmann an?" Es war eine gespannte Atmosphäre, kurz zuvor war dort Dr. Dieckmann, Volkskammer-Präsident aus der DDR, von Rowdys aus Stadt und Land getrieben worden, und die Marburger Professoren begegneten mir mit Mißtrauen: Ich hatte einen Hitler-Film gemacht, einen Hitler-Bilddokumentationsband publiziert - vielleicht war auch ich ein östlicher Unterwanderer.

Nun, ich war es nicht; die Veranstaltung wurde geleitet vom ehemaligen Dekan der Universitätskirche Dr. Ritter, einem militanten Christen, der es unter den Nazis schwer gehabt hatte; neben vielen Studenten beteiligte sich Professor Abendroth an der Diskussion - der einzige Professor offenbar, der mich nicht des Linksintellektualismus verdächtigte; und diese Diskussion war fruchtbar und aufschlußreich.

Eine Weile später wurde ich nach Ostberlin eingeladen, und an meine Zusage knüpfte ich den Wunsch, den Ostberliner Studenten Wort für Wort das zu sagen, was ich denen in Marburg gesagt hatte, und ihnen das Band aus Marburg vorzuspielen. Man war sofort einverstanden, man gab mir den Senatssaal der Humboldt-Universität - wesentlich kleiner als das Marburger Auditorium Maximum, aber erfüllt mit zum Teil offenbar sehr qualifizierten Hörern: höheren Semestern, Historikern, Pädagogen, politischen Wissenschaftlern. Auch hatten hier die Professoren weniger Angst, von mir unterwandert zu werden - Girnus, Wieland Herzfelde, Kamnitzer beteiligten sich neben vielen Studenten an der Diskussion, auch Dieckmann, dem man in Marburg so übel mitgespielt hatte und der wußte, daß ich das Ostberliner Band nach dem Westen zurückbringen wollte.

Es handelte sich bei mir also um die Anzettelung einer Diskussion zwischen zwei Universitäten, West und Ost, unter Umgehung der professionellen Politik. Mich selbst betrachtete ich dabei bloß als (hoffentlich) ehrlichen Mittler.

Was ich über Eichmann und Antisemitismus sagte, in Marburg wie in Ostberlin, bewegte sich in konventionellen Bahnen; unnötig, darüber zu sprechen. Ich wählte gerade dieses Thema, weil es mir besser als jedes andere die Möglichkeit zu bieten schien, den Phrasen des Kalten Krieges aus dem Weg zu gehen. Hier traf ich den gesamtdeutschen allergischen Punkt - Ost wie West. Das mußte nicht kontrovers sein von Anfang an. Und auch daß die Leute drüben als marxistisch Geschulte den Antisemitismus nicht als ein isoliertes Naturphänomen sahen, sondern als Symptom und Gradmesser dessen, was sie Faschismus nennen - wozu sie noch darauf hinweisen, daß hier im Westen Judenhaß sich alarmierenderweise umsetze in ebenso irrationalen und mordlüsternen Kommunistenhaß - auch das ergab Erkenntnisse und Behauptungen, die es sich sehr wohl zu diskutieren lohnte.

Auch sonst war das, was die drüben sagten, auf diese eine Note abgestimmt: Furcht vor der Entwicklung in Westdeutschland. Richtige Diagnosen in hundert Einzelheiten, und doch eine falsche Gesamtdiagnose: daß der Westen nicht nur eine Herberge aller alten Nazis sei, sondern fast schon wieder gefressen von einem neuen Faschismus - und die paar Männlein hier, die das nicht sehen wollen, die überzeugt sind, daß sich da noch eine Menge reparieren läßt, seien vielleicht ehrlich, aber sicherlich machtlos und ganz bestimmt wieder einmal mit Blindheit geschlagen.

"Und das, glauben Sie, werden die in Westdeutschland senden?" sagte Dieckmann zum Abschied. "Die denken nicht daran. Wetten?"

"Wetten."[2]

*

Warum es verschweigen: die Wette ging beinahe verloren. Ich hatte das ganze Unternehmen mit einem bundesdeutschen Rundfunk abgesprochen - und der Programmdirektor hatte mir gesagt: "Ihren Bandapparat nehmen Sie mit? Die lassen Ihnen das Band nicht durch." Nun, sie taten es, und als ich meinem westlichen Freund das im Osten aufgenommene Band gab, sagte er: "Leider technisch nicht zu verwenden." Ich: "Der Ost-Rundfunk hat das mitgeschnitten. Ich bitte die um ihr Band." "Und das, glauben Sie, werden die Ihnen geben? Die denken nicht daran." "Wetten" sagte er leider nicht.

Ich schrieb Dieckmann an: Um die Wette mit ihm fair verlieren zu können, brauchte ich ein taugliches Rundfunkband. Das Band, das mir daraufhin der Ost-Rundfunk schickte, kam niemals an - weiß Gott, wer das wem zu welchem

Zweck konfisziert hat. Erst als Dieckmann persönlich (Absender: "Der Präsident der Volkskammer") mir eine zweite Ausgabe schickte, kam das Band tatsächlich in meine Hand. Darauf mein bundesdeutscher Rundfunk: der verantwortliche Herr (ein ausgezeichneter Mann übrigens) sei leider eben für sechs Monate in Urlaub gegangen.

Inzwischen besuchte mich der Intendant eines andern Rundfunks, ein ebenfalls ausgezeichneter Mann, er erbat sich die Bänder - und schrieb mir dann: er bedaure, sein Fachreferent, übrigens ein ausgezeichneter Mann, habe sich das angehört und ihm berichtet, all das sei unwichtig, uninteressant und schlecht.

Ein dritter war im Privatgespräch offener: "Da sagen die falschen Leute die richtigen Sachen."

Sie gehörten alle zu einer politischen Linkspartei, während der historische Name des Intendanten, bei dem ich schließlich meine Wette gegen Dieckmann dann doch noch gewann, gemeinhin nicht mit umstürzlerischen Tendenzen assoziiert wird.[3] Auch die Techniker dieses Senders scheinen ihren Kollegen überlegen zu sein: Die Bänder erwiesen sich bei ihnen als fehlerfrei. Man tat, ohne Phrasen, das Sachliche, das Selbstverständliche, und rettete so das Ansehen einer trotz allem immer noch funktionierenden Demokratie: Man spielte die von mir treuhändig ausgewählten wichtigsten, militantesten Stellen des Ostbandes ohne Getue, ohne entrüstete Phrasen, ganz ohne Kommentar (bis auf meine wenigen erläuternden Worte) einer Tischrunde sehr verschiedenartiger Leute vor und ließ sie sich darüber die Köpfe zerbrechen - nichts dazu liefernd als einen Senderaum, sehr viel Orangensaft und Wiegenstein als streng unparteiischen, kaum eingreifenden Ordner der Prozedur.

Diese Prozedur und die Prozedierenden - das war wieder aufs demokratischste aufschlußreich.

Da war Abendroth aus Marburg - ein Mann, den nur Neandertaler (oder sonst seine Marburger Nachbarn) einer exzessiven Sympathie für den Kommunismus verdächtigen können. In Wirklichkeit ist er der zivil-couragierteste Mann, den ich in Deutschland getroffen habe, er sagt mit Leidenschaft, ohne jede Rücksicht gegen andere oder sich selbst ganz genau, was er denkt (und meist denkt er das Richtige), er konformiert weder da noch dort - ein Mann, kurzum, den die SPD selbstverständlich ausschließen mußte (immer und überall schließt die zweite Internationale ja ihre besten Köpfe zur Linken aus und reichert sich mit Biederkleinbürgern zur Rechten an) und der es nur in einem Land noch schwerer hätte als in der BRD: in der DDR.

Dann war da Gross, politischer Redakteur des Deutschlandfunks, ein Abendroth-Schüler, der sich weit nach rechts hinübergeschlagen hat und seinen früheren Lehrer geschickt und heftig bekriegte - mit zum Teil erschreckenden Ansichten (ich wußte nicht, daß man bei der CDU schon wieder mit so offener

Anerkennung von Hitlers Intervention im Spanischen Bürgerkrieg zu sprechen wagt), aber im ganzen ein Mann von höherer Intelligenz und weit besserer Formulierungskraft als so mancher seiner Bonner Minister, und so einer guten konservativen Karriere gewiß.

Dazu Fauth vom Kölner Stadtanzeiger, ein Liberaler, ein heller Kopf, und als vierter jener Rolf Schroers, dessen Tagebuch unlängst in diesem Blatt so unsäglich verrissen wurde - zu Unrecht, denn sind das auch die Notizen eines höchst rührigen Schriftstellers mittlerer Distinktion, so liegt doch eben darin ihr zeitdokumentarischer Wert, und was da an Hämischem über seinen Charakter gesagt wurde, besteht ganz bestimmt nicht zu Recht: Zu vermuten, dieser meinungsstark verschrobene, ehrlich inkonsequente Wanderer zwischen Trotzkismus und CDU rede dem Auswärtigen Amt nach dem Munde, bloß weil er sich von ihm einmal auf eine Reise schicken ließ - das ist eine Niedrigkeit.

Eine ausgezeichnete Diskussion. Wiegenstein hatte das letzte Wort: Dieckmann habe seine Wette verloren, sagte er; und nun wette er mit Dieckmann, daß der diese westdeutsche Antwort auf die ostdeutsche Antwort nicht nachspielen lassen werde in der DDR.

*

Wetten hüben und drüben - aber was schadet das? Es war im ganzen eine in vielen Punkten höchst aufschlußreiche Diskussion zwischen Ost und West, und war der Hader auch heftig, so war die Sphäre des außer Streit Gestellten trotz allem verblüffend breit - wie immer, wenn es gelingt, die Kalten Krieger auszuklammern, in Ost und West. Wir wissen es ja: die Scharfmacher hüben leben von den Scharfmachern drüben und umgekehrt - so daß man sich fragt, ob man da nicht eines jener philatelistischen Tauschgeschäfte versuchen könnte, deren wir uns aus Schulknabentagen erinnern. Etwa: einen Ulbricht für vier Globkes und einen lädierten, aber unsichtbar wieder zusammengeklebten Strauß. Meine Nazi-Kripos gegen deine Zuchthausinsassen. Alle deine einzementierten Stalinistentrümmer gegen meine einzementierten nazistischen. Setzt du die Höhe deiner skandalösen Mauer um fünfzig Prozent hinunter, so setze ich meine nach einem Kavaliersdeliktstandard genormten Urteile gegen KZ-Mörder um fünfzig Prozent hinauf. Ein verlockendes Gebiet für jedermanns Phantasie, was da jede der beiden Seiten an Dubletten abgeben könnte, ohne deshalb ärmer zu werden - vorausgesetzt, daß die Gegenseite sie haben will.

So viel - so wenig über diese Ansätze zu einem West-Ost-West-Gespräch. Um es an seinen Ausgangspunkt zurückzuführen, wurde das in Köln vorgestellte Material von mir zwei Tage später auch noch den Marburger Studenten vorgeführt - tausend Studenten, wieder zusammengerufen von F. M. Balzer vom

Clausthaler Wingolf in ihrem neuen Auditorium Maximum. Das entscheidende Wort sagte eine Studentin dort: "Daß ein in der Schweiz lebender Jude mit einem englischen Paß, Herr R. N., intervenieren muß, damit die deutsche Universität Marburg mit der deutschen Universität dreihundert Meter hinter dem Brandenburger Tor diskutieren kann, ist eine gesamtdeutsche Schande."

Sie hat vollkommen recht.

Anmerkungen:

1 Zuerst abgedruckt in: DIE ZEIT v. 29. Mai 1964.

2 Zu dieser Wette zwischen Dieckmann und Neumann gibt es in einem Brief Dieckmanns erklärende Hintergründe, die Dieckmanns Haltung im gesamten Procedere dahingehend klarstellt, daß er die Radio-Sendungen nicht hintertrieben hat: *"Nun las ich [...] zuletzt ihren großen Bericht über unser gemeinsames Anliegen* (er meint vermutlich den Beitrag in DIE ZEIT v. 29. Mai 1964; d. Hg.). *Ich habe ihn mit Vergnügen zu mir genommen (unbeschadet meiner - Gedächtnislücke bezüglich einer imaginären 'Wette'). Ein freundlicher Zufall hat es sodann gefügt, daß jene nun doch noch zustande gekommene Sendung* (des WDR d. Hg.) *als Tonband in meinen Besitz gelangt ist (allerdings ohne den ersten Anfang und ohne den letzten Schluß, was rein technische Ursachen gehabt hat). - Was soll ich dazu sagen? Es ist beinahe ein 'deutsches Wunder', daß es diese Sendung gibt. Aber haben nicht die Scharfmacher das viele Gute weitgehend entwertet? Qui vivra verra* (Wer es erlebt, wird es sehen = Die Zukunft wird es lehren; d. Hg.). *Jedenfalls, wenn wirklich Wette war, bin ich der - nebenbei: lachende - zweite Sieger. - Nach altem Brauch muß der Verlierer die Wette bezahlen. Welchen Preis verlangen Sie? - In der Hoffnung, Ihnen bald wieder einmal zu begegnen, in der Kästner'schen Gewißheit: "Die Vernünftigen werden nicht alle!" mit allen Guten Wünschen [...]* zit. nach: Brief Robert Neumann an Claus Behncke v. 25.06.1964.

3 Gemeint ist der damalige Intendant des WDR, Klaus von Bismarck.

VIII. "Leider, leider ... "

Robert Neumanns Tagebuch-Notizen zur "Operation Mauerdurchlöcherung"[1]

13. April 1961

Köln am Telefon. Diese Ost-West-Sache gehe in Ordnung, beim Westdeutschen Rundfunk. Ich kann es nicht recht glauben, aber wenn Gott will, schießt ein Besen.

Das zieht sich nun schon seit zwei Jahren hin. Damals hatte eine Marburger Studentenvereinigung mich eingeladen, dort über Antisemitismus zu sprechen, samt Diskussion. Die verlief recht befriedigend - ohne all die eingeladenen Professoren, mit Ausnahme des ausgezeichneten Politologen Wolfgang Abendroth. Es war ein guter Abend, er bekam zusätzlich Farbe dadurch, daß der Leiter der Diskussion ein Mann der »Bekennenden Kirche« war, ein Protagonist des Inneren Widerstands, der uns seine Machtlosigkeit und sein Nichtstun gegenüber den Nazis mit edelsten Bekennerworten, schöner Selbstanklage und korrektem Bedauern wohllautend zur Kenntnis brachte. Der Rundfunk schnitt das mit und sendete eine kastrierte Version, die nirgends anstoßen konnte. Auf Helgas Tonband, denn auch sie nahm das auf, klang alles weniger glatt und viel menschlicher - ein aufregendes Band im ganzen, wie sich erwies, als ich es nach Ostberlin mitnahm.

Denn das tat ich. Ost-West-Gespräche waren bis dahin höchst unergiebig gewesen, beide Parteien starrten auf die Mauer und redeten Leitartikel. Im Judenproblem, im gemeinsamen Schuldgefühl, lag - so glaubte ich - die Möglichkeit für ein leitartikelfreies Gespräch. Darum wollte ich vor den Studenten der Ostberliner Universität wortgetreu den Vortrag über Antisemitismus wiederholen, den ich in Marburg gehalten hatte.

Damit war man einverstanden. An der Humboldt-Universität waren mein Publikum Politologen, Historiker, viele mit dem Parteiabzeichen, ein paar in Uniform. Auch hier schnitt der Rundfunk mit, auch hier nahm Helga ihr eigenes Band auf: ostdeutsche Replik. Und es ist dieses Band, das jetzt die Grundlage einer Duplik bilden soll, Antwort auf die ostdeutsche Antwort, in Marburg und beim WDR. Das, sagt man mir eben am Telefon, gehe nun also wirklich in Ordnung. Ich werde es glauben, wenn es geschehen ist.

14. April

Das Ende dieser Ost-West-Sache gestern viel zu flüchtig niedergeschrieben. Ergänzung:

15. April

Gestern doch nicht mehr dazu gekommen. Also Ergänzung. In Ostberlin damals. Die meisten Studenten trugen Parteiabzeichen. Ihre fast immer geschulten und prägnanten Interventionen stellten nur den Chorus dar - die Protagonisten saßen in den vorderen Reihen.

Am schärfsten profiliert: Johannes Dieckmann, Volkskammerpräsident, der an der Veranstaltung besonders interessiert war. Rowdies hatten ihn unlängst in Marburg niedergeschrieen, bedroht - da kam ich von eben diesem Marburg und wollte das hier Gehörte dorthin zurück vermitteln: es war für ihn die Chance eines letzten Worts. Ein Hanseate, vermute ich, aussehend, als wäre er ein untypischerweise ausgewandertes Mitglied der Familie Buddenbrook und kein Kommunist, sondern ein Liberal-Demokrat - weiß Gott, wie es den in die DDR verschlug.

(Später versicherte man mir, er sei unter allen Genannten der einzige mit einem echten proletarischen Hintergrund.)

Eine gute Diskussion - eine sehr aufschlußreiche Diskussion jedenfalls. Zum Beispiel: Antisemitismus eine gesamtdeutsche Schuld, zwischen West- und Ostdeutschland nicht ein kontroverses Thema - so hatte ich mir das ausgedacht. In Marburg klappte es, kein Wort gegen die DDR - in Ostberlin erwies sich die Tumbheit meiner Kalkulation. Dort hatte ich es in drei Minuten: Antisemitismus das Standardinstrument des Faschismus - des deutschen, dessen Bonzen in Ostdeutschland ausgerottet oder nach Westdeutschland geflohen sind, wo sie bis auf weiteres ihren Antisemitismus zurückgesteckt und ersetzt haben durch Kommunistenhaß; ein Sachverhalt, der nur von blinden Narren verkannt werden könne wie von meinen Freunden und von mir selbst.

Ich hatte mich zu wehren, so gut es ging (und wie gut geht es, wenn man selbst über westdeutsche Zustände erbittert, nur eben anders erbittert ist?) - und im Zug meiner Gegenvorwürfe sagte ich, sie sollten doch nicht so tun, als hätten sie, den deutschen Widerstand gegen Hitler betreffend, ein Monopol, da gebe es doch die schmerzliche Tatsache, daß ihr Widerstand im Jahr neununddreißig am Tag des Stalin-Hitler-Paktes erlosch und erst am Tag des Überfalls auf die Sowjetunion im Juni einundvierzig wieder erwachte.

Darauf Proteste, dem sei nicht so, und eine Geschichtsstudentin bringt aus der Seminarbibliothek tatsächlich ein Dokument. Es ist ein Aufruf der Widerstandsgruppen der KPD, datiert Herbst neununddreißig, nach Kriegsausbruch: der Stalin-Hitler-Pakt gehe den deutschen Widerstand nichts an, Hitler sei weiter der Feind.

Ich war verblüfft. Das Dokument war mir völlig neu.

16. April

Die gestern unterbrochene Aufzeichnung über jene Ostdeutschland-Expedition ist zu ergänzen. Ein Freund vom Norddeutschen Rundfunk war bei uns vorübergekommen, ein ausgezeichneter Sozialdemokrat, nicht jung aber jugendlich burschikos, und als ich ihm sagte, ich wolle mein Marburger Diskussionsband nach Ostberlin bringen, war er Feuer und Flamme. »Die Leute werden Ihnen dort nie erlauben, auch die Ostberliner Diskussion aufzunehmen - wenn es überhaupt zu einer solchen Diskussion kommt, was ich nicht glaube«, sagte er, »aber kommt es dazu und lassen die Sie wirklich ein Band machen, so wette ich mit Ihnen, die lassen das nicht über die Grenze. Geschieht aber ein Wunder und Sie bringen das Band heraus - das müssen wir haben, das senden wir sofort, daraus machen wir eine Sensation! «

Nun hatte ich also das Band, sie hatten es mir nicht konfisziert. Ich hatte Dieckmann gebeten, mir einen Schein für die Grenzer zu geben, aber er sagte, das sei nicht nötig, »nur«, so sagte er, »ich wette mit Ihnen, was wir hier bei der Diskussion gesagt haben, davon senden die in Westdeutschland nicht ein Wort.«

»Das ist eine Wette?« fragte ich, mich an die Wette meines Freundes vom NDR erinnernd.

Ja, sagte Dieckmann, das sei eine Wette.

Nun hatte ich also das Band, ich brachte es geradewegs durch Nacht und Novemberschnee nach Hamburg, und allein die Tatsache, daß ich es hatte, machte meinen Freund dort kühler. Was immer die gesagt haben mögen, werde zu beantworten sein, so sagte er.

Ich: »Fein, dann fahre ich jetzt sofort nach Marburg zu Abendroth, von Marburg ging schließlich das Ganze aus, so haben die in Marburg das letzte Wort.«

»Zu Abendroth?« sagte mein Freund, weiter verblassend. Abendroth war kürzlich von der SPD wegen subordinationswidriger Linksgesinnung ausgeschlossen worden. »Na schön, Abendroth. Schicken Sie uns dann das Band.«

Ich: »Geben Sie mir einen Übertragungswagen für die Aufnahme mit.«

Er: »Haben wir keinen frei.«

So fuhr ich eben auf eigene Faust nach Marburg und führte denen das Ostberliner Band vor. Das Dokument, Aufruf des kommunistischen Untergrunds zu weiterem Widerstand auch nach dem Stalin-Hitler-Pakt, war mir unbekannt gewesen, aber die Marburger kannten es. Nur sprachen einige aus dem Auditorium dazu noch von einem anderen Dokument: Das Zentralkomitee der KPD, damals in Stockholm, habe den in Deutschland verbliebenen kommunistischen Untergrund sofort und nachdrücklich zurechtgestaucht - Pakt sei Pakt, auch für den deutschen kommunistischen Widerstand gelte der Stalin-Hitler-Pakt, und dieses zweite Dokument zeige man den Studenten in Ostberlin nicht, weil es von Pieck und Ulbricht unterschrieben sei. Und auf meine Frage, warum es dann hier im Westen die Sozialdemokraten nicht verwenden, lautet die Antwort: »Weil es nicht nur von Pieck und Ulbricht unterschrieben ist, sondern auch von Herbert Funk - das aber war Herbert Wehners Parteiname in der KPD.«

(Nachschrift: Ulbricht und Wehner[2] Schulter an Schulter zur Unterdrückung des deutschen Widerstands - eine politische Sensation! Ich ging ihr nach. Das war nicht ganz einfach. Es ergab sich, daß eine ganze Reihe Leute im Westen, aber auch ostdeutsche Kommunisten, mit denen man unter vier Augen sprach, von diesem Dokument gehört hatten und jeder der ostdeutschen Freunde hatte eine beredte Rechtfertigung -, aber mit eigenen Augen gesehen hatte es niemand. Durch Wolfgang Abendroth, der von Anfang an davor gewarnt hatte, diese Informationen als bare Münze zu nehmen, geriet ich schließlich an einen Gießener Doktoranden, Manfred Grabe, der eben seine Dissertation über die Politik der KPD in den Jahren 1939 bis 1941 schreibt. Zitat aus der mir von ihm gegebenen Auskunft: »Ein ZK-Beschluß mit Herbert Wehner, Pseud. Herbert Funk, den Widerstand gegen Hitler nach Paktabschluß einzustellen bzw. einzuschränken, ist mir nicht bekannt. In der Literatur aus der Zeit des Kalten Krieges im Deutschland der 50er Jahre findet sich mehrfach die Unterstellung, es habe eine Zusammenarbeit zwischen Hitler und Ulbricht, zwischen Nazis und Kommunisten gegeben. Sie bleibt jedoch unbelegt, und ich fand nirgendwo ein Dokument oder sonstigen Beleg dafür. Über einen internen Beschluß im von Ihnen angesprochenen Sinne ist mir auch aus den wenigen im Bundesarchiv Koblenz zur Verfügung stehenden Akten des Reichssicherheitshauptamtes nichts bekanntgeworden. Im Zentralen Partei-Archiv der SED in Berlin war mir das interne Material des ZK nicht zugänglich. Aus den Notizen von Herbert Wehner ergibt sich jedoch eine Reihe von Belegen für die Fortsetzung des Widerstandes - allerdings unter den schweren Bedingungen einer nahezu zerschlagenen KPD, unter erheblichen psychologischen Belastungen und in Isolation wegen des Paktes.«

Ein gutes Gefühl, daß man hier einmal einen politischen Gegner - ich bin kein Bewunderer Wehners - von einem schlimmen Gerücht der Kalten Krieger befreien kann.

Von Marburg schickte ich alle Bänder nun also an meinen Freund beim Norddeutschen Rundfunk. Er schrieb: Hochinteressant. Die Sendung zu machen, wäre ihm ein Genuß gewesen. Aber leider, leider - die Technik! Das neue Marburger Band, das gehe noch allenfalls, aber Helgas Ostberliner Band sei einfach zu schlecht, und damit, leider, leider, sei das Ganze im Eimer.

Ich: Auch der Ostberliner Rundfunk habe das damals mitgeschnitten - vielleicht gäbe mir der sein Band?

Antwort: Gelächter. Die in Ostberlin mir ihr Band geben - für den NDR?

Worauf ich an Dieckmann schrieb. Eine Austragung seiner Wette, daß die Westdeutschen nicht senden würden, was er in Ostdeutschland sagte - eine faire Austragung sei nur möglich, wenn er sich entschließe, mir das Band des Ostberliner Rundfunks zu geben. Darauf Dieckmann: Selbstverständlich!

Das Band wurde an mich abgesandt - aber es kam nicht an. Mein Freund in Hamburg, kleinmütig für eine Briefeslänge, war wieder Triumphes voll. Voilà. Dieser N. sitzt weitab in Locarno und läßt sich düpieren. Nach sechs Wochen schrieb ich an Dieckmann noch einmal. Das Band war tatsächlich abgesandt worden. Und war es nun die ostdeutsche Staatspolizei, die dem ostdeutschen Rundfunk das Band konfisziert hatte, oder doch die westdeutsche? Jedenfalls - diesmal verlangte Dieckmann eine Kopie des Bandes für sich selbst, er bekam sie und schickte sie mir, Absender »Der Präsident der Volkskammer«, und diesmal kam sie an.

Ich schickte sie nach Hamburg - und dann hörte ich lange nichts. Schließlich schrieb mir ein anderer Herr. Die ganze Sache gehörte dort eigentlich ins Dritte Programm. Dessen Leiter, Ernst Schnabel[3], sei aber leider, leider vorgestern in Urlaub gegangen. Für ein halbes Jahr.

Als dieser Brief kam, saß eben ein anderer Intendant bei mir, auch er ein Mitglied der SPD, und erzählte mir von vielen guten nonkonformistischen Taten seines Senders; Stolz vor Fürstenthronen - derlei mache man dort mit der linken Hand. Ich berichtete ihm das hier Berichtete - darauf er: »Mache ich sofort!«

Ich schickte ihm die Bänder. Er habe sie seinem politischen Redakteur gegeben, schrieb er nach einer Weile, der habe viele Stunden seiner kostbaren Zeit geopfert und alle Bänder angehört. Es sei leider nichts, nichts darin, was mitteilenswert wäre. Aber getrost, er, der Intendant, habe das nicht auf sich beruhen lassen, so sei er nicht, er habe dem Redakteur ein Memo abverlangt, das liege jetzt bei den Akten, da könne ich ganz beruhigt sein.

Auch dieser Redakteur ein trefflicher Mann von der SPD. Einer trefflicher als der andere. Dann kam Wiegenstein, kein Sozialist, sein Intendant ein Bismarck, den man im Osten enteignet hat. Die wollen nun also die Sache machen - so sagen sie.

Funkhaus ruft an: man erwartet mich dort erst am frühen Nachmittag. Das gibt mir Zeit, das schon berichtete Material des Ost-West-Gesprächs auf Anekdotisches zu durchdenken, für die Diskussion (deren Partner ich noch nicht kenne).

Allenfalls jener Student in der Diskussion in Ostberlin. Von der Volksarmee zum historischen Studium abgestellt. Er sagte Kerniges, und zwar in Antwort auf jenen Marburger, der laut Band dort gesagt hatte, nie mehr im Leben rühre er eine Waffe an. Eine Waffe anzurühren war der Volksarmist und Student ohne Zögern bereit - auch gegen die Brüder und Schwestern in der Bundesrepublik drüben, wenn die sich etwa durch ihre faschistischen Verführer verleiten ließen (und das taten sie offenbar! die Stunde Null war nah!), die Deutsche Demokratische Republik anzugreifen, deren sozialer und technischer Aufstieg den dort drüben zur Wiederherstellung der SS im geheimen verbündeten Monopolkapitalisten Brandt und Strauß ein Dorn im Auge sei.

Müßte heute nachmittag zu verwenden sein: es gleicht mit Auswechselung von ein paar Vokabeln aufs Haar dem Gewäsch, das mancher (wenn auch glücklicherweise durchaus nicht jeder) durch drei Monate indoktrinierte Rekrut der westdeutschen Bundeswehr von sich gäbe, gegen die Brüder und Schwestern in der DDR. Das ist recht gespenstisch. (Girnus bremste damals den jungen Mann sofort. Seinen Bundeswehr-Vetter - welcher Bonner Funktionär hätte den gebremst?)

Vielleicht dies noch. Von Ostberlin damals über Hamburg nach Marburg, zwecks Weiterführung der Diskussion, wie schon notiert. Bisher nicht notiert: Vom Hotelchen in Marburg hatten wir nach allen Richtungen hin telefoniert und auch mit ein paar Besuchern in der Lobby gesprochen - alles zum Thema Ostdeutschland. Als wir dann von Abendroths Institut ins Hotel zurückkamen, war keines der Ostberliner Dokumente, kein Blatt der Korrespondenz zu finden. Wir durchsuchten das Zimmer. Nichts. Auch der Portier wußte nichts von nichts.

Vierzehn Tage später, schon in Locarno, bekamen wir ein Päckchen aus Köln, von einem Herrn mit unleserlicher Unterschrift. Er habe unlängst eine Nacht in einem Hotel in Marburg verbracht und diese Briefschaften da im Papierkorb gefunden, vielleicht brauchten wir die, er schicke sie hier zurück.

Man sage nichts gegen die Kölner.[4] Ob ich das anerkennend einflechte, heute nachmittag?

Fortsetzung, abends. Westdeutscher Rundfunk also - wo noch allerletzte Schwierigkeiten zu überwinden waren. Der SPD-Mann, in dessen Ressort die Sache eigentlich fällt, hat sich in hoher Zivilcourage von dem Unternehmen so weit zurückgezogen, wie das in dem weitläufigen Gebäude nur immer möglich ist. Ein Jein-Mann: klappt es, so hat er es ja doch stets gewollt, klappt es nicht, so hat er nie vorher davon erfahren. Tatsächlich bekamen wir ihn nicht für einen Augenblick zu Gesicht, er höre sich die Aufnahme heimlich in seinem Zimmer an, hieß es. Während die im Sender mächtig vertretene CDU nach Vorausabhören des Ostberliner Bandes und meines dazu in Lugano gesprochenen Kommentars aufs heftigste protestierte. Der maßgebliche Herr (Dufhues?)[5]: »Das geht nicht. Da sagen die falschen Leute die richtigen Sachen.«

13. Mai

Fortsetzung. War ein schwerer Arbeitstag gestern beim Rundfunk. Um den Protest der CDU zu neutralisieren, hatte man letzten Augenblicks ein politisches Diskussionsteam herangeschafft, das die in den Bändern auftauchenden Themen Punkt um Punkt diskutierte - damit nicht etwa, Gott behüte, Dieckmann mit seinen Angriffen auf die Bundesrepublik zu Worte käme, ohne daß er sofort seine kernige Antwort kriegte, und das Schlüsselwort war »sofort«.

Das besorgte Johannes Gross, politischer Rundfunkredakteur, ein konservativer Intellektueller, zur Rechten abgefallenes Produkt der Seminare Adornos und Abendroths - gescheiter, kleingewachsener Mann mit der überkompensatorischen Adrettheit so vieler Kleingewachsener; er wird Karriere machen in diesem Land.

Der andere Kernige war Rolf Schroers - sehr nach rechts abgerutscht, kam mir vor, seit er mich damals in Locarno besuchte; dabei hatte ich geglaubt, er sei in der SPD. Aber schließlich, auch Wehner ist in der SPD.

Ihnen widersprach, auf eine kluge Weise liberal, Redakteur Fauth vom Kölner Stadtanzeiger. Aber der ihnen wirklich entgegentrat, war Wolfgang Abendroth, und ihn beobachtete ich hier nun wirklich aus der Nähe. Ein großartiger Mann, von wahrer Unbekümmertheit, ganz genau das sagend, was er sagen will, oft mit brillanten Formulierungen, das Ideal eines Professors der Wahrheit, und bloß mit dem Fehler aller Universitätsprofessoren: sie finden kein Ende - nie unterbricht sie einer, darum sprechen sie auch sonst immer ihre geschlagenen fünfundvierzig Minuten lang.

Nichts typischer, als daß die SPD den ausgeschlossen hat; die Brüder schließen immer ihre Linken und Intellektuellen und Fähigsten aus, um desto ungestörter der konservativen Konkurrenzpartei möglichst viele Kleinbürger abwerben zu können - gehobene Ex-Proletarier, die mehr zu verlieren haben als ihre Ketten.

(Diese Unbekümmertheit Abendroths erweist sich auch dem Mikrofon gegenüber: wir können ihn nicht davon abbringen, mit dem Kopf, als säße er auf dem Katheder, dozierend rechtshin und linkshin vom Mikrofon wegzuschwenken; oder gerade unterm Mikrofon seine Pfeife auszuklopfen, was dann vom Band tönt wie Donnerhall und Wogenprall.)

Die Substanz dieser Diskussion bleibt unwichtig gegenüber der Tatsache, daß hier tatsächlich eine Schallmauer durchbrochen wurde - Anklagen aus dem Osten, maßstablos oder begründet, vor einem westdeutschen Sender mit den originalen Stimmen. So viel, so wenig hat man mit seiner Über-Investition erreicht.

Leiter, Moderator war Wiegenstein, loyal und kompetent wie immer. Dieckmann hatte mit mir gewettet, der Westen werde das nicht senden - nun, zum Schluß der Sendung, gab Wiegenstein das an Dieckmann zurück. R. N. habe jetzt offenbar die Wette gewonnen, so sagte er - er aber wette mit Dieckmann, daß der den Ostberliner Rundfunk nicht veranlassen werde, diese Kölner Sendung zu übernehmen. (Was ja allerdings eine sichere Wette ist.)

14. Mai

Nachmittags in Marburg bei Abendroths, die uns immer mehr ans Herz wachsen. Das ist ein offenbar nicht übermäßig mit irdischen Gütern gesegneter Gelehrtenhaushalt, aus dem diese Menschen so viel an Wärme und herzlicher Leistung holen, wie sich nur immer holen läßt. Sie sind »embattled«, wie das im Englischen heißt - vom Feind umlauert, zu Wachsamkeit und Abwehr gerüstet. Dieser zivilcouragierte Mann hat hier in Marburg fanatisch anhängliche Schüler - zumitten einer Welt von Feinden. Er heißt »der letzte Marxist«, und für die Bürger dieser akademischen Kleinstadt ist das gleichbedeutend mit »Kommunist«. In Wirklichkeit könnte er dort drüben so wenig in Frieden leben wie etwa ich. Das Zuchthaus oder KZ seiner Jahre im "Dritten Reich" meldet sich bei ihm jetzt wieder in Form eines KZ-Syndroms - schlimme Zustände, unter denen für den akademischen Lehrer eine Sprachlähmung mitten im Satz, ein sekundenlanges Nichtweiterkönnen vielleicht das schlimmste ist.

Diesem ständigen Überfordertsein zu begegnen, bemüht sich zäh und vergebens die sehr sympathische Frau. Die drei Kinder - »Kommunistenkinder« - werden in ihren Schulen benachteiligt, boykottiert, von gemeinsamen Unternehmungen ausgeschlossen, als wären sie Judenkinder in den ersten Jahren des "Dritten Reiches".

29. Mai

Die »Zeit« hat nun tatsächlich diese West-Ost-West-Sache gebracht - zu meiner Verwunderung: ich hatte erwartet, die würden kneifen. Sie kneifen dort gern.

Als ich Sieburg angriff, wegen seiner Nazi-Kulturtaten in Paris, schrieb mir der Chefredakteur dort, Müller-Marein: nein, das könne er nicht bringen, er sei mit Sieburg auf du und du und der leide ohnedies so sehr unter der Unbill solcher Attacken; was hatte er denn auch Großes getan, so gut wie nichts.

Darauf antwortete ich ein wenig herb, und als Müller-Mareins Antwort auf diese Antwort kam, öffnete ich den Briefumschlag gespannt. Was würde er schreiben? Fehdehandschuh, Ehrenbeleidigungsklage, Duell? Er schrieb, das von mir Gesagte bekümmere ihn, er aber sei ein gottesgläubiger Mensch und habe beschlossen, mich von Stund ab in sein Gebet einzuschließen.

Immer schon hatte ich mir so einen Platz gewünscht, im Gebet eines Chefredakteurs.

(Späte Nachschrift: Ich erzähle das von Müller-Mareins Gebet seinem Freund Lutrand vom Verlag Laffont. Der lacht: »Echt Jupp! Er zog Sie durch den Kakao!«)

Anmerkungen:

1 Auszüge aus: Robert Neumann, Vielleicht das Heitere - Tagebuch aus einem andern Jahr, Verlag Kurt Desch, München 1968; S. 218 - 295.

2 Siehe inzwischen Reinhard Müller, Die Akte Wehner, Moskau 1937 bis 1941, Berlin 1993.

3 Schnabel hat sich später noch schriftlich an Neumann gewandt und dabei u.a. geschrieben: *[...] ich habe mich keineswegs anders besonnen. Sie realisieren vielleicht nicht ganz, daß ich zwar ein Programm mache, mit meinen eigenen schwachen Händen aber keine Sendungen machen kann, für die ich keinen Redakteur finde, keinen willigen im Betrieb. Und so war es. Als mir Wiegenstein daher vor einem halben Jahr erzählte, daß er die Sendung nun selber veranstalte, war ich sehr froh, diese Sache auf diese Art für das 3. Programm doch noch gewinnen zu können, und das war gut so. Ich fand die Sendung ausgezeichnet.* zit. nach: Brief Robert Neumann an Claus Behnke v. 23.06.1964.

4 Köln ist der Sitz des Bundesamtes für Verfassungsschutz.

5 Josef Hermann Dufhues (CDU), Innenminister von Nordrhein-Westfalen.

IX. 30 Jahre danach: Eine Nachbetrachtung von Reinhard Kühnl

I.

Nach der Zerschlagung der faschistischen Diktatur durch die Armeen der Alliierten gewann der Systemgegensatz zwischen der Sowjetunion einerseits und den kapitalistischen Demokratien andererseits wieder die Oberhand. Er hatte seit der Oktoberrevolution 1917 die internationalen Beziehungen wesentlich bestimmt, war aber nach 1941 durch die Bedrohung, die von der Aggressionspolitik der faschistischen Mächte ausging, vorübergehend überdeckt worden.

In Deutschland erlangte dieser Gegensatz schon wegen der geostrategischen und ökonomischen Bedeutung der europäischen Mitte eine besondere Brisanz.[1] Das Resultat bestand jedenfalls darin, daß beide Seiten den Teil Deutschlands, über den sie verfügten, ökonomisch und militärisch in ihren eigenen Machtblock einbezogen. Das bedeutete real die Spaltung Deutschlands und die Bildung von zwei deutschen Teilstaaten (zunächst im Westen, dann im Osten Deutschlands), die sich politisch und ideologisch an der jeweiligen Führungsmacht ihres Blocks auszurichten hatten.

Beide Führungsmächte fanden dabei Bundesgenossen unter den deutschen politischen Kräften: Die Sowjetunion vor allem bei denen, die als Antifaschisten in der Emigration, im Widerstand und in den Konzentrationslagern gewesen waren und nun eine entsprechende Umgestaltung der politischen und gesellschaftlichen Verfassung in Richtung Sozialismus anstrebten. Sie übernahmen nun die Führungspositionen in Staat und Gesellschaft, wobei die Kommunisten, die aus der sowjetischen Emigration kamen, bei der Besatzungsmacht das größte Vertrauen genossen und Schlüsselpositionen erhielten. Die USA andererseits fand Unterstützung vor allem bei den liberaldemokratischen und konservativen Kräften, wobei große Teile der konservativen Eliten das faschistische System in der Wirtschaft, in der Bürokratie und im Militär mitgetragen hatten und ebenso wie die westlichen Siegermächte daran interessiert waren, daß eine Umgestaltung der Gesellschaftsordnung in Richtung Sozialismus verhindert wurde. Der ökonomische Aufschwung, der in deutlichem Kontrast zur armen und grauen DDR stand, sicherte dem politischen und sozialem System in der Bundesrepublik bald eine hohes Maß an Zustimmung und brachte die DDR in starken Legitimationsdruck.

Diese Entwicklung entspricht der inneren Logik und den realen Potenzen beider Systeme wie auch der Logik der Systemauseinandersetzung und ist insoweit auch leicht nachvollziehbar. Auch daß die politischen Eliten in beiden deutschen Teilstaaten beanspruchten, sie seien die besseren Demokraten und in ihrem Staat seien die richtigen Folgerungen aus der NS-Diktatur gezogen worden, ist leicht verständlich. Denn die riesigen Verbrechen des deutschen Faschismus hatten sich tief in das Bewußtsein der europäischen Völker in Ost und West und Nord und Süd eingeprägt, und das Bekenntnis vollständiger Abkehr von der faschistischen Vergangenheit war die Grundbedingung dafür, daß Deutsche in der internationalen Öffentlichkeit sich überhaupt artikulieren konnten.

Schwerer verständlich und aus heutiger Sicht kaum nachvollziehbar ist dagegen, daß die politisch-ideologische Auseinandersetzung zwischen den beiden deutschen Teilstaaten Formen annahmen, zu deren Kennzeichnung man wohl klinische Begriffe heranziehen muß: Es bildeten sich hysterische, und psychopathische Formen der Auseinandersetzungen heraus, die über das reale Maß gegenseitiger Bedrohung, die es natürlich gab, weit hinausgingen. Sie gewannen in den 50er Jahren einen beträchtlichen Einfluß, so daß normale Formen zwischenmenschlicher Kommunikation, die Verständigung mit den Mitteln der Sprache, weitgehend zerstört wurden. Wechselseitige Feindschaftserklärungen monologischen Charakters, gebetsmühlenhaft wiederholt - das war das Klima des Kalten Krieges im damaligen Deutschland. Hysterisch übersteigertes Mißtrauen gegen "Agenten" des Feindes im eigenen Land und womöglich bei Teilen der eigenen Bevölkerung, überhaupt gegen Kontakte mit dem Feindstaat, samt den entsprechenden rigiden Kontrollmaßnahmen - hier war die DDR führend, obwohl auch in der Bundesrepublik pro Jahr im Durchschnitt 15000 politisch begründete Ermittlungsverfahren eingeleitet wurden. Strikte Realitätsverleugnung - hier war die Bundesrepublik führend, die erklärte, die DDR gebe es gar nicht, und deshalb untersagte, daß im Öffentlichen Dienst, in Schulen und Universitäten diese drei Buchstaben überhaupt benutzt werden durften - es sei denn in Anführungszeichen. Wer da für Verständigung und Normalisierung plädierte, wurde sogleich als wissentlicher oder unwissentlicher Agent des Feindes betrachtet und mußte mit den entsprechenden Sanktionen rechnen.

II.

In dieser Situation unternahm ein österreichischer Jude und Schriftsteller, der nach der Verbrennung seiner Bücher in Deutschland vor dem Faschismus geflohen und britischer Staatsbürger geworden war und nun in der Schweiz lebte, den Versuch, ein Gespräch zwischen der Bundesrepublik und der DDR in Gang zu bringen. Das konnte sich jemand leisten, der als Antifaschist auch in der DDR geachtet war, der als verfolgter Jude entsprechend dem politischen Selbstverständnis der Bundesrepublik Respekt verdiente und der sogleich im neutralen Ausland lebte und nicht zugleich als Helfer der Gegenseite abgetan werden konnte. Und er transportierte - im Zeitalter von Fernsehen, Telefon und Telegraphie - mit primitiven Mitteln bruchstückhaft aufgenommene Diskussionsveranstaltungen von einem Teil Deutschlands in den jeweils anderen, um ihn dort vorzuspielen und zu Antworten anzuregen. Allein die Tatsache, daß solche Mittel notwendig waren, um überhaupt ein Gespräch zu initiieren, charakterisiert den Zustand des damaligen Deutschland.

Aber wer konnte da mit wem reden - und worüber konnte da geredet werden? Robert Neumann sah eine Chance an den Hochschulen, zwischen denen es selbstverständlich überhaupt keine offiziellen Beziehungen gab (allenfalls persönliche zwischen einigen, dann aber auch verdächtigen Individuen), wohl aber, in einigen wenigen Sektoren, ein "Milieu" von Gesprächsbereitschaft.

Daß in Marburg dann der Politikwissenschaftler Wolfgang Abendroth, seine Frau und seine Mitarbeiter und Marburger Studierende ein Forum boten, war kein Zufall: Wolfgang Abendroth, vom faschistischen Staat wegen Widerstandstätigkeit ins Zuchthaus geworfen, aus der sowjetischen Besatzungszone geflohen, weil er sich der Vereinigung zwischen KPD und SPD widersetzt hatte, vom hessischen Kultusministerium gegen den Widerstand der Universität Marburg zum Professor berufen, als Marxist ständig in der Verdachtszone der Staatsfeindlichkeit, aus der SPD ausgeschlossen, weil er den ebenfalls hinausgeworfenen Studenten des Sozialistischen Deutschen Studentenbundes die Stange hielt - dieser Wolfgang Abendroth hatte sich auch unter den Bedingungen des Kalten Krieges nicht eingefügt in die verordneten Denkschemata. Er kritisierte - als Marxist und Sozialist - die stalinistischen Züge des politischen Systems der DDR, aber er blieb auch kritisch gegenüber den undemokratischen und restaurativen Tendenzen in der Bundesrepublik und generell gegenüber dem kapitalistischen Gesellschaftssystem. Und zu solch kritischem Denken hatte er auch seine Mitarbeiter und Studierenden angehalten. An den Hochschulen der Bundesrepublik, an denen weitgehend dieselben Professoren lehrten wie in der Zeit des Faschismus, war er damit eine ziemlich singuläre Erscheinung - und eben deswegen konnte er wohl diese Initiative von Robert Neumann mittragen.

Doch auch in Marburg dominierte selbstverständlich die Dumpfheit und Borniertheit des Kalten Krieges: Der DDR-Volkskammerpräsident Dieckmann von der Liberal-Demokratischen Partei, vom Liberalen Studentenbund im Januar 1961 nach Marburg zu einem Vortrag eingeladen, sah sich genötigt, noch in der Nacht Marburg fluchtartig zu verlassen: Unter der Führung Marburger Korporationen war der Vortragssaal umzingelt worden. Pflastersteine waren durch die Fenster geflogen und hatten diejenigen, die den Vortrag hatten hören wollen, (u.a. der Korporationsstudent Friedrich-Martin Balzer, der zwei Monate danach Robert Neumann zur ersten Marburger Veranstaltung einlud), auseinandergejagt. Die Polizei hatte dem Terror tatenlos zugesehen. Der Sektor der

Vernunft war also auch in Marburg noch sehr schmal - aber er war immerhin vorhanden.

III.

Über welche Themen aber konnte denn zwischen BRD und DDR geredet werden? Eine Diskussion über die Fragen, die die politische Öffentlichkeit beherrschten - wer an der Teilung schuld sei, wer der bessere, demokratischere Staat sei usw. - hätte sofort auf beiden Seiten die Gebetsmühlen in Gang gesetzt. So nahm Robert Neumann den Eichmann-Prozeß auf, der gerade in Jerusalem stattfand, und knüpfte daran die Frage, wie Antisemitismus und Judenmord denn zu erklären seien, welche Rolle sie in der Politik des deutschen Faschismus gespielt hatten und welches überhaupt der Charakter dieses Faschismus gewesen war. Wer waren die Täter, wer waren die Opfer, was war aus ihnen geworden, im westlichen und im östlichen Teil Deutschlands?

Mit dieser Fragestellung war einerseits Aktualität gewährleistet, andererseits aber auch ein Minimum an Objektivierung, da die Diskussionsteilnehmer genötigt waren, sich auf historische Tatsachen und auf wissenschaftliche Forschungen zu beziehen. In der Tat waren denn auch die meisten Diskussionsbeiträge um Objektivierung bemüht, und das Klima, das hier herrschte, repräsentierte das genaue Gegenteil dessen, was die Horden fanatisierter Korporationsstudenten anläßlich des Dieckmann-Besuches vorgeführt hatten. So bildeten die Diskussionen mit Robert Neumann in kleinem Maßstab ein Modell jener zivilisierten Verkehrsformen, wie sie dann ein Jahrzehnt später im Rahmen der "Neuen Ostpolitik" zur Regierungspolitik wurde.

IV.

Die sehr kontrovers geführten Diskussionen in Marburg brachten zum Vorschein, daß sich in intellektuellen Minderheiten mancherlei Ansätze kritischer Aufarbeitung des Faschismus herausgebildet hatten - trotz der beinahe absoluten Dominanz der Totalitarismusthese in Politik und Wissenschaft und trotz der nach 1945 im westlichen Teil Deutschlands alsbald einsetzenden und bis weit in die 60er Jahre hineinreichenden "Konspiration des Schweigens" (Robert Neumann), was die Frage der Täter, der Träger und Nutznießer der faschistischen Politik anging.[2] Zwar lagen in Gestalt der Dokumente des Nürnberger Prozesses und anderer großer Prozesse genügend Materialien vor, um die Hauptlinien und die Interessenstrukturen der faschistischen Politik erkennen zu können. Doch erst seit dem Ende der 60er Jahre überwanden Entspannungspolitik und innenpolitische Liberalisierung die Blockaden, die der Kalte Krieg gegen eine unvoreingenommene Erforschung und Diskussion des Faschismus errichtet hatte. Vor allem die Rolle der Führungsschichten in Industrie, Bankwelt, Militär und Bürokratie konnten erst jetzt breiter erforscht und offen diskutiert werden. Und die bis dahin übliche Reduzierung des Widerstands auf militärische und bürokratische Führungsgruppen und auf den 20. Juli 1944 konnte ansatzweise korrigiert werden durch die Erforschung des wesentlich breiteren und in seiner Zielsetzung wesentlich prinzipieller gegen die faschistische Diktatur gerichteten Widerstands der Arbeiterbewegung.

Was die Diskussion an der Humboldt-Universität angeht, so dominieren zwar jene Interpretationen, die die Kommunistische Internationale seit den 30er Jahren entwickelt und die Regierung in der DDR (wie auch in den anderen sozialistischen Ländern) zur offiziellen Faschismusinterpretation erhoben hatte. Auch die in der DDR damals weithin üblichen, oft geradezu grotesken Übertreibungen, was die Rolle faschistischer Kräfte und Ideologien in der Bundesrepublik angeht, kamen hier zum Ausdruck. Bemerkenswert ist aber, daß es auch in diesen Diskussionen beachtliche Meinungsdifferenzen gab, die dann in den 70er Jahren auch in den geschichtswissenschaftlichen Faschismusinterpretationen der DDR zum Ausdruck kamen. Dies betraf vor allem die Überwindung allzu schlichter Vorstellungen über den Zusammenhang zwischen Kapitalismus und Faschismus und die Erkenntnis der relativen Eigenständigkeit und Eigendynamik der faschistischen Bewegung und überhaupt der Ideologie gegenüber der "ökonomischen Basis". Auch die Reduzierung des Widerstands auf die Kommunistische Partei konnte allmählich korrigiert werden.[3]

Im Rückblick lassen sich diese Ereignisse mit all ihren Widersprüchen und Absurditäten als eine Stufe in der durch weltpolitische Prozesse determinierten Entwicklung vom Kalten Krieg zur Entspannungspolitik begreifen, in die auch die beiden deutschen Staaten einbezogen waren. In der damaligen Situation - ich war 25 Jahre alt, Assistent von Wolfgang Abendroth und mit den Anfängen meiner Dissertation über die "NS-Linke 1925-1930" beschäftigt - hatte ich aber keineswegs das Empfinden von Absurdität. Unter diesen politischen Verhältnissen war ich aufgewachsen, und ich empfand sie als ganz normal. Da waren eben zwei deutsche Staaten, die sich absolut feindlich gegenüberstanden (und mein Staat, die Bundesrepublik, war natürlich im Recht und der andere Staat war natürlich im Unrecht). Wenn Robert Neumann meinte, er könne da ein Gespräch in Gang bringen, fand ich das sympathisch, auch - angesichts der abenteuerlichen Wege - ein wenig aufregend, aber doch ziemlich weltfremd.

Die Wirklichkeit in ihrem Prozeßcharakter, in ihrer Veränderbarkeit zu begreifen, im Status quo schon Keime des Künftigen, Anderen zu erkennen und alle politischen und gesellschaftlichen Erscheinungen unter diesem Gesichtspunkt zu betrachten, das habe ich erst später gelernt mit der Hilfe dialektischer

Denker wie Georg Lukács, Ernst Bloch, Bert Brecht und Wolfgang Abendroth. Aber auch wissenschaftliche Kenntnisse dieser Art sind kein Garant gegen fundamentale Fehleinschätzungen. Den Zusammenbruch der sozialistischen Staaten am Ende der 80er Jahre hat die Linke ebensowenig vorausgesehen wie die konservative Politikwissenschaft oder die westlichen Geheimdienste, die Tausende von Agenten beschäftigt hatten, um die sozialistischen Länder von innen her zu beobachten.

Die Studierenden von heute haben es sicher noch viel schwerer, als wir es damals hatten, die Realität, in der sie leben, gedanklich zu bewältigen - eine Realität, die noch so viel komplexer und so viel unübersichtlicher geworden ist. Vielleicht kann ihnen die Aneignung historischer Erfahrungen dabei ein wenig helfen.

Anmerkungen:

1 Zu den unterschiedlichen Interessen, die dabei aufeinander trafen (sicherheitspolitische bei der Sowjetunion, aber auch bei Frankreich, ökonomische und politische bei den USA usw.) vgl. u.a.: A. Hillgruber, Deutsche Geschichte 1945-1972, Frankfurt, Berlin, Wien, 1974; D. Horowitz, Kalter Krieg. Hintergründe der NS Außenpolitik von Yalta bis Vietnam (Berlin/West 1969); H.W. Kahn, Der Kalte Krieg Bd. I: Spaltung und Wahn der Stärke 1945-1955, Köln 1986; E. Nolte, Deutschland und der Kalte Krieg, München/Zürich 1974.

2 Dieser Tatbestand der "zweiten Schuld" (Giordano) wurde neuerdings heftig bestritten (vgl. M. Kittel, Die Legende von der "zweiten Schuld", Berlin 1993), doch darf dieser Widerlegungsversuch als mißlungen gelten.

3 Zur wissenschaftlichen Faschismusdiskussion insgesamt vgl. meinen Band "Faschismustheorien", Heilbronn 1990.

X. "Post mortem" - Prof. Heinz Kamnitzer im Gespräch mit Reinhard Hübsch zur Diskussion an der Humboldt-Universität Ost-Berlin[1]

Hübsch: Herr Professor Kamnitzer, wie war das damals? Wenn ich in Erinnerung rufe: In Marburg hat Robert Neumann 1961 seinen Vortrag "Was geht uns Eichmann heute an?" gehalten, damals nicht wissend, daß er einmal die Möglichkeit haben würde, in Ost-Berlin an der Humboldt-Universität den gleichen Vortrag halten zu können. 1962 konnte er dann in Ost-Berlin referieren - wie ist es dazu gekommen, daß Robert Neumann eingeladen wurde? Wie hat sich das Prozedere abgespielt, daß er diesen Vortrag halten konnte, daß er diskutieren konnte? Ich vermute, daß es damals nicht selbstverständlich war, daß jemand aus der Bundesrepublik einfach in Ost-Berlin vortragen und diskutieren konnte.

Prof. Kamnitzer: Ich bin damals nicht mehr Professor an der Humboldt-Universität gewesen, sondern war bereits ein freischaffender Schriftsteller. Von mir aus ist also, was die Universität angeht, nichts unternommen worden. Aber über den PEN-Club hat sich Robert Neumann, also über den PEN-Club hier damals...

Hübsch: PEN Ost oder West?

Prof. Kamnitzer: Ja, es war schon wohl der PEN-Club DDR (ich weiß es nicht so genau); jedenfalls über den hiesigen PEN-Club hat er uns zweifellos gebeten, mitzuwirken. Und selbstverständlich ist es für uns gewesen, daß er hierher kommt. Und vielleicht habe ich damals bei der Universität rückgefragt, ob dieses Angebot aufgenommen wird, und ebenso selbstverständlich war es für uns, daß wir diese Veranstaltung an der Humboldt-Universität mittragen. Von meiner Seite aus hat es aber keinerlei Rückfragen irgendwo gegeben. Im übrigen war uns Robert Neumann seit langem ein großer Vermittler innerhalb des internationalen PEN. Ich werde nie vergessen, wie er sagte: "Wenn wir uns nicht gegenübertreten mit dem bona fide (wie er das nannte), dann sollen wir garnicht erst beginnen, in irgendeiner Weise zusammenwirken zu wollen." Ob dieses bona fide berechtigt ist, würde sich dann herausstellen. Aber Voraussetzung auf jeden Fall ist, daß man sich gegenseitig honorig gegenüber verhält. Erst dann könne man Unterschiede oder Gegensätze austragen. Und er war ja schon sehr lang mit Arnold Zweig, der damals der Präsident des PEN-Club hier war, befreundet; wenn ich mich recht erinnere, war Arnold Zweig auch anwesend, als Neumann in der Humboldt-Universität gesprochen hat. Allerdings - und das möchte ich eingangs unterstreichen - ich bin erst jetzt durch Sie davon unterrichtet worden, daß ich an einer "Operation Mauerdurchlöcherung" beteiligt gewesen bin. Damals sagte man uns, man wolle unbeschadet aller Gegensätze - nicht nur der Weltanschauung, sondern auch (wenn Sie so wollen) der Staatsverfassungen - einfach zusammenkommen, um festzustellen und auszumessen, was der Raum der Gemeinsamkeiten ist. Also von einem Gedanken wie etwa "Da ist eine Mauer, und die muß (in Ihrem Titel heißt es:) durchlöchert werden", von so etwas war überhaupt keine Rede. Ich fühle mich eigentlich nachträglich mit diesem, von Ihnen gewählten Titel unbehaglich, denn er rechtfertigt unfreiwillig jene, die damals hier im öffentlichen Leben - vor allem! - in den Hochebenen der Chefetagen nicht viel wissen wollten von solchen Gesprächen. Das heißt, wir geben hier nachträglich eine Rechtfertigung ab für das, was hier in der DDR zweifellos an Schwierigkeiten und Hindernissen in der damaligen Zeit bestanden hat. Und wenn ich dann jetzt noch bei der Enquete-Kommission zur Aufarbeitung der DDR-Geschichte höre, daß etwa Herr Bahr sagt, die ganze Verständigungspolitik der Sozialdemokratie sei ja darauf gerichtet gewesen, die Verhältnisse sozusagen zu kippen; wenn ich höre, wie etwa Dr. Vogel - ich glaube, er war es - sagte, es sei "ideologische Erosion" gewesen, die die Sozialdemokraten da auf die Bahn brachten (und er benutzte dabei ein Klischee, das ich ironischerweise aus unseren Sprach-Zusammenhängen her kannte) - wenn ich das alles resümiere, so ist es post mortem eigentlich schmerzlich für mich. Denn ich habe es mit dem bona fide wirklich ehrlich gemeint, auch und gerade als Vizepräsident des PEN-Clubs der DDR, der diesem Unternehmen seine Zustimmung gab. Das muß ich, so leid es mir tut, erst einmal an den Anfang unseres Gespräches stellen.

Hübsch: Es hat, wenn ich Sie richtig verstanden habe, überhaupt keine Schwierigkeiten gegeben, dieses Gespräch in der Humboldt-Universität in Berlin zu realisieren?

Prof. Kamnitzer: Nein, sehen Sie, es ist schwierig, das heute, 30 Jahre später, zu vermitteln. Es sind ja häufig die Schwierigkeiten einer gemeinsamen Aussprache, des Gedankenaustauschs, des Dialogs, vielfach übertrieben worden. Wir haben zum Beispiel im PEN eingeladen, wen wir wollten. Wir hatten den Dr. Friedenthal, der sprach über sein Goethe-Buch; später hatten wir ohne weiteres jemanden eingeladen, der Ihnen auch sicherlich bekannt vorkommen wird, den Herrn von Sternburg; wir haben Herrn Gaus eingeladen - also es war eigentlich eher umgekehrt so, daß wir - ich spreche jetzt für den PEN-Club, für die Universität kann ich nicht reden, denn da bin ich seit 1955 nicht mehr zuständig - keine Gegeneinladung erhalten haben. so seltsam hat sich das abgespielt.

Aber wie gesagt, da ist natürlich sicherlich zunächst einmal der Bonus für Neumann dagewesen. Er war uns bekannt als einer, der uns nichts vormachen würde, der uns nicht sozusagen ein Kuckucksei legen wollte.

Hübsch: Der kalte Krieg befand sich in seiner Hochzeit: Kurz vorher war die Mauer zwischen Ost- und West-Berlin errichtet worden, die Kuba-Krise war gerade glimpflich zu Ende gegangen - und da gab es keine Vorbehalte gegen einen Schriftsteller, der aus der Bundesrepublik anreist, mit Tonbandaussagen von Marburger (also Westdeutschen, aus dem Kapitalismus stammenden) Studenten? Keine Vorbehalte, Schwierigkeiten, keine Diskussionen?

Prof. Kamnitzer: Ja, wissen Sie, da bin ich in einer mißlichen Lage. Ich kann Ihnen nicht sagen, ob die Universität (in diesem Falle Professor Girnus, der sich ja dieser Veranstaltung angenommen hatte) es schwer hatte, seine Leitung zu überzeugen. Das weiß ich nicht.

Hübsch: Von wem ging denn die Einladung aus? Von Ihnen, vom PEN der DDR?

Prof. Kamnitzer: Das kann ich nicht sagen.

Hübsch: Wissen Sie etwas über das Auditorium, über die Gäste? War das eine öffentliche Veranstaltung, offen für jedermann, oder war das lediglich eine universitäts-öffentliche, oder wurden nur bestimmte Studenten oder bestimmte Fachschaften oder Professoren eingeladen?

Prof. Kamnitzer: Das entzieht sich meiner Kenntnis. Ich weiß nur, daß wir im PEN immer alle unsere Mitglieder eingeladen hatten. Aber was die Universität nun tat, wie sie die Einladungen handhabte, weiß ich nicht - keine Ahnung. Ich weiß nur, daß es brechend voll war.

Hübsch: Wissen Sie noch, wer von Ihren Mitgliedern des PEN-Clubs dabei war?

Prof. Kamnitzer: Nein, leider nicht.

Hübsch: Das wichtigste war ja, daß Robert Neumann versuchte, anläßlich des Eichmann-Prozesses über die Auseinandersetzung mit dem Faschismus Ost und

West miteinander ins Gespräch zu bringen. Was erscheint Ihnen jetzt, im Rückblick, an der Veranstaltung zum Thema Faschismus in der DDR und in der Bundesrepublik besonders?

Prof. Kamnitzer: Mir ist erst jetzt durch dieses Buch klar geworden, daß es sich um eine Vortragsreihe handelte, die die Marburger und die Humboldt-Universität einbezog. Ich hatte damals nur mitbekommen, daß diese Tonbänder aus Marburg kamen, daß sie hier vorgespielt werden und daß das, was wir nun zu sagen hatten, auch aufgenommen wird. Aber das verlor sich dann für mich, was damit nun geschah. Das weiß ich erst, seitdem ich hier das Buch habe.

Hübsch: Was hat sich Ihnen denn in diesem Kontext besonders eingeprägt?

Prof. Kamnitzer: Zunächst einmal das, was Robert Neumann als Höflichkeit bezeichnete. Er spricht - wie Sie sich erinnern werden - davon, wie man ihm zugehört hat; er war sich darüber im Klaren, daß er uns viele harte Brocken vorlegte. Diese Höflichkeit, die wir ihm entgegen brachten, war uns gegenüber ja keineswegs immer selbstverständlich. Es war doch eher uns gegenüber eine Feindschaft zu spüren in der unseligen Tradition des "Willst du nicht mein Bruder sein...", also durchaus auch im intellektuellen Sinn. Also, ich erinnere mich sehr gut, daß sich der Robert Neumann bei uns wohlgefühlt hat, in dem Klima, das er spürte.

Hübsch: Seine Rede war ja in Teilen sehr aggressiv. Können Sie sich erinnern, wie man im Publikum darauf reagiert hat?

Prof. Kamnitzer: Ich empfand sie nicht als aggressiv. Er kam mit seiner Ansicht und er bekam dann die Antworten.

Hübsch: Vergleicht man aus heutiger Sicht die Ost-Berliner Debatte mit der vorangegangenen in Marburg, so scheint mir ein Unterschied evident. Während man in Marburg moralisch-individualistisch argumentiert, also eher an den Einzelnen appelliert und an dessen ethisches Versagen erinnert, ist in Ost-Berlin eine strukturelle Herangehensweise typisch, die nach den ökonomischen Bedingungen für den Nationalsozialismus fragt und nach den Voraussetzungen.

Prof. Kamnitzer: Ich sehe das auch so. Aber das ergibt sich nicht daraus, weil mir, weil uns etwa weniger moralisch zumute ist als den Westdeutschen, sondern vielmehr daraus, weil wir Neumann in sehr kurzer Zeit antworten mußten; und da bringt man zur Sprache, was den Kern der eigenen Überzeugungen ausmacht. Daraus ergibt sich dieses Mißverständnis. Denn diese Haltung gegenüber der braunen Bewegung und dem NS-Staat, die war gerade bei Menschen, die mir wirklich nahe gewesen sind - wie etwa Arnold Zweig - vor allen Dingen eine Frage der Moral. Wir empfanden das als eine Entehrung, eine Beleidigung, eine Erniedrigung der deutschen Kultur. Wir waren aber - wie Robert Neumann auch - überzeugt, daß es eine Grundlage, einen Unterbau dafür gegeben hat. Robert Neumann spricht mehr als wir es damals getan haben über das, was man heute den militärisch-industriellen Komplex nennt und der ja bei den Debatten um den Nationalsozialismus so oft ausgespart wird. Der Soziologe Karl Mannheim spricht von der "freischwebenden Intelligenz" - und so kommt einem auch aus heutiger Sicht dieser Disput vor. Denn was Neumann vorgetragen hat über die schwere Verantwortung der Kreise um die deutsche Industrie, das wird ja niemals aufgenommen, da wird darüber hinweggegangen.

Hübsch: In Marburg?

Prof. Kamnitzer: Ja. Aber vielleicht hat man an der Humboldt-Universität gedacht (vor allem, wenn man Gelegenheit zu nur einer Wortmeldung hatte): Wir wollen dem Neumann nicht damit kommen, sonst denkt er, die bringen da wieder - wie gehabt - ihre Lieblingsinterpretation.

Ein zweites: Man hat meiner Meinung nach den Widerstand gegen Hitler und seine Gefolgschaft bei der Ost-Berliner Debatte zu sehr in den Vordergrund geschoben. Man hat ständig - fast ausschließlich - die Resistance in der Arbeiterbewegung, und vor allen Dingen seitens der KPD, herausgestellt. Nur: Man muß dafür Verständnis haben. Menschen die selbst zehn Jahre in Konzentrationslagern verbracht haben oder aus dem Exil kamen, die betrachten nicht zu Unrecht die Kommunisten als Widerstandskämpfer der ersten Stunde und ordnen den Aufstand der Offiziere eher ein als - sagen wir mal - späte Besinnung, die nicht etwa nur aus ethischen oder religiösen Gründen kam, sondern vielmehr hervorgerufen wurde dadurch, daß Hitler den Krieg nicht gewann, sondern verlor und damit auch die gesamte Existenz der Nation aufs Spiel setzte. Aber ich habe doch großes Verständnis dafür, daß die Selbstbehauptung hier, auch in der Geschichtsbetrachtung, eine sehr große und sicherlich rückblickend übermäßige Bedeutung der Arbeiterbewegung - und da besonders der KPD - zumaß.

Hübsch: Und den bürgerlichen Widerstand unterschätzte?

Prof. Kamnitzer: Nein, ich glaube nicht, daß man ihn in dem Sinne unterschätzte. Man hat ihn nicht genügend hervorgekehrt. Allerdings könnte es sein, was sehr häufig gewesen ist, daß man schon aus Zeitgründen - und da es nur wenige Menschen gab, die sozusagen die Auffassung vertraten, die hier Staatspolitik gewesen sind - daß man sich so konzentrierte und so spezialisierte, daß man sagte, das muß hervorgekehrt werden, das ist nicht nur besonders wichtig, sondern besonders vernachlässigt worden. Und der Widerstand von anderer Seite wird ja auch von anderer Seite behandelt. Aber was wir, also was unsere Gesinnungsgenossen geleistet haben, das wird ja überhaupt nicht abgedeckt. Daher kamen diese Überkonzentrationen. Ja sicherlich, die waren da. Aber später ist es ja auch so gewesen, daß man durchaus den Widerstand, gerade von den Kirchen, hervorgekehrt hat.

Und etwas sollte man nicht übersehen: Wir hatten hier den Vorzug, daß die Großmeister der deutschen Literatur aus dem Exil zusammen kamen. Daß hier ihre Bücher veröffentlicht wurden. Ich möchte hier nur ein Beispiel geben, daß mir sehr nahe ist, weil ich zwanzig Jahre nicht nur sein Nachbar, sondern - ich darf es ruhig sagen - sein engster Freund gewesen bin: Arnold Zweig. In seinem Buch "Das Beil von Wandsbek" ist ja der Widerstand breit gefächert. Was über diesen Roman gesagt wird, wird meistens reduziert auf die Verfilmung, die hier Anstoß erregte. Aber man spricht gar nicht darüber, daß das Buch bei Kiepenheuer bereits 1951 erschienen war und 1954 erschien es im Aufbau-Verlag in dieser - ich glaube - sechzehnbändigen Auswahlreihe von Arnold Zweigs Romanen, Erzählungen, Novellen und Essays. Und in diesem Buch, wie auch in Büchern von anderer Seite, ist der Widerstand nicht beschränkt worden. Lassen sie mich, weil wir darüber reden, auch noch hinzufügen: Die Verfilmung des Romans warf große und ernstzunehmende Fragen auf. Wenn jemand wie der Schlächter und Henker, wenn jemand wie dessen Frau solches Mitgefühl erwekken, dann fragte man sich: Was werden dann die Millionen sagen, denen man erklärt: Ihr seid dabeigewesen. Ihr habt von der braunen Frucht genascht. Ihr wart nicht nur Mitläufer, sondern begeisterte Anhänger! Und die dann sagen: Was wirft man uns eigentlich vor? Ihr kommt mit Schuld, vielleicht sogar mit der Forderung nach Wiedergutmachung?

Hübsch: Wir sind jetzt unwillkürlich auf die zentrale Frage der Veranstaltung an der Humboldt-Universität gekommen. Was den Leser und Hörer von heute überrascht, ist der Impetus, die Vehemenz, mit der die Sprecher in Ost-Berlin Anfang der 60er Jahre - also knapp 17 Jahre nach Ende des Zweiten Weltkrieges - sagen: Hier in der DDR ist der Faschismus verarbeitet und bewältigt worden, wir haben dieses Kapitel für uns innerlich aufgearbeitet und abgeschlossen; nur da drüben, im kapitalistischen Westen, sitzt die braune Brut. Hat man sich damals nicht der fürchterlichen Illusion hingegeben, daß man den Faschismus bewältigen - wie es im Westen hieß - könne?

Prof. Kamnitzer: Ich vermute, daß vorerst damit gemeint war, daß die wirtschaftlichen Wurzeln, aus denen heraus man sich den Aufstieg des deutschen Faschismus erklärte, daß diese Wurzeln beseitigt worden sind durch die gesamte ökonomische und soziale Veränderung, die stattgefunden hat. Dann wird man sich zweifellos auch etwas vorgemacht haben, weil natürlich hier niemand herumlief, herumlaufen durfte und erklärte: Ich bin immer noch ein Anhänger von Hitler. Aber ich will Ihnen ganz offen sagen: Ich habe lieber einen verordneten Antifaschismus als einen erlaubten Faschismus.

Hübsch: Auf eine solche Formel werden wir beide uns sehr schnell einigen können. Aber mir scheint, daß das Problem ein wenig komplizierter und komplexer ist, als es in diesem Satz zusammengefaßt wird, und auch, als es die Diskussionen damals gezeigt haben. Sie haben mit Recht davon gesprochen, daß man die ökonomischen Wurzeln, die strukturpolitische Voraussetzung für die Entstehung des Faschismus in der DDR gekappt hat. Aber die sozialpsychologischen Wurzeln hat man, ob man wollte oder nicht, als faschistisches Erbe mit in dieses Land übernommen. Der Faschismus in den Herzen und Köpfen der Väter und Mütter, der war da. Und den konnte man nicht dadurch erledigen, das man hier eine sozialistische Republik errichtete mit bestimmten Eigentumsverhältnissen. An einer Stelle wird ja diese faschistische Imprägnierung, die in den 12 Jahren stattgefunden hat, in einem Redebeitrag deutlich, nämlich wenn Dieckmann von dem ganzen "Geschmeiß, daß unser Volk in so ein schreckliches Unglück gestürzt hat" spricht; er nimmt damit genau jenes Vokabular auf, das man in der Bundesrepublik ja etwa Franz-Josef Strauß vorgeworfen hat, der von Schriftstellern als "Ratten und Schmeißfliegen" gesprochen hat - das ist ja jene faschistische Imprägnierung, von der sich die Generation, die das erlebt hat, wohl niemals wird freimachen können. Warum war man in der DDR so entschlossen, sich autosuggestiv vorzumachen: Wir haben damit nichts mehr zu tun?

Prof. Kamnitzer: Zum einen: Es wurden Worte, die ich selbst nicht benutze, durchaus von Literaten wie Heinrich Mann und Alfred Kerr sehr großzügig angewandt. Und bei Prof. Dieckmann müssen Sie bedenken, daß sein Erlebnis in Marburg ihn sehr erschüttert hat. Er war ein Mann, der dachte, es gäbe Anstand auch bei Gegnerschaft; und wenn jemand wie er, der ja im Rahmen der Republik hier damals eine Rolle spielte, kommt...

Hübsch: ... als Volkskammer-, als Parlaments-Präsident ...

Prof. Kamnitzer: ...daß ihm nicht diese Hetzjagd zugemutet wird. Ich weiß ganz genau, wie er immer noch bebte, wenn er von seiner Flucht aus Marburg berichtet hat. Und man fragt sich auch nachträglich, wenn man sieht, daß es in Deutschland wieder von Hoyerswerda bis Solingen nach Menschenfleisch riecht, daß man billigend in Kauf nimmt, daß Menschen, Kinder, Frauen dabei drauf gehen durch Verbrennungen oder... - ob man dann einen solchen Kraftausdruck beanstanden soll.

Hübsch: Auf die aktuelle Auseinandersetzung zum Thema Faschismus möchte ich später noch eingehen. Lassen Sie uns noch über die sozialpsychologische Lage der DDR Anfang der 60er Jahre sprechen. Mir scheint es ein sehr wichtiges Kennzeichen der Debatte zu sein, daß man den eigenen faschistischen Background schnell wegblendete und zugleich auf faschistische Tendenzen im Westen mit großer Empfindsamkeit reagierte - eine Empfindsamkeit, die dem eigenen faschistischen Erbe gegenüber gut angestanden hätte. Reinhard Kühnl hat in seiner Nachbetrachtung geschrieben, daß es damals oft zu "grotesken Übertreibungen, was die Rolle faschistischer Kräfte und Ideologien in der Bundesrepublik angeht", gekommen sei. Wie erklären sie sich das Wegblenden der eigenen faschistischen Imprägnierung einerseits und die hohe, geradezu übersteigerte Empfindsamkeit gegenüber neofaschistischen Tendenzen in der Bundesrepublik andererseits?

Prof. Kamnitzer: Ich glaube, das eine hängt mit dem anderen zusammen. Voraussetzung ist natürlich, daß man die Ansicht teilt, daß ein Staat, der - wie Robert Neumann es darstellte: in der Justiz, im Bildungswesen, in der Ministerialbürokratie bis hinauf ins Bundeskanzleramt - die Beamten, die dem NS-Staat gedient hatten, übernimmt und andere abwehrt; daß ein Staat, der unter den Bundespräsidenten-Kandidaten jemanden finden konnte -

Hübsch: Sie meinen Lübke?

Prof. Kamnitzer: Nein, das wäre ein Extrembeispiel; ich meine Heuss, von dem man wußte, daß er dem Ermächtigungsgesetz für Hitler zugestimmt hat - wie übrigens auch manche andere, die ich aus Höflichkeit jetzt nicht nenne. Aber er hat ja auch den Einmarsch in Österreich begrüßt, er hat den Anschluß gut geheißen. Und es kamen andere an die Spitze des Staates, die nicht gerade in der demokratischen Wolle gefärbt waren. Da fragte man sich: Unter 50 oder 55 Millionen Bürgern zwischen Elbe und Rhein - konntet Ihr für den Mann, der Euch am meisten oder in der Regierung als erster Mann zu vertreten hat, niemanden finden, der nicht so beschmutzt gewesen ist?

Hübsch: Wir nehmen jetzt den Dialog vom Anfang der 60er Jahre zwischen Marburg und Berlin wieder auf. Deswegen lassen Sie mich auf Ihre Frage - die auch damals gestellt wurde - mit einer Frage entgegnen, die damals keiner gestellt hat. Wolfgang Abendroth hat damals davon gesprochen, daß man denen da drüben (in der DDR) helfen müsse, ihre stalinistischen Schlacken zu liquidieren. Daran macht sich meine Frage fest: Wenn Sie der Bundesrepublik der 60er Jahre vorwerfen, daß sie in der Ministerialbürokratie - Stichwort Globke - unter den Kanzlern, siehe Kiesinger, und Präsidenten, unter Regierungsmitgliedern und Parlamentariern viele Männer fanden, die - um den Jargon der 60er Jahre aufzugreifen - "braunen Dreck am Stecken" hatten, dann läßt sich gegenfragen: Und wie war es in der DDR? Waren hier nicht Leute in Führungspositionen, die mitgeholfen haben, die stalinistischen Opfer zu quälen, Menschen zu töten? Hat Ulbricht nicht in Moskau mitgeholfen, die KPD in Deutschland - im Widerstand! - ein Stück weit mit zu liquidieren? Ich will hier nicht die braunen und die roten Opfer gegeneinander aufrechnen, aber in dieser brutalen Zeit war Gewalt in den Köpfen und Herzen auf beiden Seiten.

Prof. Kamnitzer: Nein, Verzeihung, ich habe hier nicht die Absicht gehabt, sozusagen post mortem noch Vorwürfe zu wiederholen, sondern Sie haben mich gefragt: Wie erklären Sie sich die Haltung der DDR gegenüber der Bundesrepublik in Bezug auf neonazistische Tendenzen? Und da reichte nicht nur meine eigene Erinnerung, sondern auch meine eigene Empörung so weit, daß ich gesagt habe, woran es liegt.

Wenn Sie gestatten, spreche ich von mir selbst: Ich wäre doch niemals aus meinem nicht unangenehmen Londoner Exil in eine Bundesrepublik zurückgekehrt, wo ein Dr. Globke, der meinem Vater das "J" in den Paß besorgte, mit dem er dann in Breslau aufgegriffen werden konnte, um nach Buchenwald transportiert zu werden - ich wäre doch nie dorthin zurückgekehrt, niemals!

Und dieses Kapitel Stalinismus ist etwas, das ich jetzt nicht im Eiltempo mit Ihnen bereden möchte. Das würde dem Thema nicht gerecht werden.

Aber, noch einmal zum Faschismus in der Bundesrepublik: Wenn jemand wie Prof. Dieckmann so übermäßig betroffen war, dann doch wohl auch, weil er alt genug gewesen ist, um sich zu erinnern, daß die NSDAP anfangs erst aus sieben Leuten bestanden hat und daß es auch nicht genügt hat zu sagen, das seien Psychopathen, das seien Leute, die auch geistig nicht sehr bemittelt sind. Aber auch da ist ja doch dieses Wort am Platz, wonach jeder Große mal klein angefangen hat. Und diese Überangst - nennen Sie sie Überangst, wenn Sie so wollen -: Ich glaube, daß sie nicht unberechtigt gewesen ist. Nehmen Sie einen Mann wie Winston Churchill, der zweifellos eine große historische Leistung verbuchen kann, und der hat 1917 verkündet: Wir müssen das bolschewistische Kind in der Wiege erwürgen ...

Ich gebe Ihnen ohne weiteres zu, daß man hier - ich weiß nicht, ob man sich sozusagen in den hohen Rängen etwas vormachte - durch die auch zweifellos drakonischen Maßnahmen zu verhindern glaubte, daß diese Kreise wieder Bewegungsfreiheit erhalten. Und man fand sich deshalb auch berechtigt zu sagen: Wir haben das unsere getan, das gibt es bei uns nicht.

Hübsch: 30 Jahre später müssen wir leider das Gegenteil erkennen.

Prof. Kamnitzer: Ja, aber: Ich meine, dies ist überhaupt eine etwas gespenstische Aussprache. Eine Epoche ist beendet worden; ich bin leider dabei gewesen, und wir unterhalten uns nun rückblickend ...

Hübsch: Tatsächlich *post mortem* ...

Prof. Kamnitzer: Ja, *post mortem*.

Aber mir brennt auf der Haut was sich *jetzt* abspielt; diese Erscheinungen, die zutage treten, die nichts mit der Existenz der DDR zu tun haben, sondern mit dem Ende der Existenz der DDR. Denn mit dem Ende ist auch die große Arbeitslosigkeit, das Gefühl einer absoluten Überflüssigkeit und Sinnlosigkeit gekommen - gerade unter jungen Menschen. Das ist der Nährboden.

Hübsch: Nur, jetzt kommen wir natürlich an eine ...

Prof. Kamnitzer: Ich will nicht von mir aus da hinein. Es ist ein anderes Thema, das Sie zu bewältigen haben, aber ich glaube eben nicht, daß wir die Wurzeln in den Dingen vor 1989 suchen sollten, sondern daß die Wurzeln vor allem in den Verhältnissen zu suchen sind, die nach dem Ende von 1989 eingetreten sind. Und deswegen sagte ich vorhin, man bezichtigt uns hier eines verordneten Antifaschismus. Aber wissen Sie, zu diesen Zeiten gab es nicht - jedenfalls nicht mit dieser Selbstverständlichkeit - jeden Tag Anschläge von Seiten derer, die verniedlichend Glatzköpfe genannt werden. Es gab nicht regelmäßige Schändungen von jüdischen Friedhöfen. Das gab es nicht. Man kann sagen, das war das Zwangssystem, welches dergleichen verhindert hat. Das gebe ich gerne zu, daß es damit zu tun hat. Daß es sich diese Burschen damals dreimal überlegten, die heute um sich schlagen und niemanden schonen. Was geschieht mit mir, wenn ...

Hübsch: Genau daran zeigt sich aber, daß die Anfang der 60er Jahre behauptete Faschismusferne dieser sozialistischen Republik eben nur eine behauptete war. Es ist in diesen Jahren, als Robert Neumann, Dieckmann, Sie und

Girnus miteinander diskutierten, in der DDR eine Generation geboren worden und herangewachsen, die heute in Rostock-Lichtenhagen Vietnamesen anzündet, die in Hoyerswerda Ausländer verfolgt - allesamt Leute, die unter scheinbar anti-antisemitischen Bedingungen aufgewachsen sind. Und in diesen jungen Menschen, die den Zweiten Weltkrieg und das sogenannte "Dritte Reich" nicht erlebt haben, ist unter den Bedingungen des Sozialismus faschistisches Erbe transportiert worden

Prof. Kamnitzer: Ich kann mich nicht zu der Erklärung bereit finden, es ist transportiert worden. Es hat vielleicht nicht die Zeit, die Kraft und auch die Fähigkeit genügt, um es aus der Welt zu schaffen, das gebe ich Ihnen zu, sofort. Aber transportiert in Schulen, Hochschulen, im öffentlichen Leben - überhaupt nicht.

Sehen sie, wir sind wie alte Generäle, die die Schlachten von gestern und vorgestern noch einmal - nicht nur wiederholen, sondern gewinnen wollen.

Wenn ich zurückkommen darf auf diese Debatten. Was mir so sehr und so schmerzlich auffällt: Warum hat man sich nicht, nachdem man sich die Unterschiede in den Auffassungen gesagt hat, was man selbst denkt, warum hat man sich nicht mehr und eigentlich vorrangig darauf konzentriert, den Raum der Gemeinsamkeiten abzustecken und vielleicht daraus sogar nicht nur eine Übereinkunft im Geiste, sondern auch eine Zusammenarbeit jenseits, sozusagen der intellektuellen Übereinstimmung, zu erreichen. Das ist doch für mich die schauerliche Bilanz der Debatten. Die fanden statt, haben - über Strecken - großen Wert gehabt. Man sagte sich auch: wir möchten uns gerne näher kommen. Aber im Zentrum stand nicht eine Listen dessen, was uns eigentlich einigen sollte und wahrscheinlich sogar vereint hat, sondern jeder geht allzu häufig nach diesem elendigen Leitmotiv vor: "Schlägst Du meinen Juden, schlage ich Deinen Juden, schonst Du meinen Juden, schone ich Deinen Juden." Ich darf das sagen, denn ich bin selbst dieser Herkunft.

So sehr ich Abendroth schätze, so betrübt bin ich gewesen, weil er sich immer - so kopflastig - nur über die Schattenseiten der sozialistischen Staaten geäußert hat. Bei allen Meriten, die dieser Dialog-Versuch hatte, steht für mich auf der Verlustliste, daß das Augenmerk nicht darauf gelenkt wurde, was eigentlich wesentlich gewesen wäre: Was ist uns gemeinsam? Was bindet uns zusammen? Was sollte für uns im Vordergrund stehen? Das konnte nur sein, ohne Aufgabe der eigenen Gesinnung, ohne die Preisgabe auch der eigenen Haltung, herauszufinden, was man miteinander leisten kann sowohl intellektuell als auch in praxi. Und das ist leider so nicht geschehen.

Anmerkungen:

1 Das Gespräch wurde am 25. November 1993 in Prof. Kamnitzers Berliner Wohnung aufgezeichnet.

XI. Manfred Weißbecker: Verlorene Chancen - Nachbetrachtungen eines ostdeutschen Historikers

Spannungsgeladene, aufregende und nachdenklich stimmende Texte stürmen auf den Leser ein, der zu dieser Publikation greift. Ihm offenbaren sich originäre Quellen und überaus selten anzutreffende Zeugnisse einer anspruchsvollen historischen und politisch-moralischen Debatte unter Wissenschaftlern, Künstlern und Studenten. Drei Jahrzehnte später geben sie interessante, ja auch überzeugende Auskünfte zu geschichtlichen wie aktuellen Problemen. In unserer heutigen Zeit - sie ist wiederum außergewöhnlich reich an Auseinandersetzungen aller Art und geprägt von einer intensiven Suche nach neuer geistiger Standortbestimmung - lohnt der Blick zurück in ganz besonderem Maße.

Die an dieser Stelle erstmals dokumentierte Debatte fand in beiden Teilen Deutschlands statt. Sie spiegelt den schwierigen Umgang mit den braunen Schatten der deutschen Vergangenheit in einer feindseligen deutsch-deutschen Gegenwart wider. Ausgelöst wurde sie durch den Eichmann-Prozeß[1] sowie durch ungeheuerliche antisemitische Schmierereien[2], aber auch durch den Bau der Berliner Mauer am 13. August des Jahres 1961 und das strikte Gegeneinander in der offiziellen Politik der beiden deutschen Staaten.

Robert Neumann wagte in dieser Situation ein Experiment. Über Grenzen hinweg, sich selbst in der Rolle eines "Briefträgers" sehend, wollte er das historisch-aufklärerische Gespräch führen helfen und gleichzeitig einen politischen Dialog - den er als notwendiges Mittel zur Behebung der friedensbedrohenden Spannungen im Verhältnis der Großmächte betrachtete - von unten her anregen. Ihm gebühren Dank und Anerkennung, auch wenn sein Versuch letztlich scheiterte und chancenlos blieb. Es gab zwar in der Folgezeit noch einige Versuche, doch eine sinnvolle öffentliche Debatte kam nicht zustande.[3]

Die eindrucksvolle Emotionalität der von 1961 bis 1964 in Marburg und Berlin geäußerten Meinungen und Fragen erlauben dem heutigen "Nachbetrachter", ebenfalls von eigenen Empfindungen zu sprechen und persönliche Erinnerungen einzubringen, obwohl es hier in erster Linie um die Analyse von Anliegen und Hintergründen, von Stärken und Schwächen jener Ansätze gehen soll, die damals in der deutsch-deutschen Hochschul- und Wissenschaftsgeschichte - zaghaft und von gegenseitigen Vorurteilen belastet, verhaftet in missionarischem Drang und intolerantem Eifer - erprobt worden sind. So prägen subjektive Befindlichkeiten eine erste Ebene, die den folgenden Überlegungen zugrunde liegt; eine zweite resultiert aus der Sicht des Historikers, der sich mehr oder weniger eingehend mit der Geschichte des Nationalsozialismus und des antifaschistischen Widerstandes[4] befaßt hat, eine dritte entspringt den unmittelbaren Folgen einer heute wiederum falsch verstandenen "Vergangenheitsbewältigung"[5] für einen von deutsch-deutscher Abwicklung direkt betroffenen Hochschullehrer.[6]

Welche Fragen hätte ich gestellt, welche Auffassungen wären von mir vertreten worden bei einer Veranstaltung wie der an der Berliner Humboldt-Universität?

Im Bemühen um eine solche historische Konjunktiv-Konstruktion stoße ich kaum auf etwas Anderes als das dort Dargelegte. Gewiß, heute wäre manches diffiziler und differenzierter darzulegen, wenn vom gesellschaftlichen Hintergrund für den Aufstieg des Nationalsozialismus und von den Ursachen des großdeutschen Expansionismus geredet wird. Die Verantwortung deutscher Monopolherren, Bankiers, Junker, Militärs usw. wäre überzeugender in die geschichtliche Gesamtkonstellation der agierenden Kräfte am Ende der Weimarer Republik einzuordnen. Die verhängnisvollen Fehler der KPD ließen sich nicht mehr ausklammern oder beschönigen. Neue Forschungsergebnisse haben alte Thesen hinfällig werden lassen. Erkenntnisfortschritte sind unübersehbar. Dennoch bleibt die damals gewiß überstrapazierte Frage nach der faschismusfördernden Rolle gesellschaftlicher Eliten aktuell; sie kann auch heute nicht zugleich mit der "Abwicklung" der DDR-Geschichtswissenschaft überflüssig gemacht werden.

Mit anderen Worten: Ich finde mich - trotz kritischer Rückschau - durchaus in einer ganzen Reihe von Aussagen wieder, vor allem in jenem elementaren Antifaschismus, der ganz offensichtlich die geistige und weltanschauliche Haltung der Teilnehmer (wie überhaupt vieler Menschen in der DDR) zu prägen vermocht hatte, und der sich hinsichtlich der geschichtlichen Probleme - weniger in den prononciert politischen Auffassungen - wesentlich vom offiziellen Bild in der DDR ebenso wie von den Rezeptions-Klischees in der BRD[7] abhob.

Die geschichtliche Sicht der Berliner Diskussionsteilnehmer impliziert wie selbstverständlich auch einen unverkennbaren Stolz auf den Antifaschismus des Landes, in dem sie lebten. Dies mag heute für jene nicht mehr "zeitgemäß" sein, die sich z.B. an den selbstgefälligen Eppelmannschen Verdikten[8] orientieren oder opportunistisch aus ihrer Erinnerung zu verdrängen bereit sind, was nicht mehr in die seit 1989/1990 veränderte Landschaft paßt. An der Tatsache, daß ein antifaschistisches Selbstverständnis vorhanden war, ändert sich dadurch jedoch nichts. Das gilt ebenfalls für das nachdrücklich artikulierte Gefühl, bedroht zu sein durch jene Kräfte in der Bundesrepublik, die sich so offensichtlich gegen jede Form von Antifaschismus wandten, die ehemalige Nazis und "Unverbesserliche"[9] in Amt und Würden ließen. Übersehen wurde dabei, daß im berechtigt oder unberechtigt anmutenden Stolz auf das "bessere" Deutschland jede Empörung über neonazistische Tendenzen im anderen deutschen Staat und die Hoffnung auf die Wirksamkeit der eigenen gesellschaftlichen Alternativ-Konzepte den Blick dafür verstellten, die westdeutsche Bundesrepublik in ihrer Gesamtheit und ihrem demokratischen Potential zu sehen.

Die Feststellungen zur vermeintlich konsequenten Überwindung des Faschismus in der DDR hoben keineswegs das Bestreben auf, die braune Vergangenheit intensiver kennenzulernen und Antwort auf jene Fragen zu finden, die bis dahin unbeantwortet geblieben waren; die Penetranz einer "parteilichen" Wahrheitsverfechterei trat erst später in den Vordergrund. Überhaupt wird eine Historiographiegeschichte der DDR erst noch zu eruieren haben, daß sich gerade in den 60er Jahren in der Geschichtswissenschaft das zu entwickeln begann, was den Namen Faschismusforschung verdient. Wirtschaftshistorische, parteiengeschichtliche und ideologiekritische Untersuchungen traten mehr und mehr aus den Schranken einer politisch orientierten Weltkriegsanalyse heraus, wie sie insbesondere mit den deutsch-sowjetischen Historiker-Konferenzen zum Thema "Der deutsche Imperialismus und der Zweite Weltkrieg" in den Jahren 1957 und 1959 fixiert worden waren.

Aus der Debatte an der Humboldt-Universität geht das Bestreben um Wissenserweiterung in großer Deutlichkeit hervor. Diese Aussage läßt sich keineswegs auf den Teilnehmerkreis begrenzen, wie auch immer er zustande gekommen und vorbereitet gewesen sein mag.[10] Diskutiert wurde dazu eigentlich überall in der DDR, beispielsweise anhand eines Filmes, der vielen Menschen in jener Zeit bedenkenswerte Eindrücke und Denkanstöße bot.[11] Dieser Film war zu Beginn der 60er Jahre von dem sowjetischen Dokumentaristen Michael Romm geschaffen worden und trug den Titel "Der gewöhnliche Faschismus". Unvergessen bleibt für mich der Einstieg: Szenen spielender Kinder, verliebter junger Paare, schwatzender Frauen und besorgter Prüflinge. Der Zuschauer wähnt sich fast in einer unangekündigten Veranstaltung zu völlig anderer Thematik. Dem friedlichen Bild einer Mutter, die ihr Kind auf den Arm nimmt, folgen schließlich ein scharfer Bildschnitt, ein harter Schuß. Übergangslos erscheint das auch von Robert Neumann veröffentlichte[12] erschütternde Bild einer anderen Mutter mit ihrem Kind im Arm, die beide im Moment des Fotografierens von einem SS-Mann erschossen werden. Auf die Millionenzahl der Ermordeten verweisend, formuliert Romm an dieser Stelle die zentrale Frage seines Werkes: Wieviele Hände sind wohl nötig gewesen, um solch ein entsetzliches Völkermorden zu vollbringen? Die Nähe zu der Frage westdeutscher Diskussionsteilnehmer "Wie kommen Menschen zu den ungeheuerlichsten Sachen?"[13] liegt auf der Hand. Was anderes meinte wohl auch Robert Neumann, als er das überall diskutierte Problem in die folgenden Worte kleidete: "Wie konnte es geschehen, daß diese Ereignisse vor sich gingen innerhalb einer Nation, die eine der führenden kulturellen Nationen der Welt ist? Eine Nation mit einem geistigen Erbe wie kaum eine andere, mit standards der persönlichen Anständigkeit, Korrektheit, der Begriffe von Treu und Glauben wie in kaum einer anderen ... Wie konnte es geschehen, daß etwa brave Familienväter diese furchtbaren Dinge getan haben?"[14]

Romms Film sahen viele junge Menschen. Alle Veranstaltungen - auch jene, die wir in Jena im Rahmen der Ausbildung von Geschichtslehrerstudenten organisierten - waren stets überfüllt. Betroffenheit und Nachdenklichkeit dominierten. Fragen nach den Ursachen des Sieg-Heil-Geschreis der Millionen und nach der geschichtlichen Rolle der fanatisierten Massen standen in jeder Lehrveranstaltung auf der Tagesordnung. Später, als der Film nicht mehr öffentlich vorgeführt werden durfte - aus Gründen, die verschwiegen wurden, wohl aber auf der Hand lagen; allzusehr ließen sich die Bilder von nationalsozialistischen Aufmärschen, von Jubelveranstaltungen und vom Kult um den "Führer" mit aktuellen Vorgängen vergleichen -, verknüpfte sich das große Interesse zunehmend mit Zweifeln an der Richtigkeit der dazu getroffenen amtlichen Entscheidungen. Aber auch das wachsende Mißtrauen und die zunehmenden Einsichten in die Diskrepanz zwischen Anspruch und Realität verließen nicht den Rahmen eines antifaschistischen Grundverständnisses.

War nun dieser Antifaschismus ein "verordneter"?[15] War er diktatorisch und unrechtmäßig erzwungen worden? Mußten die Berliner so reden, wie sie es taten? Vermutungen und Behauptungen diese Art gehen an der Geschichte vorbei. Sie beschränken die Geschichte der DDR auf den von Ralph Giordano völlig zu Recht kritisierten, weil die Humanitas teilenden Staats- und Partei-Antifaschismus, auf den Mißbrauch des elementaren Antifaschismus, auf seine Ritualisierung und Formalisierung. Nein, einen elementaren Antifaschismus hat es unter großen Teilen der Bevölkerung stets gegeben. Meine These lautet in diesem Zusammenhang sogar, daß die DDR ohne ihn nicht über vier Jahrzehnte hinweg hätte existieren können.[16] Dieser Antifaschismus äußerte sich im alltäglichen Leben, in geschichtswissenschaftlichen und anderen Darstellungen, vor allem aber auch in Kunst und Literatur. Von letzterem zeugen - um nur einige Beispiele zu nennen - die weite und auflagenstarke Verbreitung des Romans "Kindheitsmuster" von Christa Wolf, die begeisterte Aufnahme der großen Rede Konrad Wolfs zur zeitgemäßen Notwendigkeit des Antifaschismus[17] und nicht zuletzt auch die intensive Aufführungspraxis des Stückes "Bruder Eichmann" von Heinar Kipphardt an zahlreichen Theaterbühnen der DDR.[18] Weitere Beispiele ließen sich in Hülle und Fülle anführen[19], wobei zu beklagen bleibt, daß eine umfassende Geschichte des Antifaschismus in der DDR noch nicht geschrieben worden ist[20]; sie hätte den elementaren Antifaschismus ebenso zu berücksichtigen wie die Tatsache, daß sich dieser letztlich doch als unfähig erwies, zu einer wirklich antifaschistischen Position, d.h. zu einer partei- und richtungsübergreifenden, von Humanismus und breitem Demokratieverständnis geprägten Haltung zu gelangen.[21]

Als Robert Neumann 1961 erstmalig seinen Vortrag zum Thema "Was geht uns Eichmann an?" hielt, als Fragen und Erklärungen durch die überfüllten Veranstaltungsräume in Marburg und Berlin schwirrten, als sich Befürchtungen aller Art wie auch zarte Hoffnungen artikulierten - da sah die Welt völlig anders aus als heute. Beide Blöcke standen einander waffenstarrend und in ideologisierter Feindschaft gegenüber. Jederzeit konnte ein einziger Funke genügen, um den kalten in einen heißen Krieg umschlagen zu lassen. Nicht nur für die Deutschen hätte dies den todsicheren atomaren Untergang bedeutet. Die einzig denkbare Alternative hieß: Vernichtung oder Leben; ein Atomkrieg sei nichts anderes als ein "Gattungsmord", konstatierte Wieland Herzfelde in der Berliner Diskussionsrunde.[22] Aus einer solchen Sicht resultierte selbst in der Gedankenwelt von Wissenschaftlern die verbreitete Akzeptanz allzu schlichter Kategorien von Sozialismus oder Imperialismus, von Marxismus-Leninismus oder bürgerlicher Ideologie, von gut oder böse, von weiß oder schwarz. Strikt bipolar angelegte Sichtweisen drängten sich in den Vordergrund, alle Zweifel und alles Suchen nach Veränderungen innerhalb des sozialistischen Systems überlagernd. Dies konnte nicht ohne Folgen für die Sicht auf das nationale Problem im geteilten Deutschland bleiben. Die von der SED- und DDR-Führung erhobene Forderung, wenigstens "ein Minimum an korrekten Beziehungen und Vereinbarungen"[23] zwischen beiden deutschen Staaten herzustellen, leuchtete ein und erschien vielen als schwieriger, aber einzig gangbarer Ausweg.

Die im Konföderationsgedanken liegenden Chancen wurden von beiden Seiten aus unterschiedlichen Gründen nicht genutzt, ja teilweise sogar hintertrieben. Die Divergenzen zwischen Deutschland Ost und Deutschland West vergrößerten sich. Und überall ließ sich mit den zu Stereotypen erstarrten Gedanken und Worten scheinbar trefflich streiten. Einzig der gegenseitig erhobene Vorwurf, wissenschaftliche Thesen und Theorien zu simplifizierenden politischen Kampfbegriffen verkommen zu lassen, schien Grenzen überschreiten zu können. Allenfalls gelang der Austausch der Klischees, wobei introvertierte Erfolgserlebnisse ausreichend Befriedigung versprachen. Von einem Dialog im Sinne des Miteinandersprechens konnte keine Rede sein. Der Dialog vollzog sich als Parallelität einseitiger Monologe. Die Kenntnisse über Auffassungen und Probleme der jeweils anderen Seite verringerten sich rapid. Ich frage mich, welche Wirkung wohl damals Robert Neumanns Wort ausübte: "Ihr wißt von Westdeutschland so wenig wie die Westdeutschen von Euch."[24] Die Protokolle liefern dazu leider nur schwache Anhaltspunkte. Spiegeln sie in dieser Hinsicht auch den Geist ihrer Zeiten wider, der noch allemal der Herren eigener Geist gewesen ist?

In der Realität bezog sich dennoch alle deutsche Politik unentwegt aufeinander. Weder in West noch in Ost gab es jemals Entscheidungen, die ohne den Blick über die Mauern gefällt worden wären. Nirgendwo fehlten gesamtdeutsche Vorstellungen, trotz aller wechselseitiger Alleinvertretungsansprüche, trotz demonstrativer Abgrenzung und konträrer Feindbildfixierung. Die SED bekräftigte 1963 in ihrem neuen Parteiprogramm das Ziel, die deutsche Einheit wieder herzustellen.[25] Dem ging 1962 eine breite "Volksaussprache" (organisiert wurden über 600.000 Veranstaltungen) zu einem sogenannten nationalen Dokument voraus, in dem die Bereitschaft zur konföderativen Verständigung mit der BRD einen zentralen Rang einnahm. Es ist nicht berechtigt, in diesem Zusammenhang allein von Demagogie und bloßer Agitation zu sprechen.[26] Selten wurde versucht, die SED-Führung beim Wort zu nehmen und Chancen auszuloten. Ebensowenig dürfte es Sinn machen, die Geschichte der DDR nicht als Teil der deutschen Nachkriegsgeschichte zu sehen, sondern als Teil der sowjetischen Herrschaft in Ost- und Mitteleuropa und allenfalls als schäbigen Appendix einer Erfolgsgeschichte der BRD zu betrachten, wie manche heute glauben machen wollen.[27] Vergangenheitsbewältigung, mit allen Folgen für die Betroffenen, statt Vergangenheitsbewältigung und Aufarbeitung aller Schatten der deutschen Geschichte?

Schwierigkeiten im Umgang mit Vergangenem gehören offensichtlich in jede Gegenwart. Problematisches läßt sich in dieser Hinsicht zu allen Zeiten und in aller Welt beobachten; seit langem werden bereits diverse Theorien und Typologien von "Vergangenheitsbewältigung" diskutiert.[28] Vielleicht läßt sich sogar behaupten, daß die gesamte deutsche Geschichte im 20. Jahrhundert mit den beiden Weltkriegen sowie mit den Zentralereignissen von 1918, 1933, 1945 und 1989 stets auch von den Folgen eines unzureichenden Umgangs mit der Geschichte geprägt war.

Nach dem Zweiten Weltkrieg äußerten sich solche Schwierigkeiten im zweigeteilten Deutschland fern jeglicher normaler Umgangsformen. Der Kalte Krieg und die mitten durch das Land verlaufenden Systemgrenzen wirkten sich verheerend aus. Heute, da beides überwunden scheint, tun sich Deutsche in West und Ost schwerer als je zuvor mit ihrer jüngsten Geschichte. Auch in dieser Hinsicht kann man sich kaum dem Eindruck entziehen, daß der Kalte Krieg nichts anderes als ein großes geistiges Vakuum hinterlassen hat und alte Feindbilder nur geringfügig modifiziert recht munter ihr altes Unwesen weiter treiben.

Wie würde wohl heute die Debatte von damals ablaufen? Bei diesem Gedanken bewegen mich Skepsis und Zorn. Äußerlich gesehen ist dem Gegeneinander erneut nicht mehr als ein einfaches und chancenverderbendes Nebeneinander gefolgt. Machtpolitische und parteienegoistische Interessen verhindern eine wirkliche Aufarbeitung der Geschichte. Bei allem Verständnis, das gegenüber den tiefen Wunden und historischen Belastungen aufzubringen ist, bedeutet die gegenwärtige Praxis des Umgangs mit der DDR-Geschichte allzuoft ein schlichtes Umgehen von tatsächlich Gewesenem und Gewolltem. Unbewußte Erinnerungsverflachung und bewußte Selbsttäuschung gehen einher mit neuerlichen Verdrängungs-Effekten. Wie oft begegnet man einem ebenso simplen, weil ausschließlich politisch motiviertem Verabsolutieren einzelner Seiten der Geschichte je nach Gelegenheit und Erfordernis.

Gerade im Geschichtsdiskurs unserer Tage offenbaren sich erschreckende Verständnislosigkeit, Dogmatismus und Unversöhnlichkeit. Auch Denunziationsgelüste und Rachsucht bewirken vielfach ein Bild, das NS-Herrschaft und "SED-Unrechtsstaat" absichtsvoll, aber unzulässig miteinander mischt. Viele unter jenen, die sich heute zur Geschichte äußern, unterliegen der Versuchung, mit ihrer Hilfe eine sonst kaum zu rechtfertigende Politik zu betreiben. Instrumentalisierung findet ständig statt, gleich ob in regierungsoffiziellen Enquete-Kommissionen oder anderen geschichtssüchtigen Vereinen, gleich ob in der einen oder anderen Partei; gleich in welchen der öffentlichen oder privaten Medien. Es liegt außerdem nahe - denke ich etwa an die Querelen um den "Forschungsschwerpunkt Zeitgeschichtliche Studien" in Potsdam[29] - von einer instrumentalisierenden Geschichtspolitik zu sprechen. Vor allem in populären Darstellungen scheint Orwells "Ministerium der Wahrheit" manch neue Blüte zu treiben; zwar fein gesponnen und auch frei von diktatorischer Plumpheit, zwar von betörendem Duft und marktwirtschaftlich orientiert, aber dennoch oft genug abseits jener hehren Ansprüche, die auf den Fahnen der freiheitlich-demokratischen Grundordnung geschrieben stehen.[30]

Vielfach erklingt im Rahmen solcher Geschichtsaufarbeitung auch die Forderung, die Geschichte des Nationalsozialismus müsse nunmehr völlig neu geschrieben werden. Dem kann wohl jeder Historiker grundsätzlich zustimmmen: Befreit aus den Fesseln des Kalten Krieges, getragen von den Fortschritten diverser Wissenschaftsgebiete, können und sollten sich Geschichtswissenschaftler neu, unvoreingenommen, komplex und interdisziplinär der Frage zuwenden, wie faschistische Diktatur und Zweiter Weltkrieg, wie der Holocaust eigentlich möglich gewesen sind. Selbstverständlich macht jede neue Gegenwart, machen neue Generationsbelange und die zunehmende zeitliche Erweiterung unseres Betrachtungshorizonts Vervollständigung und Modifikation geschichtlicher Ortsbestimmungen aller Art unumgänglich.

Es dürfte jedoch, wenn es um die Geschichte des deutschen Faschismus geht, nicht konsensfähig sein, ein solches Bemühen mit einer grundsätzlichen Veränderung humanistisch-demokratischer Meßlatten und antinationalsozialistischer Kriterien zu verknüpfen oder, wie Ernst Nolte es jüngst getan hat, hemmungslos von der "Größe und Tragik des Nationalsozialismus" zu sprechen.[31]

Ich plädiere daher nachdrücklich - und damit sicher im Sinne der hier dokumentierten Veranstaltungen - gegen jede Tendenz zu unwissenschaftlicher Beliebigkeit und anpasserischer Austauschbarkeit. Ich plädiere für die Wahrnehmung antifaschistischer Verantwortung durch jeden einzelnen gegenüber den in ihrer Gefährlichkeit häufig unterschätzten Folgen "neuer Dreistigkeit"[32] in neonationalistischen und "revisionistischen" Geschichtsbetrachtungen.[33] Wenn schon einige konservative Historiker von der begrifflich kaum faßbaren "Moderne" sprechen und "Leistungen" des Nationalsozialismus in den allgemeinen Strom ihrer Entfaltung einordnen, dann ändert sich für mich nichts am Charakter der Hitlerdiktatur und an der Singularität ihrer Verbrechen. Wenn behauptet wird, daß sich die sogenannte zweite deutsche Diktatur mit der NS-Zeit nicht nur vergleichen, sondern gleichsetzen lassen müsse, dann darf dies weder die Ursachenkette noch die generelle Unterschiedlichkeit beider Regime aufheben. Wenn schon Nationales und Ethnisches stärker als bisher betont werden, dann leitet sich daraus keineswegs das Recht oder gar eine wissenschaftliche Pflicht ab, bereits gewonnene Positionen von Wirtschafts- und Sozialgeschichte, von Alltags- und Strukturgeschichte usw. leichtfertig über Bord zu werfen, ja vielleicht neuem Nationalismus und darauf fußendem völkisch-rassistischem Denken Entfaltungsraum zu bieten.

Indizien für meine Befürchtungen gibt es zuhauf, nicht zuletzt dort, wo die eigentlichen antifaschistischen Wurzeln der DDR als "niedrige Beweggründe"[34] betrachtet, wo die DDR als "Auschwitz der Seelen"[35] beurteilt oder als "Riesen-KZ"[36] diffamiert wird, wo sie als der alleinige und heute allein interessierende Sündenfall der deutschen Geschichte angesehen wird. Die Versuche zur "Schadensabwicklung" und "Entsorgung" der braunen Vergangenheit haben eine neue Stufe erreicht und beherrschen zur Zeit sogar die Vorbereitung der Wahl des nächsten Bundespräsidenten. Nach dem Ende der DDR sehen manche endgültig Zeit und Gelegenheit gekommen, die Geschichte des Nationalsozialismus zu einem "abgeschlossenen" Kapitel deutscher Geschichte zu erklären[37] und zu praktizieren, was ein rechtskonservativer Publizist bereits 1981 forderte: Hitler dürfe nicht länger wie ein "apokalyptisches Tier" aus dem Rahmen fallen, man müsse endlich mit dem "Massenwahn" gegenüber der NS-Geschichte und mit dem linken "Hexensabbat der Vergangenheitsbewältigung" aufhören![38]

Die engagierte Sachlichkeit der damals in Marburg und Berlin Diskutierenden und ihre Bereitschaft, tatsächliche Probleme der deutschen Gesellschaft verantwortungsvoll aufzugreifen, kann heute kaum eine vergleichbare Debatte aufweisen. Stattdessen ist im neuen Deutschland allerorten ein erheblicher Verlust an Geschichts- und Diskussionskultur festzustellen. Vieles gleicht eher dem Suchen nach irreführenden Rechtfertigungen, parteipolitischen Alibis und populistischem Ersatz für eigentliche Erfordernisse. Vieles gleicht einer Simulation vergangener deutscher Größe, doch weder mit dem neuen alten Denkmal am Deutschen Eck - ausgerechnet wiedererrichtet am sogenannten Sedanstag aus Kaiser Wilhelms Zeiten! - noch mit Berliner Schloß und Dresdener Frauenkirche lassen sich das Fehlen eines eigenständigen zeitgemäßen Orientierungskonzepts überdecken.[39]

Was bleibt? Es sollte mehr sein, als der Funke Hoffnung auf ein künftiges Scheitern der von Wolfgang Abendroth damals so nachdrücklich kritisierten Nichtbewältigung[40] der Geschichte des Nationalsozialismus durch "vorgegebene Scheinbewältigung" aller Schatten der Vergangenheit? Oder sollen sich die auch in unserer Zeit vorhandenen Chancen in den Nebelschleiern einer düsteren Zukunft erneut verlieren?

Anmerkungen:

1 In der DDR erschien dazu ein Buch von Heinz Kühnrich unter dem vielsagenden Titel: Judenmörder Eichmann. Kein Fall der Vergangenheit, Berlin 1961.

2 Der Versuch, den 1959/60 in der BRD verstärkt auftretenden Antisemitismus als Ergebnis gezielter Aktionen des Ministeriums für Staatssicherheit der DDR hinzustellen, entbehrt jeder tiefgründigen wissenschaftlichen Sicht. Siehe Christoph Kleßmann: Verflechtung und Abgrenzung. Aspekte der geteilten und zusammengehörigen deutschen Nachkriegsgeschichte. In: Aus Politik und Zeitgeschichte. Beilage zur Wochenzeitung "Das Parlament", B 29-30 v. 16.7.1993, S. 37.

3 Zu erinnern wäre in diesem Zusammenhang nicht nur an das Scheitern eines bereits vereinbarten Rederaustausches zwischen SED und SPD im Jahre 1966, sondern auch an das Weimarer Kolloquium "Weltherrschaft im Visier", das 1975 stattfand und sich nicht in einer Publikation niederschlug, sowie an die vergeblichen Bemühungen west- und ostdeutscher Historiker, zum 50. Jahrestag der Entfesselung des Zweiten Weltkrieges eine gemeinsame Publikation herauszubringen. Siehe Martin Broszat/Klaus Schwabe (Hrsg.): Die deutschen Eliten und der Weg in den Zweiten Weltkrieg, München 1989; Ludwig Nestler (Hrsg.): Der Weg deutscher Eliten in den Zweiten Weltkrieg. Nachtrag zu einer verhinderten deutsch-deutschen Publikation, Berlin 1990.

4 Siehe u.a. Kurt Pätzold/Manfred Weißbecker: Hakenkreuz und Totenkopf. Die Partei des Verbrechens, Berlin 1981; Manfred Weißbecker: Gegen Faschismus und Kriegsgefahr. Ein Beitrag zur Geschichte der KPD in Thüringen 1933-1935, Erfurt 1967.

5 Siehe dazu vor allem Manfred Kossok: Im Gehäuse selbstverschuldeter Unmündigkeit oder: Umgang mit der Geschichte. In: Neues Deutschland, Berlin, v. 20./21.3.1993.

6 Siehe Manfred Weißbecker: Wahrheit und Irrtum in den Faschismusforschungen der DDR. Historiographische und andere Reminiszenzen. In: Deutsche Studien. Vierteljahreshefte, H. 116/1992, S. 397-415.

7 Deutlich wird dies in Äußerungen einiger Marburger Studenten: "In der Nacht sind alle Katzen grau..." (Siehe Kap. IV), in denen unterstellt wurde, daß in der DDR die Auffassung vorherrsche, Kapitalismus und Faschismus seien identisch. Die meisten der Berliner Diskussionsteilnehmer vertraten jedoch eine grundsätzlich andere Auffassung, was nahezu unbemerkt blieb. Es berührt ebenso etwas eigenartig, daß Robert Neumann gemeint hat, in Berlin sehr viel ausführlicher als in Marburg über die Industriellen-Eingabe vom November 1932 zugunsten einer Hitler-Regierung sprechen zu müssen. Diese Eingabe war bereits 1953 in der DDR veröffentlicht worden und wurde lange Zeit in der BRD-Historiographie nicht zur Kenntnis genommen.

8 Siehe Rainer Eppelmann: Fremd im eigenen Haus - Mein Leben im anderen Deutschland, Köln 1993.

9 Siehe Kap. III

10 Vielleicht lassen sich in den Akten des Hochschulministeriums, der Humboldt-Universität und der Abteilung Wissenschaften im ZK der SED dazu noch Unterlagen finden. Da Veranstaltungen solcher Art stets gründlich vorbereitet und ausgewertet worden sind, wäre eine weitere Forschungsarbeit sicher sehr nützlich.

11 Siehe Manfred Weißbecker: Den Schleier des Mythos zerrissen. Gedanken nach einem ungewöhnlichen Filmerlebnis. In: Volkswacht, Gera, 10.5.1966.

12 Siehe Hitler. Aufstieg und Untergang des Dritten Reiches. Ein Dokument in Bildern von Robert Neumann unter Mitarbeit von Helga Koppel, München u.a., 1961, S. 156f.

13 Siehe Kap. II

14 Siehe Kap. II

15 Siehe Ralph Giordano: Die zweite Schuld oder Von der Last ein Deutscher zu sein, Hamburg und Zürich 1987, S. 215 ff. Siehe auch Heinz Kühnrich: "Verordnet" - und nichts weiter? Nachdenken über Antifaschismus in der DDR. In: Zeitschrift für Geschichtswissenschaft, H. 9/1992, S. 819-833.

16 Siehe Manfred Weißbecker: Gedanken zum Antifaschismus-Verlust in der Geschichte der DDR. In: Beiträge zur Geschichte der Arbeiterbewegung, H. 2/1991, S. 194-201.

17 Konrad Wolf: Kunst im Kampf gegen den Faschismus - gestern und heute. In: Konrad Wolf im Dialog. Künste und Politik. Hrsg. und eingel. v. D. Heinze und L. Hoffmann, Berlin 1985, S. 337 ff. Siehe dazu auch Paul Heider: Gedanken zum Antifaschismus in der Geschichte der DDR. In: 1933-1993. Fragen an die deutsche Geschichte. Fragen an Wissenschaft und Politik im neuen Deutschland. Hrsg. vom Jenaer Forum für Bildung und Wissenschaft e.V., Jena 1993, S. 159-164.

18 Siehe Martin Linzer: Bruder Eichmann oder Das gewöhnliche Monster. Bemerkungen zum Stück und seiner Rezeption in der DDR. In: Heiner Kipphardt: Bruder Eichmann, Berlin 1984, S. 141-148.

19 Siehe Hans Richter: Zum Thema ("verordneter") Antifaschismus und Literatur in der SBZ/DDR. In: 1933-1993. Fragen an die deutsche Geschichte, a.a.O., S. 138-143.

20 Eine entsprechende Forderung erhoben Rolf Richter, Hermann Simon, Frank Schumann und Manfred Weißbecker: Antifaschismus in der DDR. Traditionswurzeln, geschichtliche Leistungen, neue Anforderungen. In: Bewährte Strategie - erfolgreiche Praxis. Beiträge zur Geschichte der SED und der DDR in den siebziger und achtziger Jahren, Berlin 1989, S. 40-63. Siehe auch Rolf Richter: Antifaschismus als Erfahrungsgeschichte. In: 1933-1993. Fragen an die deutsche Geschichte, a.a.O., S. 112-117.

21 Dies kann durchaus als ein Bestandteil bzw. eine Variante der von den Mitscherlichs nach 1945 festgestellten "Unfähigkeit zu trauern" verstanden werden. Siehe dazu auch die treffende Feststellung Helmut Ridders, daß beim Zerfall der DDR-Machtstrukturen die "Unbeachtlichkeit des Defizits an demokratischer Ideologie" eine große Rolle gespielt habe, weshalb auch der "'Sozialismus mit unanzweifelbar menschlichem Antlitz' ... so wenig aktions- und widerstandsfähiges Fleisch und Blut" aufzuweisen hatte. Siehe Helmut Ridder: Zur europäischen Dimension von Erwin Eckerts Vermächtnis. In: Friedrich-Martin Balzer (Hrsg.): Ärgernis und Zeichen. Erwin Eckert - Sozialistischer Revolutionär aus christlichem Glauben, Bonn 1993, S. 373.

22 Siehe Kap. III

23 Heinz Heitzer: DDR. Geschichtlicher Überblick, Berlin 1979, S. 162.

24 Siehe Kap. III

25 Siehe Dokumente zur Geschichte der SED, Bd. 2, Berlin 1986, S. 293.

26 Siehe dazu auch Christoph Kleßmann: Zwei Staaten - eine Nation. Deutsche Geschichte 1955-1970, Bonn 1988, S. 338.

27 Kritisch, aber nicht ablehnend dazu Wolfgang Mommsen: Die DDR in der deutschen Geschichte. In: Aus Politik und Zeitgeschichte. Beilage zur Wochenzeitung "Das Parlament", B 29-30 v. 16.7.1993, S. 21.

28 Siehe z.B. Helmut Quaritsch: Theorie der Vergangenheitsbewältigung. In: Der Staat, H. 4/1992, S. 519-551.

29 Siehe Armin Mitter und Stefan Wolle: Der Bielefelder Weg. Die Vergangenheitsbewältigung der Historiker und der Funktionäre. In: Frankfurter Allgemeine Zeitung v. 10.8.1993; dies.: Inquisitoren auf der Faultierfarm. Gestern Bielefeld und Ost-Berlin, heute Potsdam: Wie flexibel dürfen Historiker sein? In: Ebenda, 9.9.1993; Rainer Eckert: Nicht ohne Reue. Noch einmal: Wer soll die Geschichte der DDR erforschen? In: Ebenda, 22.9.1993. Siehe dazu auch Felicitas Walka: "Diktaturenvergleich" in Potsdam. Die zeitgeschichtliche Forschung - Anspruch und Domäne der Parteipolitik? In: Neues Deutschland, 11./12. 9.1993.

30 Siehe die bisherige parlamentarische und ergebnislose Behandlung des von der Gruppe PDS/Linke Liste im Bundestag eingereichten Gesetzentwurfes zur "Behebung und Wiedergutmachung von politischen Ungerechtigkeiten in der Bundesrepublik Deutschland". Zu einem Beispiel solcher Ungerechtigkeiten siehe Manfred Weißbecker: Auf der Anklagebank des Kalten Krieges. Erwin Eckert und der Düsseldorfer Prozeß gegen das "Westdeutsche Friedenskomitee" 1959/60. In: Friedrich-Martin Balzer (Hrsg.): Ärgernis und Zeichen, a.a.O., S. 308-331.

31 Ernst Nolte: Streitpunkte. Heutige und künftige Kontroversen um den Nationalsozialismus, Berlin 1993. Siehe dazu Hans-Ulrich Wehler: Durch und durch doktrinär. In: Der Spiegel, Nr. 37 v. 13.9.1993, S. 81 ff.

32 Siehe Volker Ulrich: Die neue Dreistigkeit. In: Die Zeit, Nr. 45 v. 30.10.1992, S. 73.

33 Siehe dazu: Ändert die Zukunft Deutschlands Vergangenheit? Eine Kritik an Rainer Zitelmann und Arnulf Baring. Hrsg. von der Antirassismusarbeitsgruppe am FB Geschichtswissenschaften in Verbindung mit dem Projekt für interdisziplinäre Faschismusforschung (PfiFf) der Freien Universität Berlin, Berlin 1992. Siehe auch Maria Zens, Vergangenheit verlegen - Über die Wiederherstellung nationaler Größe im Hause Ullstein. In: Blätter für deutsche und internationale Politik 11/1993, S. 1364-1375.

34 So formuliert von der Anklagevertretung im Leipziger Prozeß gegen den Waldheim-Richter Jürgen.

35 So der Schriftsteller Jürgen Fuchs.

36 So der Bürgerrechtler und Bundestagsabgeordnete Wolfgang Ullmann.

37 Dagegen Herbert Obenaus: NS-Geschichte nach dem Ende der DDR: eine abgeschlossene Vergangenheit? Hannover 1992.

38 Hans-Dietrich Sander: Vom kommenden Ende der Vergangenheitsbewältigung. In: criticon, H. 67/1981, S. 240 f.

39 Siehe Dan Diner: Deutschland im Epochenwechsel. In: Blätter für deutsche und internationale Politik, H. 9/1993, S. 1111-1118.

40 Neuerdings wird dagegen die These vertreten, daß sich die Deutschen nicht erst seit 1968, sondern bereits in der Zeit der Adenauer-Regierungen ihrer braunen Vergangenheit gestellt und die "Bewältigung der NS-Erblast" zu einem zentralen Thema in der politischen Kultur der BRD gemacht hätten. Siehe Manfred Kittel: Die Legende von der "Zweiten Schuld". Vergangenheitsbewältigung in der Adenauer-Ära, Berlin/Frankfurt a.M. 1993. Der Verf. bleibt trotz der immensen Materialfülle seines Buches den Beweis seiner Auffassung schuldig; das liegt nicht zuletzt daran, daß er zwar zahlreiche offiziöse und bereits veröffentlichte Dokumente sowie Zeitungsmaterialien auswertet, jedoch keinen Blick in die bereits zu Verfügung stehenden Akten des Bundesministeriums sowie anderer staatlicher Institutionen geworfen hat. Gerade diese zeigen, wie wenig sich die Entscheidungen zugunsten ehemaliger NS-Funktionäre und gegen Antifaschisten als "Geschmacklosigkeiten" bagatellisieren lassen.

XII. Robert Neumann (22. Mai 1897 - 3. Januar 1975) Ein Nachruf von Wolfgang Abendroth[1]

Mit Robert Neumanns Tod ist die literarische Tradition der ersten deutschen Republik beendet. Er war der letzte ihrer großen Repräsentanten.

Als 1927 "Mit fremden Federn" erschien, war Robert Neumann mit einem Schlag überall bekannt. Auch die zweite Parodiensammlung "Unter falscher Flagge" wurde 1931, kurz bevor er emigrieren mußte, zum großen Erfolg. Seine Lyrik, später von ihm selbst nicht mehr ernst genommen, und auch seine Romane hatten ihm diese Geltung in der öffentlichen Meinung jener Zeit nicht eingetragen. Darunter hat er schon damals gelitten.

Um dem Terror der SA zu entgehen, kehrte Neumann in sein Herkunftsland Österreich zurück. Doch als im Februar 1934 die Regierung der Christlich-Sozialen und die Heimwehren die Arbeiterbewegung und die Reste geistiger Freiheit zerschlugen, war auch in Wien - wo sein jüdischer Vater einst die österreichische Sozialdemokratie mitgegründet und zu dem Kreis um Viktor Adler gehört hatte - seines Bleibens nicht mehr lange.

Robert Neumann ging zunächst nach London, dann zog er sich in sein mittelalterliches Posthaus in Kent zurück. Er wollte es sich ersparen, seine Kraft in den Händeln der Emigration zu verzetteln.

Nach dem Ende des Dritten Reichs kehrte er auf den Kontinent zurück. Er wußte um die Restauration in Westdeutschland - also wollte er hier nicht wohnen. Er wußte um den Stalinismus und die Grenzen geistiger Freiheit in der DDR (der XX. Parteitag der KPdSU hatte noch nicht stattgefunden) - also konnte es für ihn den Weg nicht geben, den Arnold Zweig gegangen ist und den Heinrich Mann und Lion Feuchtwanger gegangen wären, hätte ihn der Tod ihnen nicht verstellt.

Andererseits: Robert Neumann war zwar niemals Stalinist geworden, wie allzu viele, die heute am wildesten gegen die UdSSR schreien, es zur Zeit des unmenschlichsten Terrors gewesen waren, aber sein historisches und analytisches Denken blieb immer intakt genug, ihm zu zeigen, daß die Sowjetunion gleichwohl das Land der Oktoberrevolution blieb und - bei allen Irrwegen, die ihm die Geschichte auferlegte - seinen Weg zum sozialistischen Aufbau weiterging. Er ließ sich nie zum Propagandisten des Kalten Krieges erniedrigen, zu dem so viele sich in diesen Jahren machten.

Im Grunde hat er seitdem immer um Anerkennung in der Bundesrepublik geworben. Die Eitelkeit, der "Größenwahn" (wie er das selbst nannte) der Literaten, den er teilte, zwang ihn immer wieder, darauf zu hoffen. Vergeblich, denn im Büchermarkt der Bundesrepublik war (und ist) kein Raum für die große Literatur der Weimarer Republik. Die neue westdeutsche Literatur nach 1945 (oder besser: nach der Entscheidung der USA für die Restauration und die Spaltung Deutschlands 1947) wollte von Anknüpfung an die Tradition humanistisch-demokratischer Schriftsteller nach 1918 nichts wissen.

So wurden zahllose Literaturpreise gestiftet und vergeben. Viele Tagesgrößen, die - aus gutem Grund - schon heute keiner mehr kennt, haben sie bekommen. Niemals Robert Neumann. Das hat ihn tief verletzt, obwohl er die Logik sah: Denn was in der Bundesrepublik geschah, von der Restauration monopolkapitalistischer Machtverhältnisse bis zur Wiedereinsetzung aller "entnazifizierten" Mitträger des Nationalsozialismus in Staatsapparat, Justiz, Bildungswesen und publizistischem Apparat, wußte er nur zu gut. In vielen seiner Publikationen, nicht nur in seinen Kolumnen in KONKRET, auch in einem seiner letzten Romane, im "Tatbestand", kommt es klar zum Ausdruck.

Das deutsche "gebildete Publikum" hat ihn so behandelt, wie es einst Heinrich Heine behandelt hat. Ist es ein Wunder, daß er, dem dies geschah, Meister der bitteren Ironie blieb (und also auch ihrer besten Kunstform, der Parodie)? Versöhnlichen Humor kannte er kaum und auch darin glich er Heinrich Heine, der ihm übrigens an Rang so überlegen blieb, wie es die große Literatur des Aufstiegs des bürgerlichen Zeitalters gegenüber der seines geistigen Abstiegs nun einmal generell ist.

Nur eins ist dabei qualitativ wirklich gleichgeblieben: Die besondere Verächtlichkeit des Verhaltens der deutschen Klassen von "Bildung und Besitz" gegenüber ihren eigenen besten, humanistisch-demokratischen Schriftstellern, und die Sucht dieser Schichten, apologetische Eintagsfliegen, die jede jeweils aktuelle Feigheit als Tugend feiern, zu protegieren,

Ein letztes Wort sei dem Schreiber dieser Zeilen als Freund Robert Neumanns gestattet, der er seit 1961 war. Damals - es war die Zeit des ersten Auschwitz-Prozesses, den ein anderer Freund, Fritz Bauer, der nun auch schon lange tot ist, durchkämpfen mußte - damals kam er nach Marburg. Die Wendung der Masse der Studenten zu kritischem und antifaschistischem Denken war erst im Entstehen. Der Vortrag des jüdischen Antifaschisten Neumann riß einen großen Teil noch widerstrebender Studierender mit - zumal er (anders als der größte Teil der bundesdeutschen Publizistik) deutlich machte, daß die Brutalität des Dritten Reiches nicht nur den Juden galt, sondern auch der deutschen Arbeiterbewegung, den deutschen Kommunisten, Sozialisten, Demokraten und vielen anderen Nationalitäten.

Das Bündnis, das bei diesem Besuch entstand, blieb und wurde ständig fester. Bald darauf - zu einer Zeit, in der auch für die Brandts und Bahrs die DDR noch "rechtlich nicht existent" und eine Ausgeburt des Teufels war - diskutierte Robert Neumann mit Wissenschaftlern der DDR in Ost-Berlin über Probleme der Faschismus-Analyse, kam zurück nach Marburg mit den Tonbändern, diskutierte sie in unserem Oberseminar mit uns durch und brachte Tonbänder davon zurück nach Ost-Berlin.

So kam, als so etwas noch von allen großen Parteien, auch der SPD, "illegal" und "würdelos" genannt wurde, durch Robert Neumann eine erste Zusammenarbeit über die Grenze zwischen den beiden deutschen Staaten hinweg zustande. Durch diesen großen deutschen Schriftsteller, der die britische Staatsbürgerschaft besaß und weit vom Zugriffsbereich von BND und Verfassungsschutz in Locarno lebte.

Anmerkungen:

1 Wolfgang Abendroth, Robert Neumann, in: Konkret 2/1975, S. 43. Wolfgang Abendroth, geb. 1906, 1930 Gerichtsreferendar, 1933 aus dem Justizdienst entlassen, 1935 Promotion zum Dr. jur. in Bern (Schweiz), von 1937-1941 wegen illegaler Tätigkeit gegen das "Dritte Reich" im Zuchthaus, anschließend in der Strafdivision 999. 1947 im Justizministerium des Landes Brandenburg und in der deutschen Verwaltung der sowjetischen Besatzungszone; dann Dozent an der Universität Halle und Professor an den Universitäten Leipzig und Jena. 1949 Professor an der Hochschule für Sozialwissenschaften in Wilhelmshaven, von 1951 bis 1972 Professor für wissenschaftliche Politik an der Universität Marburg/Lahn; zahlreiche Veröffentlichungen; gest. 1985. Zu Wolfgang Abendroth siehe auch: Jürgen Habermas (der sich bei Abendroth habilitierte; d. Hg.), Partisanenprofessor im Lande der Mitläufer. Der Marburger Ordinarius Wolfgang Abendroth wird am 2. Mai sechzig Jahre alt, in: DIE ZEIT vom 29.4.1966

Zu Robert Neumann siehe auch seine Autobiographie, Ein leichtes Leben, München 1963.

Friedrich-Martin Balzer (Hrsg.)

Ärgernis und Zeichen

Erwin Eckert — Sozialistischer Revolutionär aus christlichem Glauben

Mit Beiträgen von Hans-Werner Bartsch, Frank Deppe, Walter Ebert, Erwin Eckert, Emil Fuchs, Georg Fülberth, Günter Giesenfeld, Hans Heinz Holz, Wolfgang Langhoff, Hanfried Müller, Helmut Ridder, Jürgen Scheele, Marie Veit, Manfred Weißbecker, Gert Wendelborn

PAHL-RUGENSTEIN

Friedrich-Martin Balzer (Hg.):
Ärgernis und Zeichen
Erwin Eckert - Sozialistischer Revolutionär aus christlichem Glauben

Inhalt

Friedrich-Martin Balzer: Klassengegensätze in der Kirche
Erwin Eckert und der Bund der religiösen Sozialisten
Vorwort Wolfgang Abendroth
304 Seiten, Hardcover. 3. Auflage **28,-** ISBN 3-89144-166-5

Gegenstand der religionssoziologischen und sozialgeschichtlichen Untersuchung ist der Bund der religiösen Sozialisten von 1926 bis 1931. Inhalt: Soziale Grundlagen des Klassenkampfes in den protestantischen Landeskirchen derr Weimarer Republik. Politische Theorie und gesellschaftliche Praxis bei Erwin Eckert. Beteiligung der religiösen Sozialisten an den Klassenkämpfen der Weimarer Republik. Der Konflikt um Erwin Eckert. Dokumentarischer Anhang.

Friedrich-Martin Balzer / Karl Ulrich Schnell:
Der Fall Erwin Eckert
Zum Verhältnis von Protestantismus und Faschismus am Ende der Weimarer Republik. Vorwort Hans Prolingheuer.
224 Seiten, zahlr. Abb., Hardcover. **28,-** ISBN 3-89144-167-3

Eckert warnte frühzeitig vor dem aufkommenden Faschismus. Aber die evangelische Kirche stellte sich nicht gegen die Nazis, sondern entledigte sich ihres unbequemen Mahners. Die innerkirchliche Auseinandersetzung wird auf dem Hintergrund des Ringens um eine einheitliche Front der Arbeiterbewegung gegen Hitler dargestellt.

Friedrich-Martin Balzer:
Miszellen zur Geschichte des deutschen Protestantismus
"Gegen den Strom"
260 Seiten **20,-** ISBN 3-89144-173-8

Der Großteil der Aufsätze behandelt aus dem politischen Bewußtsein verdrängte Christen, die zugleich Sozialisten sein wollten wie z.B. Heinz Kappes, Arthur Rackwitz, Hans Francke, Ludwig Simon, Georg Wünsche und Martin Rade. Ihr Wirken stellte den Versuch dar, eine kirchliche Bewegung gegen den aufkommenden Nazismus aufzubauen.

Karl Heinz Jahnke: "...ich bin nie ein Parteifeind gewesen"
Der tragische Weg der Kommunisten Fritz und Lydia Sperling

208 Seiten, 30 Abb. **24,80** ISBN 3-89144-186-X

Am 26. Februar 1951 wurde der 2. Vorsitzende der KPD, Fritz Sperling, in Berlin/ DDR durch Beauftragte des MfS verhaftet. Er war im Schweizer Exil einer der führenden Köpfe des von dort operierenden Widerstandsnetzes in Süddeutschland gewesen

Er war brutalen Verhören sowjetischer und deutscher Offiziere des NKWD bzw. des MfS ausgesetzt. Das Ziel war, für einen Schauprozeß unwahre Aussagen über die angebliche Agententätigkeit deutscher Kommunisten für den amerikanischen Geheimdienste zu erhalten. Der Tod Stalins und die Ereignisse des Sommers 1953 in der DDR machten die Durchführung eines geplanten Prozesses gegen Franz Dahlem, Paul Merker, Fritz Sperling und andere unmöglich. Doch statt einer Freilassung wurde Fritz Sperling am 14. März 1954 in einem Geheimprozeß zu 7 Jahren Zuchthaus verurteilt. Unter dem Einfluß des XX. Parteitages der KPdSU erfolgte am 8. März 1956 seine Entlassung als "Begnadigter". Trotz seines außerordentlich schlechten Gesundheitszustandes kämpfte Fritz Sperling um seine volle Rehabilitierung und die Wiederherstellung seiner Ehre

Aufgrund der Inhaftierungen unter Hitler, in der Schweiz und in der DDR starb Fritz Sperling am 21. April 1958 im Alter von nur 46 Jahren an Herzversagen. Erstmalig werden in diesem Buch die Stationen seines Lebens, und das seiner Frau Lydia, einer Schweizer Kommunistin, dargestellt. Das Buch ist das Ergebnis mehrjähriger Forschungen in den Archiven in Berlin, Koblenz und Moskau sowie der Auswertung eines von Fritz Sperling selbst angelegten umfangreichen Privatarchivs.

Arnold Haumann: "Gott mit uns"?

Zwischen Weltkrieg und Wende -
Widerspruch eines politisch engagierten Theologen

280 Seiten **28,-** ISBN 3-89144-131-2

Nach Vereinigung und Ende des Kalten Krieges möchten viele im Westen einen Schlußstrich unter die eigene Vergangenheit ziehen und allenfalls noch die Stasi-Vergangenheit der DDR bewältigen.

Nicht so der Theologe Arnold Haumann. Vom Wehrmachtsoffizier wandelte er sich zum streitbaren Politiker. Er engagierte sich in der Gesamtdeutschen Volkspartei (GVP) Gustav Heinemanns. Als Bundessekretär stritt er an der Seite von Helene Wessel, Erhard Eppler und Diether Posser gegen die Politik der Wiederbewaffnung und für eine Aussöhnung mit dem Osten.